INTELIGÊNCIA DE MERCADO

Dados Internacionais de Catalogação na Publicação (CIP)
(Câmara Brasileira do Livro, SP, Brasil)

M354i Maróstica, Eduardo.
         Inteligência de mercado/Eduardo Maróstica, Neiva
     Alessandra Coelho Maróstica, Valdec Romero Castelo Branco.
     - 2. ed. - São Paulo, SP : Cengage, 2020.
         264 p. : il. ; 23 cm.

         Inclui bibliografia.
         ISBN 978-85-221-2962-1

         1. Inteligência competitiva (Administração). 2.
     Planejamento estratégico. 3. Marketing. 4. Vendas. 5.
     Mídia social. 6. Inteligência artificial. I. Maróstica,
     Neiva Alessandra Coelho. II. Castelo Branco, Valdec
     Romero. III. Título.

                                              CDU 658.012.2

Índice para catálogo sistemático:

1. Inteligência competitiva (Administração) 658.012.2
(Bibliotecária responsável: Sabrina Leal Araujo - CRB 8/10213)

Eduardo Maróstica
(organizador)

INTELIGÊNCIA DE MERCADO
2ª edição

Eduardo Maróstica
Neiva Alessandra Coelho Maróstica
Valdec Romero Castelo Branco

CENGAGE

Austrália • Brasil • México • Cingapura • Reino Unido • Estados Unidos

CENGAGE

Inteligência de Mercado – 2ª edição

Eduardo Maróstica (Org.)
Neiva Alessandra Coelho Maróstica
Valdec Romero Castelo Branco

Gerente editorial: Noelma Brocanelli

Editora de desenvolvimento:
 Gisela Carnicelli

Supervisora de produção gráfica:
 Fabiana Alencar Albuquerque

Revisão: Fábio Gonçalves e
 Rosângela Ramos da Silva

Projeto gráfico e diagramação:
 PC Editorial Ltda.

Analista de conteúdo e pesquisa:
 Tempo Composto

Capa: Raquel Braik Pedreira

Imagem da capa: Anita Ponne/Shutterstock

© 2021, 2015 Cengage Learning Edições Ltda

Todos os direitos reservados. Nenhuma parte deste livro poderá ser reproduzida, sejam quais forem os meios empregados, sem a permissão, por escrito, da Editora. Aos infratores aplicam-se as sanções previstas nos artigos 102, 104, 106 e 107 da Lei nº 9.610, de 19 de fevereiro de 1998.

Esta editora empenhou-se em contatar os responsáveis pelos direitos autorais de todas as imagens e de outros materiais utilizados neste livro. Se porventura for constatada a omissão involuntária na identificação de algum deles, dispomo-nos a efetuar, futuramente, os possíveis acertos.

A editora não se responsabiliza pelo funcionamento dos links contidos neste livro que possam estar suspensos.

Para informações sobre nossos produtos, entre em contato pelo telefone **0800 11 19 39**

Para permissão de uso de material desta obra, envie seu pedido para
direitosautorais@cengage.com

© 2021 Cengage Learning. Todos os direitos reservados.

ISBN-13: 978-85-221-2962-1
ISBN-10: 85-221-2962-2

Cengage Learning
Condomínio E-Business Park
Rua Werner Siemens, 111 – Prédio 11 – Torre A – Conjunto 12
Lapa de Baixo – CEP 05069-900 – São Paulo – SP
Tel.: (11) 3665-9900 – Fax: (11) 3665-9901
SAC: 0800 11 19 39

Para suas soluções de curso e aprendizado, visite
www.cengage.com.br

Impresso no Brasil.
Printed in Brazil.
1ª impressão – 2021

Sobre os autores

EDUARDO MARÓSTICA Graduado em Administração de Empresas com ênfase em Comércio Exterior, pós-graduado em Gestão Estratégica de Organizações, MBA em Negociação, Mestrado em Administração e Negócios, Doutor em Administração, Comunicação e Educação e PHD na FCU na Flórida, Estados Unidos. No histórico profissional, atuou na área estratégica empresarial em diversas organizações nacionais e internacionais. Atualmente é sócio-diretor em uma empresa de consultoria e treinamento empresarial. Atua como consultor, colunista e palestrante em empresas no Brasil e no exterior. Na área acadêmica, leciona para alunos de MBA, Pós-MBA na Fundação Getulio Vargas (FGV), onde foi eleito o melhor professor dos cursos de MBA nos anos de 2010 até 2020, e também nos cursos de MBA da Escola Superior de Agricultura "Luiz de Queiroz", da Universidade de São Paulo (ESALQ USP). Contato: marostica@gmail.com

NEIVA ALESSANDRA COELHO MARÓSTICA Doutoranda em Business Administration pela FCU. Mestre em Educação, Administração e Comunicação, MBA Executivo em Gestão Empresarial e Graduação em Informática – Sistemas de Informação. É professora na Universidade de São Caetano do Sul (USCS), da Pós-graduação da FGV e Coordenadora no Instituto de Pós-graduação e Graduação (IPOG) no MBA de Gestão Comercial, Negociação e Inteligência de Mercado. Sócia da Core Business Treinamentos, Core Business Solutions, e fundadora do SharkMinds/SharkWoman.

VALDEC ROMERO CASTELO BRANCO Professor universitário há 30 anos, formado em Administração de Empresas. Mestre em Administração de Empresas; mestre em Educação, Administração e Comunicação (multidisciplinar). Pós-

-graduação *lato sensu* em Docência do Ensino Superior. Leciona disciplinas na graduação e pós-graduação ligadas às áreas de Economia e Administração: Introdução à Economia, Economia Brasileira, Gerência e Liderança/RH Estratégico/Consultoria Empresarial/Gestão Estratégica/Gestão do Conhecimento/Gestão de Pessoas e Cultura Organizacional/Educação Empresarial ou Corporativa, entre outras. Ministra, desde 1995, palestras, cursos, treinamentos, seminários, *workshops*, cursos *in company* etc.: projeto e implementação de gestão de pessoas baseada em competências; projetos na área de recrutamento e seleção (R&S); comunicação verbal: técnicas para apresentação em público, apresentações criativas; comunicação assertiva; como conduzir reuniões produtivas etc.; *performance in company* (customização de treinamentos, workshops, palestras). Leciona nos cursos de pós-graduação (MBA); graduação, cursos de tecnologia. Ex-sócio da Lume Recursos Humanos, empresa especializada em mão de obra temporária e efetiva, terceirização, cursos, palestras etc. Autor dos livros: *Inteligência empresarial; Empresa eficaz, gestão por competências e humanização nas empresas; Educação em foco: pedagogia na visão de um administrador; Inteligência de mercado* (coautor); *Aprendizagem organizacional: da pedagogia à gestão estratégica de recursos humanos; Rumo ao sucesso: aprenda como transformar sua vida profissional em uma carreira de sucesso; Comida, sexo & administração (ensaios sobre liderança); Emprego, educação e família no Brasil: os efeitos da globalização na economia brasileira;* e *O Brasil do desemprego.*

Sumário

Introdução XIII

Capítulo 1 **Inteligência empresarial** 1

- 1.1 Definição de inteligência empresarial 1
- 1.2 Inteligência empresarial e a contrainteligência 3
- 1.3 Inteligência estratégica 10
    - 1.3.1 Análise SWOT 12
    - 1.3.2 Matriz competitiva de Porter 13
    - 1.3.3 Fatores críticos de sucesso (FCS) 17
    - 1.3.4 Controle pelo Balanced Scorecard (BSC) 18
    - 1.3.5 Organizada em Unidades Estratégicas de Negócios (UEN) ou *business unit* 20
    - 1.3.6 Ênfase em alianças 20
    - 1.3.7 Sustentabilidade 20
    - 1.3.8 Aprendizagem contínua 21
    - 1.3.9 Ferramentas estratégicas 22
    - 1.3.10 Matriz do Boston Consulting Group (BCG) 23
    - 1.3.11 Ciclo de vida do produto 24
    - 1.3.12 Matriz de Planejamento Estratégico de Negócios da McKinsey – GE 25
    - 1.3.13 O modelo de Porter das estratégias genéricas de competição 25
    - 1.3.14 Plano de ação 27
    - 1.3.15 Plano de negócios vinculado ao modelo Canvas 29
    - 1.3.16 Dimensões e elementos fundamentais 29
    - 1.3.17 Montando o Canvas 35
    - 1.3.18 Governança corporativa e *stakeholders* 35
    - 1.3.19 Lei Sarbanes-Oxley 36
    - 1.3.20 *Trade-off* 37
    - 1.3.21 Guia PMBOK® 39
    - 1.3.22 O projeto 40

Capítulo 2 **Inteligência antecipativa** 47

Capítulo 3 **Inteligência competitiva** 51

- 3.1 Definições de inteligência competitiva 51
    - 3.1.1 O papel do profissional de inteligência competitiva 52
    - 3.1.2 Principais funções do analista de inteligência competitiva 52

- **3.2** Inteligência competitiva nas empresas 52
- **3.3** Implantando inteligência competitiva nas organizações 53
- **3.4** Inteligência competitiva – Fatores críticos de sucesso 55
- **3.5** O que não é inteligência competitiva? 55
- **3.6** Processo de inteligência competitiva (IC) 57
- **3.7** Etapas do processo de inteligência competitiva 57
  - 3.7.1 Subprocesso 1 – Identificação das necessidades de inteligência 57
  - 3.7.2 Subprocesso 2 – Identificação das necessidades de informação 58
  - 3.7.3 Subprocesso 3 – Coleta e armazenamento das informações 58
  - 3.7.4 Subprocesso 4 – Análise das informações 60
  - 3.7.5 Subprocesso 5 – Disseminação de produtos de inteligência 60
  - 3.7.6 Subprocesso 6 – Avaliação do processo 61
- **3.8** Produtos de inteligência competitiva 62
- **3.9** Ações de inteligência competitiva aplicadas ao incremento na competitividade 62
  - 3.9.1 Qual é o objetivo da inteligência competitiva? 63
  - 3.9.2 Distribuição da informação 63
  - 3.9.3 Integração entre IC e competitividade 64
  - 3.9.4 Ferramentas utilizadas na inteligência competitiva 64
- **3.10** Sistema de criação de valor da inteligência 64
  - 3.10.1 Definições de KITs e KIQs 64
  - 3.10.2 Mecanismos de vigilância 65
  - 3.10.3 Vigilância social 65
  - 3.10.4 Vigilância econômica 65
  - 3.10.5 Vigilância política e legal 66
  - 3.10.6 Vigilância tecnológica 66
- **3.11** Segmentação e posicionamento 66
  - 3.11.1 Princípios de segmentação de mercado 66
  - 3.11.2 Determinação do mercado a ser alcançado 67
  - 3.11.3 Determinação das condições necessárias à segmentação 67
  - 3.11.4 Definição de critérios e métodos para segmentação 68
  - 3.11.5 Avaliação estratégica dos segmentos 69
  - 3.11.6 Critérios de segmentação 69
  - 3.11.7 Estratégia de segmentação 70
  - 3.11.8 Vantagens de segmentar os mercados 71

Capítulo 4   Inteligência humana   73

- **4.1** Definição de inteligência 73
- **4.2** Gestão do conhecimento 74
- **4.3** Problemas para a implementação da gestão do conhecimento 75
- **4.4** Tipos de conhecimento 76
- **4.5** Sociedade da informação e sociedade do conhecimento 78
- **4.6** Gestão do conhecimento e o reconhecimento do ambiente externo 79
- **4.7** Práticas que definem a gestão do conhecimento 79
- **4.8** A gestão e o gestor do conhecimento 79

4.9 Entendendo a gestão do conhecimento 80
4.10 Características do conhecimento 80
4.11 Gestão do conhecimento e o capital intelectual 81
4.12 Gestão do conhecimento e a aprendizagem 81
4.13 Gestão do conhecimento e a aprendizagem organizacional 81
4.14 Gestão do conhecimento e a empresa que aprende 81
4.15 Como as organizações aprendem? 82
4.16 Gestão do conhecimento e os critérios essenciais à aprendizagem organizacional 83
4.17 Gestão do conhecimento e as organizações de aprendizagem 83
4.18 A gestão do conhecimento e a educação corporativa 84

Capítulo 5   Inteligência financeira   85

5.1 O que é inteligência financeira? 85
5.2 Análise financeira 87
5.3 Demonstrações financeiras 88
5.4 Análise de fluxo de caixa 89
5.5 Índices financeiros 90
     5.5.1 Balanço Patrimonial 90
     5.5.2 Análise vertical, horizontal e índices econômico-financeiros 90
     5.5.3 Análise de balanço 91
5.6 Análise de investimentos 92
5.7 EBITDA 92

Capítulo 6   Inteligência tecnológica   95

6.1 Tecnologia da informação 95
6.2 Conceitos de *Business Intelligence* 97
6.3 Inteligência de negócios 98
     6.3.1 Tipos de tecnologia de CRM 99
     6.3.2 Tecnologia de *Business Intelligence* 100
6.4 Infraestrutura e solução em *Business Intelligence* 100
     6.4.1 Hierarquia no *Business Intelligence* 101
     6.4.2 Data Warehouse 101
     6.4.3 Características do Data Warehouse 102
     6.4.4 Data Mart (DM) 103
     6.4.5 Data Mining – "Garimpo de dados" 104
     6.4.6 Objetivos do Data Mining 105
     6.4.7 OLAP – Online Analytical Processing 105
     6.4.8 ETL – Extract, Transform e Load 106
     6.4.9 Data Mining 106
     6.4.10 Text Mining 106
     6.4.11 Web Mining 106
     6.4.12 SCM – Supply Chain Management 108
     6.4.13 Big Data 109

Capítulo 7 Inteligência de marketing ou inteligência mercadológica 113

- **7.1** Inteligência de mercado – Conceitos 113
- **7.2** Inteligência de mercado: da customização para fluxos estruturados de inteligência de mercado 115
  - 7.2.1 Pesquisa *ad hoc* 115
- **7.3** A inteligência de mercado no Brasil 116
- **7.4** Inteligência de mercado e o marketing 118
- **7.5** Inteligência de mercado e o processo de comoditização 118
- **7.6** Inteligência de mercado e a internet 121
- **7.7** Inteligência de mercado e o valor da informação 122
  - 7.7.1 Fontes de informação 122
- **7.8** Inteligência de mercado e vantagem competitiva 123
- **7.9** Marketing: fonte de necessidades e desejos 124
- **7.10** Conceitos básicos de clientes e mercado 127
  - 7.10.1 Necessidades, desejos e demandas 127
  - 7.10.2 Ofertas de mercado 128
  - 7.10.3 Valor e satisfação para o cliente 128
  - 7.10.4 Trocas e relacionamentos 128
  - 7.10.5 Mercados 128
- **7.11** Marketing mix – Quatro Ps 128
  - 7.11.1 Produto 130
  - 7.11.2 Preço 130
  - 7.11.3 Promoção 130
  - 7.11.4 Praça 130
- **7.12** Os quatro As 130
  - 7.12.1 Função Análise 132
  - 7.12.2 Função Adaptação 132
  - 7.12.3 Função Ativação 133
  - 7.12.4 Função Avaliação 133
- **7.13** Os quatro Cs 134
  - 7.13.1 Cliente 134
  - 7.13.2 Custo 134
  - 7.13.3 Conveniência 134
  - 7.13.4 Comunicação 134
- **7.14** Os Ps do marketing digital 135
  - 7.14.1 Os oito Ps, segundo Vaz 135
  - 7.14.2 Evolução do marketing digital 138
- **7.15** Os cinco Ms 140
- **7.16** Os cinco Rs 140
- **7.17** Comunicação integrada de marketing 141
- **7.18** Ferramentas de promoção cuidadosamente agrupadas 144
- **7.19** O novo cenário de marketing 144
- **7.20** Marketing *on-line* 146

		7.20.1	Domínios do marketing *on-line* 147
		7.20.2	B2C 147
		7.20.3	B2B 147
		7.20.4	C2C 148
		7.20.5	C2B 148

7.21 O Facebook e o marketing colaborativo 148
      7.21.1 O marketing no Facebook 150

Capítulo 8   Inteligência em vendas   153

8.1 Introdução 153
8.2 As diversas modalidades em vendas 153
      8.2.1 Vendas consultivas 153
      8.2.2 Modelo VRIO aplicado a vendas 154
      8.2.3 Vendas engenheiradas 155
      8.2.4 Vendas complexas 156
      8.2.5 *Forecast* e *pipeline* 157
      8.2.6 Vendas eletrônicas 158
      8.2.7 Estatísticas do *e-commerce* no Brasil 164
      8.2.8 Vantagens e desvantagens do comércio eletrônico 165
      8.2.9 Intercâmbio Eletrônico de Dados 167
      8.2.10 Internet móvel 169
      8.2.11 Vendas por projetos 171
      8.2.12 *LifeTime Value* 172
      8.2.13 *Turn key* 172
      8.2.14 Venda direta 173
      8.2.15 Vendas cruzadas 174

Capítulo 9   Inteligência de mercado aplicada em meios digitais – As influências das mídias sociais no mercado   177

9.1 Usabilidade e indicadores de mídias sociais 178
9.2 Perfil de busca 179
9.3 *Inbound* marketing 180
9.4 Oportunidades na internet – Desenvolvendo conhecimento e gerando personas para negócios digitais 181
      9.4.1 Conteúdo 184
9.5 Social Media Marketing 184
      9.5.1 Como inserir Social Media Marketing no seu negócio 186
      9.5.2 As vantagens do Social Media Marketing 188
      9.5.3 Como utilizar Social Media Marketing de forma assertiva 189
      9.5.4 O que não fazer em um planejamento de Social Media Marketing 190
9.6 Mercado Mobile 192

Capítulo 10   Inteligência Artificial no Ambiente 4.0   195

10.1 *Chatbots* 196
10.2 Quarta Revolução Industrial 196

- **10.3** Impressão 3D e realidade aumentada 199
- **10.4** *Machine learning* 200
- **10.5** Segurança da informação, computação em nuvem e Lei Geral de Proteção de Dados 201
  - 10.5.1 Lei Geral de Proteção de Dados – Lei Federal nº 13.709/2018 202
  - 10.5.2 Plataformas 203

Capítulo 11 Inteligência em serviços, marca, experiência de clientes e *customer success* 205

- **11.1** CRM – Fundamentos e conceitos 209
- **11.2** A importância do marketing de relacionamento 214
- **11.3** Definindo o marketing de relacionamento 216
- **11.4** Os benefícios do marketing de relacionamento 221
- **11.5** Marketing de relacionamento e valor agregado 222
- **11.6** O processo de compra do consumidor 224
- **11.7** Marca de sucesso 226
- **11.8** Componentes, 11 Cs e 30 Rs do marketing de relacionamento 227
  - 11.8.1 Considerações finais 230
  - 11.8.2 Estudo de caso 231

Considerações finais 235

Bibliografia 237

Introdução

Vivemos o novo normal. Diante do cenário do Covid-19, observamos uma mudança radical nos ambientes de negócios. A pandemia trouxe no seu escopo uma mudança jamais vivida na história recente das organizações e mudanças radicais precisarão ser propostas para garantir a sobrevivência das mesmas. Em face desse cenário, apresentamos o livro *Inteligência de Mercado* segunda edição, justamente no momento em que o mundo começa a sentir este novo normal. A inteligência de mercado é uma poderosa ferramenta utilizada pelas organizações como estratégia para a transformação das informações obtidas mediante o monitoramento externo, voltadas à tomada de decisão. O monitoramento contínuo do mercado, por meio da análise do ambiente externo, compreende o acompanhamento sistemático dos concorrentes, clientes, fornecedores, novas tecnologias, novos produtos, tornando-se parte integrante do processo de gestão estratégica nas empresas. Esse processo garante o aprimoramento ininterrupto, tornando as empresas competitivas em um mercado que exige ações e tomadas de decisões cada vez mais rápidas diante das constantes transformações no mundo dos negócios.

Vale ressaltar que a atividade de inteligência nas organizações não é novidade, pelo contrário, sempre esteve presente nos mais variados setores. A diferença no atual cenário competitivo internacionalizado diz respeito a sua estruturação como peça fundamental, caso a empresa queira tornar-se mais competitiva e, portanto, mais bem posicionada no mercado.

São enumeradas diferentes denominações de inteligência: inteligência de mercado, inteligência competitiva, inteligência criativa e inovação, inteligência ambiental, inteligência tecnológica, inteligência organizacional, entre outras.

Neste livro, trataremos especificamente de algumas ferramentas utilizadas na inteligência de mercado e sua prática nas empresas.

De modo geral, o livro tratará do ponto de vista do funcionamento da atividade de inteligência. Para tanto, é necessário que as organizações entendam que se trata de um processo imediato, mas com resultado no longo prazo. No momento em que a empresa resolve estruturar suas ações de inteligência, implicitamente define sua equipe de inteligência de mercado. Isso requer a observação do tamanho da empresa, a localização geográfica, a estrutura organizacional, a atividade de negócio, o poder de decisão e a tecnologia a ser utilizada e/ou disponível.

Caso as empresas queiram atuar de forma competitiva, a criação e a manutenção de uma área de inteligência na empresa tornam-se uma política de gestão corporativa obrigatória. As empresas que investem na estruturação da área de inteligência empresarial são, por definição, visionárias, inovadoras e conscientes, com capacidade de encontrar o terreno mais seguro e adequado para saírem na frente e criarem vantagens competitivas no mercado.

O processo de transformação na cultura organizacional requer uma mudança profunda, transparente e bem articulada, fatores fundamentais para um Programa de Inteligência de Mercado. As informações coletadas e os conhecimentos gerados no ambiente externo serão relevantes quando associados à análise dos profissionais da própria organização, nas suas redes de relacionamentos, e não apenas nos sofisticados sistemas e bases de dados que a empresa possua.

O foco na primeira fase de implementação da área de inteligência de mercado está na mudança de cultura, tanto na operacionalização, no compartilhamento e na organização das informações como na institucionalização da governança corporativa. Entende-se que, sem profundas mudanças na cultura organizacional, todas as ferramentas disponibilizadas para essa área não serão utilizadas com a eficácia e a eficiência que esse processo requer.

No dia a dia corporativo, a prática mostra que os profissionais não têm medo das mudanças, eles receiam ser mudados. Sair do *status quo* adquirido. Durante a fase inicial, a utilização de novas ferramentas deve vir acompanhada por uma política de incentivo, seja monetária ou não, que mostre com clareza a importância e o impacto da implantação de tais iniciativas na organização, diminuindo a resistência dos profissionais, resultando na melhoria das decisões táticas e operacionais.

O uso de tecnologias da informação e comunicação bem estruturadas tem como referência a utilização de portais corporativos, gestão eletrônica de documentos, comunidades virtuais, intranet, internet, internet phone etc. Essas são as poderosas ferramentas que apoiam a área de inteligência de mercado e devem ser utilizadas de forma integrada, evitando replicação ou falta de funcionalidade, ou desorganização da informação. Portanto, necessitam ser vistas como função meio, e não um fim.

A inteligência de mercado apoia-se em ferramentas sofisticadas que abrangem:

- a criatividade e a inovação (a gestão do conhecimento);
- o *Business Intelligence* (a inteligência competitiva).

São instrumentos apoiados em um tripé englobando a:

- inteligência estratégica (visão de futuro);
- inteligência tática (detalhamento);
- inteligência operacional (a operacionalização ou apoio à inteligência tática e à estratégica).

O ambiente empresarial vem se mostrando mais competitivo a cada dia, aumentando o seu grau de complexidade. A obtenção de informação é fator primordial para a correta interpretação do ambiente empresarial e consequente tomada de decisão. Por isso, é importante criar e implantar nas organizações métodos que possibilitem a adequação dos seus participantes para atuar de maneira eficaz, propondo mecanismos inovadores que aperfeiçoem o processo decisório. Nesse cenário, o estudo das inteligências é vital e relevante para o alcance dos resultados empresariais. Conquanto o conceito faça parte do dia a dia dos profissionais de gestão e esteja presente virtualmente em todos os cursos de graduação e pós-graduação em Administração, não há muitos livros específicos sobre o tema. Ele certamente aparece direta ou indiretamente em boa parte dos livros de gestão, mas há necessidade de textos específicos com enfoque gerencial e operacional que possam efetivamente ajudar na prática da condução de negócios, organizações e equipes.

Este livro tem como objetivos principais:

- oferecer aos profissionais que atuam na gestão um método prático e eficaz para criar, programar, desenvolver, monitorar e analisar o mundo dos negócios.
- apresentar aos estudiosos informações e conceitos que facilitem a compreensão da complexa realidade dos negócios e da gestão e que auxiliem na concreta atuação desses profissionais.
- proporcionar aos docentes de gestão uma abordagem que facilite a transmissão de conceitos fundamentais de administração e negócios aos seus alunos.

As ideias aqui abordadas refletem duas vivências:

- Textos específicos sobre os principais postulados do mundo dos negócios e sua adequação e qualidade e suas diversas contribuições ao longo da história recente do mundo dos negócios.
- Nossa experiência prática e comprovada em alguns campos da gestão: gestão executiva, gestão colaborativa e consultiva, docência em gestão em destacados cursos de MBA e comitês corporativos, na figura de conselheiro de administração.

Estes serão os enfoques dominantes deste livro: didático e técnico. Pretendemos que seja útil para professores e estudantes de gestão e áreas afins e para profissionais ocupados com a gestão propriamente dita, como o executivo, o técnico, o consultor. Faremos algumas referências a estudos acadêmicos de relevância, que o leitor poderá consultar para maior aprofundamento no tema.

O Capítulo 1 tratará de **inteligência empresarial** e **inteligência estratégica**, abordando os principais vetores estratégicos de uma empresa, tais como análise SWOT, matriz BCG, plano de negócios, matriz GE, entre outros, e sua importância no processo da construção e do relacionamento empresa-mercado.

O Capítulo 2 abordará a **inteligência antecipativa** e demonstrará a importância da criação de cenários no processo de real adequação entre o que se planeja e o que se executa em uma empresa.

Já no Capítulo 3, analisaremos a **inteligência competitiva**, os modelos pautados na segmentação e no posicionamento da companhia. O objetivo é definir, em cada tipo de mercado, qual foco deve nortear a estratégia da empresa. Mercados distintos, abordagens distintas, destacando o modelo de Porter, para melhores produtos, solução completa aos clientes, redução de custos ou aprisionamento de subsídios para criação, análise e reformulação de negócios tendo em vista a sua viabilização no competitivo ambiente em que vivemos hoje.

O Capítulo 4 investigará a **inteligência humana**. Como a moderna gestão deverá identificar os colaboradores e criar valores por meio de uma adequada metodologia de gestão do conhecimento. Pautada na comunicação integrada, com sistemas modernos de *Endomarketing*, na qual os colaboradores tenham uma abordagem menos matricial com mais autonomia, vislumbrando um ambiente criativo e inovador.

O Capítulo 5 explorará a **inteligência financeira** e a relação custo-benefício que deve pautar e modelar as estruturas modernas que dão sustentação a diferentes tipos de negócio.

No Capítulo 6, trataremos da **inteligência tecnológica** sobre acertos, erros na compra, aquisição, manutenção e extração de dados advindos dos sistemas tecnológicos, e qual deve ser o verdadeiro papel da Gestão de TI nas organizações. Abordaremos também como criar estratégias inteligentes para otimização e criação de banco de dados e a gradativa eliminação do "banco de dados".

O Capítulo 7 será destinado a estudar a **inteligência de marketing** ou **inteligência mercadológica**, como queiram chamar, e seu *modus operandi*.[1] A proposta é apresentar as melhores práticas, visando eliminar o foco no cliente e criar a prática do foco do cliente, não apenas atendendo, mas também entendendo o mercado no qual a empresa atua.

O Capítulo 8 abordará a **inteligência em vendas** e o papel do vendedor em um cenário mutante. Também procurará dar sugestões que possam ser úteis e aplicáveis ao turbulento mundo das atividades comerciais.

O Capítulo 9 trará a interface da **inteligência digital** e seu impacto na transformação digital das empresas.

No Capítulo 10 abordaremos a **inteligência artificial** no ambiente de IOT, internet das coisas, interface, máquinas, pessoas, papel da tomada de decisão apoiado em máquinas.

Por fim, no Capítulo 11 será abordada a **inteligência em serviços** e será discutida a modalidade que mais cresce no ambiente de negócios no cenário global.

Sendo assim, o objetivo central desta obra é apresentar os conceitos e as definições da gestão moderna e eficaz das empresas, utilizando modelos inovadores para maximizar desempenho e trabalhar na antecipação de eventos, não apenas com medidas corretivas, mas também para aprimorar a gestão, visando o aumento da competitividade empresarial por meio da eficácia na relação entre empresa, mercado e clientes.

Este livro vai tratar do conceito de inteligência de mercado, com enfoque específico em onze dimensões organizadas e pautadas na gestão. Essas dimensões não esgotam as possibilidades do uso da palavra inteligência de mercado. Por julgarmos mais produtivo e eficaz, abordaremos as oito inteligências: estratégica, competitiva, antecipativa, financeira, de marketing, humana, tecnológica e em vendas, digital, artificial e de serviços.

---

[1] *Modus operandi* é uma expressão do latim que significa "modo de operação". Utilizada para designar uma maneira de agir, operar ou executar uma atividade, seguindo sempre os mesmos procedimentos. Esses procedimentos são como se fossem códigos. Em administração de empresas, *modus operandi* designa a maneira de realizar determinada tarefa, segundo um padrão preestabelecido que dita as formas de agir em determinados processos.

capítulo 1
Inteligência empresarial

1.1 Definição de inteligência empresarial

O mundo dinâmico e globalizado no qual vivemos hoje nos permite dizer que uma empresa que não esteja bem estruturada tem grandes chances de insucesso, e o fracasso torna-se a porta mais próxima da organização. Cabe ressaltar que não há uma receita única de inteligência empresarial para todas as empresas. O estudo ora proposto mostra um roteiro, e, embora isso não possa ser levado como padrão, cada caso é específico e deve ter suas particularidades estudadas, como ficará evidente durante a leitura desta obra.

A inteligência empresarial é definida como a capacidade que a empresa tem de capturar, selecionar, analisar e gerenciar as informações de grande valor à administração do seu negócio, de forma objetiva e estruturada.

Nota-se que, com a intensificação da internacionalização das economias, a cultura da inteligência nas empresas vem crescendo, demandando investimentos em novas ferramentas competitivas. Este livro vai utilizar uma sequência de conceitos que difere de alguns autores que tratam do assunto. Assim sendo, não se tem o intuito de deliberar definitivamente sobre cada um dos conceitos, mas apresentar a visão dos autores sobre as ferramentas de inteligência a serem abordadas ao longo do livro, com a finalidade de contribuir para o entendimento e a aplicabilidade do arcabouço teórico-prático nas organizações.

Assim, a inteligência empresarial é a capacidade de uma corporação reunir informação, inovar, criar conhecimento e atuar efetivamente, com base no conhecimento por ela gerado, integrando diversos conceitos de inteligência – individual, de equipe e organizacional – em uma estrutura, para incorporar a cultura da inteligência nas organizações.

A inteligência empresarial está diretamente correlacionada com os conceitos de inovação, criatividade, qualidade, produtividade, efetividade, perenidade, rentabilidade, modernidade, inteligência competitiva e gestão do conhecimento (Rezende, 2015).

Como mencionado anteriormente, a inteligência empresarial pode ser definida como a capacidade de uma empresa para capturar, selecionar, analisar e gerenciar as informações relevantes para a gestão do negócio e tem como objetivos (Teixeira, 2009, p. 83):

- criar um processo que contemple a inovação e a criação de conhecimento;
- promover a redução de riscos na tomada de decisão e neutralizar as ações da concorrência;
- prover capacidade no direcionamento assertivo na implantação de ações estratégicas para aumentar a competitividade da organização;
- criar oportunidades para a prospecção e geração de novos negócios;
- alavancar o processo de desenvolvimento de produtos e serviços com base em informações confiáveis, eficientes e ágeis;
- monitorar, analisar e prever, eficientemente, as questões relacionadas ao *core business*;
- gerar valor aos negócios.

O processo de inteligência na organização não se limita apenas à utilização de tecnologias integradas a sistemas de informação, sua importância está diretamente relacionada com a tomada de decisões estratégicas por executivos, gerentes e analistas.

A inteligência empresarial pode ser concebida como o resultado de uma evolução como função híbrida do planejamento estratégico e das atividades de pesquisa de marketing (Tyson, 1988).

A inteligência empresarial busca integrar os sistemas computacionais aos sistemas de informação organizacionais, enquanto o BI (*Business Intelligence*) se concentra no desenvolvimento de sistemas de informação computacionais (Matheus; Parreiras, 2004).

O objetivo da cultura da inteligência na organização é transformar dados subjetivos e desarticulados em informações estruturadas, inteligentes e estratégicas para agregar valor aos negócios, constituindo uma vantagem competitiva, entendendo que todas as áreas, departamentos e profissionais, podem construir uma base de inteligência.

No campo da inteligência empresarial, a organização precisa:

Inovar e criar conhecimento por meio da criatividade e inovação e a gestão do conhecimento.

Reduzir os riscos na tomada de decisão para evitar surpresas.

Direcionar, assertivamente, os planos de negócios e as implementações concretas de ações, voltadas à inteligência empresarial.

Criar oportunidades de negócios.

Apoiar o desenvolvimento de produtos e serviços com uma base de informação legal, confiável, eficiente e ágil.

Monitorar, analisar e prever, eficientemente, as questões relacionadas ao core business.

Gerar valor aos negócios da empresa.

Figura 1.1 Campo da inteligência empresarial.

Fonte: TEIXEIRA, D. R. Rede de valor para inteligência empresarial. Revista da ESPM, v. 16, n. 1, p. 83, jan.-fev. 2009.

1.2 Inteligência empresarial e a contrainteligência

Quando tratamos da análise de mercado, mais especificamente inteligência de mercado, devemos abordar outro item de suma importância, a "contrainteligência".

Contrainteligência pode ser definida como toda atividade na empresa que tem como objetivo prevenir, detectar, obstruir e neutralizar a inteligência do concorrente. Deve-se estruturar a empresa por meio de um processo que envolva ações de segurança corporativa que possam afastar ameaças, de qualquer natureza, à preservação de dados, informações, ou qualquer outro produto informacional, bem como aos bens ou ao patrimônio da organização.

O processo de contrainteligência na empresa tem papel relevante quando é voltado para a busca integrada de invasores, neutralização de ataques ao sistema, recuperação de informações, ações de contra-ataque por meio da criação de desinformações que neutralizem as ações de inteligência de mercado do concorrente.

É importante a geração e a aplicação de um ferramental técnico-gerencial voltado à manutenção das vantagens competitivas da organização. Estão incluídas nesse pacote de medidas a proteção do conhecimento gerado, a informação estratégica criada pela empresa, as informações de mercado advindas da área de inteligência de mercado, principalmente, em relação às tomadas de decisões que envolvam o negócio da empresa.

Para que sejam neutralizadas as ações dos concorrentes, o processo de segurança corporativa deve compreender um conjunto de ações que envolvam todas as possíveis vulnerabilidades, contemplando medidas de proteção corporativa nos mais variados segmentos da organização.

No Brasil, em geral as empresas não destinam investimentos necessários à criação de ações voltadas à segurança corporativa. Esse processo não faz parte da cultura das nossas organizações.

A inteligência de mercado e a contrainteligência envolvem a criação e a proteção de informações inteligentes e estruturadas produzidas pela empresa. Ocorre com envolvimento e preparo dos profissionais, principalmente, daqueles que manipulam dados, informações e conhecimento, e suas inter-relações no dia a dia corporativo, diante da clara noção do papel que eles têm nesse processo, entendendo que são os agentes mais eficazes ou não na redução das vulnerabilidades.

O conceito de inteligência empresarial definido neste ensaio difere do utilizado por vários profissionais que associam diretamente o conceito de inteligência empresarial à locução. Neste caso, com a mesma significação de inteligência de negócios, ou em inglês *Business Intelligence*, na qual se referem ao processo de coleta, organização, análise, compartilhamento e monitoramento de informações que oferecem suporte à gestão de negócios.

O termo *Business Intelligence* surgiu na década de 1980 com o objetivo de descrever as competências e as habilidades das organizações para aceder a dados e explorar informações, desenvolvendo percepções e entendimentos levando-se em conta a análise das informações estruturadas, o que permitiu incrementar e tornar mais adequada a utilização das informações inteligentes na tomada de decisão. *Business Intelligence* é a ferramenta que compõe a inteligência empresarial e vai além da administração do processo de coleta, organização, análise, compartilhamento e monitoramento de informações, que oferecem suporte à gestão de negócios. Exige dos profissionais a capacidade de reconhecer, perceber e interagir na solução de um problema com senso de oportunidade, utilizando informações inteligentes, e do gestor, a capacidade de lidar com elas. É preciso também que ele seja capaz de escolher alternativas adequadas e viáveis para a empresa entre as hipóteses apresentadas.

A análise das informações disponíveis leva o gestor a decidir sobre as ações estratégicas ligadas ao negócio da empresa, tais como:

- Reestruturação das ações de marketing por meio de campanhas promocionais com o intuito de manter ou alterar o comportamento de compra de seus clientes.
- Estudo de potencial de mercado e viabilidade econômica; identificação de oportunidades para entrada em novos mercados.
- Estudos para otimização, ampliação ou redução de redes de distribuição.
- Avaliação de mercados para otimizar ou ampliar o mercado externo; planejamento de marketing e vendas.
- Análise da concorrência pautada em ações que permitam avaliar o mercado da ótica do consumidor.

Não há dúvidas sobre a importância da inteligência empresarial nas empresas, considerando-se o atual cenário competitivo doméstico e internacional. Simultaneamente, deve-se entender que a utilização dessa ferramenta na empresa parte do princípio de que não basta dispor de um sistema de informação de última geração para garantir uma gestão eficaz e eficiente. É fundamental que a empresa tenha a capacidade de utilizar adequadamente as informações geradas de modo a agregar valor ao negócio.

Geralmente o conceito de inteligência empresarial está associado aos conceitos de inteligência de mercado, inteligência competitiva, *Business Intelligence*, gestão do conhecimento, gestão do capital intelectual, entre outros. Apesar das diferenças conceituais entre eles, é cabível supor ou presumir a semelhança ou a formação de similaridade entre distintos conceitos.

Inteligência empresarial pode ser apontada, portanto, como um processo pelo qual se cria um conjunto de atividades estratégicas com o objetivo de articular a coleta, a análise e a disseminação de informações inteligentes ou relevantes a uma organização, de modo que favoreça o processo de tomada de decisões. O processo apoia-se em uma estrutura tecnológica adequada, capaz de promover uma interação intensa entre as fontes e os usuários de informação, tornando favorável a construção de alternativas para a ampliação da competitividade, a prospecção de novos negócios, a disposição para inovar.

Isso requer novas formas de tratamento da gestão da informação no dia a dia corporativo, visto que a administração e a operacionalização na captação de dados e a transformação em informações úteis, proveitosas ou vantajosas, devem ser acompanhadas de conhecimento e inteligência.

Observar o atual cenário concorrencial internacionalizado exige das empresas aperfeiçoamento contínuo no processo de tomada de decisões para que sejam mais acertadas e tornem o negócio lucrativo e inovador.

O uso da inteligência de mercado é vital para que as empresas transformem informação em vantagem competitiva, ou seja, informação estratégica focada em ações de planejamento para tomada de decisões de curto, médio e longo prazos.

O crescimento maior da economia brasileira, a partir de meados do século XX, além de propiciar um cenário extremamente concorrencial e competitivo entre as empresas, vem incentivando a propagação de uma atividade ainda nova para a maioria das empresas brasileiras: a inteligência empresarial.

O desafio de produzir inteligência nas empresas é uma tarefa que exige conhecimentos específicos e prática ininterrupta. O crescimento da tecnologia em comunicação facilita a comunicação, mas, ao mesmo tempo, assola o mundo com excesso de informações que confundem e geram estresse na tentativa de capturá-las e tratá-las.

As empresas que buscam capturar, selecionar, analisar e gerenciar as informações de grande valor à administração do seu negócio devem selecionar no mercado um analista de inteligência. Um profissional preparado para entender o que capturar e como capturar essas informações, como analisar, determinar o que é relevante ou não para entregar resultados eficazes e eficientes, de forma que faça a diferença para a agenda dos executivos na hora da tomada de decisões.

Apresentaremos as principais ferramentas de estratégia, tais como: análise SWOT; *business plann*; 5W2W; matriz GE ou McKinsey; matriz BCG; BSC, BI, *Trade-off*, PMBOK, Canvas, cadeia de valor, governança corporativa e gestão de *stakeholders*, utilização de métricas, que possibilitarão ao nosso leitor entender que, antes de pensar em relações exteriores, é dever das empresas pensar primeiro internamente para que, de forma paralela, se tenha eficácia externamente.

A ideia de iniciar esta obra pelos modelos convencionais da inteligência empresarial não foi casual. Há uma intenção bastante clara por parte dos autores, que é a de passar aos nossos interlocutores uma visão relevante acerca do tema proposto. Sinalizar que, sem uma estratégia bem definida, não é possível existir uma empresa de sucesso e consequentemente não alcançaremos a chamada inteligência de mercado.

Para avaliarmos a estratégia, é importante verificarmos as mudanças ocorridas no tempo e no espaço, denotando a evolução dos modelos até o presente. Estabeleceremos, assim, uma relação de causa e efeito da estratégia, sobretudo a construção de referências pautadas no desdobramento de um cenário em constante mutação. A evolução do pensamento estratégico foi dividida em cinco fases – uma para cada década.

Na década de 1950, destacamos a fase do planejamento financeiro que, na realidade, se tratava do controle financeiro nas organizações. O executivo principal era o estrategista responsável por atuar diretamente no controle financeiro. Ele buscava a simplificação e a eficiência nos processos da empresa, estimava os gastos na previsão de receitas e coordenava os objetivos planejados. Um dos principais objetivos era o cumprimento do orçamento, colocando em segundo plano as atividades operacionais. Dando ênfase às atividades de controle e orçamento, não havia espaço e tempo para a formulação das estratégias para as outras áreas, priorizando-se assim o "jogo de números", ou seja, o planejamento financeiro.

A segunda fase corresponde à década de 1960. Baseava-se na projeção de indicadores passados, melhorados no presente, chamados de planejamento em longo prazo. Desenvolvia-se a visão, segundo premissas tradicionais, sobre mudanças e planejamento, como regras de causa e efeito. As mudanças podem seguir tendências estabelecidas ao serem entendidas e previstas. Os planos anteriores são estendidos e concebidos. Outra técnica utilizada no planejamento de longo prazo é a diminuição dos custos de um produto à medida que se aumenta a sua produção. O planejamento de longo prazo supõe prever o futuro com base nas projeções de curvas de experiência. Para engajar-se no planejamento de longo prazo, a organização seria capaz de prever o cenário de atuação e assumir a estabilidade.

Na década de 1970 surgiu a terceira fase, a do planejamento estratégico, que, na realidade, deveria ser chamada de programação estratégica. Nesse período foi desenvolvida a clássica técnica de análise SWOT, que faz o cruzamento das informações relacionadas à avaliação dos ambientes interno e externo da organização. No meio interno analisam-se as forças e fraquezas, e no externo, as ameaças e oportunidades. O desenvolvimento da estratégia é fruto de uma habilidade adquirida. Levando-se em conta a avaliação da situação interna e externa, é definida a estratégia da empresa com foco na eficiência e na eficácia e a quem se devem subordinar as decisões e operações. Os fatores ambientais também são estudados para bloquear possíveis ameaças futuras e promover a ampliação do conhecimento sobre recursos e competências da organização, otimizando os insumos para que sejam adotadas técnicas mais adequadas. A escola do planejamento estratégico é caracterizada pela formulação – implementação, já que as estratégias são implantadas somente depois de serem muito bem formuladas ou programadas.

A quarta fase, que se iniciou nos anos 1980, foi a da administração estratégica. A escola mostrou que a implementação é tão importante quanto a formulação. A fase consiste na formulação de regras para orientar o comportamento da organização. A empresa analisa a competitividade em cada área de negócio que pretende atuar com êxito, integrando os objetivos estratégicos em uma direção global. As dúvidas em relação a essa escola dizem respeito à orientação dos executivos sobre a competitividade: como reagir à concorrência de mercado e qual a melhor maneira de competir no longo prazo. Foi desenvolvido um modelo de análise estrutural focalizando as forças competitivas que atuam sobre uma indústria. Essas forças atuam no poder de negociação dos fornecedores e compradores e na entrada e ameaça de concorrentes. A administração estratégica considera que a essência da organização é o relacionamento da empresa com seu meio ambiente, ao criar e aperfeiçoar ferramentas para ajustar a estratégia às condições vigentes do ambiente de negócios. A análise da estrutura de indústria é feita por meio de estratégias competitivas, por intermédio das quais as organizações obtêm lucro baseadas no gerenciamento da cadeia de valor. Nessa fase houve uma contribuição ao pensamento estratégico, valorizando as pesquisas que forneceram um conjunto de conceitos com aplicação prática, que puderam combinar com outras práticas já aplicadas nas outras fases.

A década de 1990 foi o período da quinta fase, ou seja, da gestão estratégica, que deu enfoque ao processo de planejamento. Além de planejar, era preciso dirigir, organizar e controlar estrategicamente, com foco nas atividades internas, reagindo às mudanças do ambiente externo e interno. Para atingir os objetivos e alocar recursos, era necessário também estabelecer equilíbrio entre os dois ambientes e integrar todos os setores da organização. O processo é composto pelas funções inter-relacionadas que buscam sintonia com o meio ambiente, levando em consideração as dimensões das mudanças em conhecimento, habilidade, desempenho e comportamento; da necessidade em alcançar a eficiência e a eficácia visando a melhoria no relacionamento da organização com o meio ambiente e com sua dinâmica interna.

Quadro 1.1 Evolução do pensamento estratégico

Descrição	Escola de Pensamento				
	Planejamento financeiro	Planejamento de longo prazo	Planejamento estratégico	Administração estratégica	Gestão estratégica
Características principais	Orçamento anual	Projeção de tendências	Pensamento estratégico	Análise de estrutura da indústria	Pensamento sistêmico
	Controle financeiro	Análise de lacunas	Análise de mudanças no ambiente	Contexto econômico e competitivo	Integração entre planejamento e controle
	Administração por objetivos (APO)	Curvas de experiência	Análise de recursos internos e competências	Estratégias genéricas	Coordenação de todos os recursos para o objetivo
		Estudo de cenários	Alocação de recursos	Cadeia de valor	Organização estratégica
			Foco na formulação	Foco na análise e implementação	Foco nos objetivos financeiros
Sistemas de valores	Cumprir orçamento	Projetar o futuro	Definir a estratégia	Determinar as atividades da indústria	Sintonizar-se com os ambientes interno e externo
Problemas	Miopia ou visão de curto prazo	Não prever descontinuidade	Falta de foco na implementação	Falta de abordagem sistêmica	Falta de alinhamento com a filosofia da organização
Predominância	Anos 1950	Anos 1960	Anos 1970	Anos 1980	Anos 1990

Fonte: Lobato (2009).

A evolução do pensamento estratégico dos últimos 30 anos transcende as cinco grandes fases abordadas anteriormente. Embora respeitemos a contribuição dos clássicos como norteadores do conhecimento, temos de analisar novas empreitadas, como as *startups*, empresas híbridas, *cloud computer*, inteligência artificial, nanotecnologia, modelo Canvas, entre outros. Hoje o desafio do executivo é decidir o que sua empresa deve fazer para preparar-se para as incertezas do futuro. A inteligência empresarial proposta pelos autores não está diretamente ligada a um fator apenas. Assemelha-se ao mundo atual, no qual o profissional completo não é aquele que desempenha várias funções. Nesse contexto, podemos destacar que inteligência empresarial denota o esforço para um alinhamento estrutural temporal, é o fio condutor que permite compreender as rupturas no tempo e no espaço e adaptá-las ao momento presente. Essa nova escola busca, assim como o mundo atual, responder aos novos desafios impostos pela nova gestão empresarial.

1.3 Inteligência estratégica

O desenvolvimento e a utilização de novas ferramentas de comunicação trouxeram transformações na forma pela qual as empresas buscam oferecer e demonstrar seus produtos e serviços aos clientes atuais e potenciais no decorrer dos últimos anos. Os novos canais de comunicação utilizados como "meios" para o relacionamento empresa-cliente passaram a exigir abordagens criativas e interatividade para fidelização do consumidor e aumento do volume de vendas ao longo do tempo.

Ouvir a voz do cliente é fundamental para aprimorar a qualidade de qualquer organização, independentemente da estratégia adotada. A mensuração de sua satisfação é uma das mais importantes ferramentas de auxílio à gestão. No momento atual, em que as empresas não podem perder nenhum cliente, o conhecimento mais profundo do consumidor e de suas atitudes torna-se uma grande vantagem competitiva.

De maneira precipitada, muitos estudiosos afirmam que inteligência de mercado é a utilização de softwares, que possibilitam às empresas terem informações em tempo real, atendendo às necessidades dos clientes, e se relacionarem com o mercado, seja ele fornecedor, seja concorrente, seja consumidor, de forma eficaz. Esta abordagem é simplista demais, segundo a nossa avaliação. Não queremos dizer que a tecnologia não seja importante, muito pelo contrário, será um dos vetores desta obra, e reservaremos um capítulo para falar apenas de tecnologia e sua importância na relação empresa e seus *stakeholders*. O que pretendemos compartilhar com nossos interlocutores é a estratégia de utilização do conjunto de inteligências organizadas, que podem possibilitar vantagem competitiva e comparativa para as empresas.

Observamos, com frequência, o esforço da empresa para conectar todas as áreas interfuncionais do negócio, que, na maioria das vezes, se diluem pelo caminho. A compreensão equivocada das organizações sobre a visão holística da empresa gera práticas de extrema competitividade interna, em que departamentos colidem com departamentos e funções acumulam funções. Dinâmica e inovação são confundidas com desordem, passando para o mercado a imagem de empresa competente individualmente, mas incompetente coletivamente.

Cada departamento cumpre exatamente seu papel, como notamos na Figura 1.2.

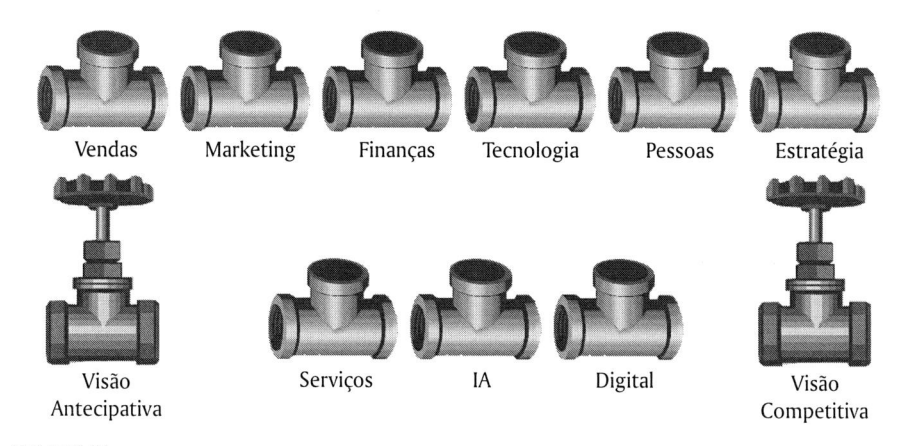

Vendas   Marketing   Finanças   Tecnologia   Pessoas   Estratégia

Visão   Serviços   IA   Digital   Visão
Antecipativa   Competitiva

Figura 1.2 Empresas robotizadas.

As diversas nuanças do mundo dos negócios são observadas na Figura 1.3.

Figura 1.3 Conexão das inteligências.

Tendo os modelos evolutivos como ponto de partida, faremos uma análise estrutural das principais ferramentas estratégicas desenvolvidas ao longo dos últimos 80 anos. Vamos conceituá-las, demonstrando ao nosso leitor que, para gerir

Capítulo 1 – INTELIGÊNCIA EMPRESARIAL   11

uma empresa com eficácia, o principal paradigma a ser enfrentado é conhecer todas as ferramentas disponíveis e implantá-las em consonância com a realidade vivida, e, para tal, é preciso conhecer essas ferramentas uma a uma.

1.3.1 Análise SWOT

A terminologia é uma sigla inglesa para forças ou pontos fortes (*strengths*), fraquezas ou pontos fracos (*weaknesses*), oportunidades (*opportunities*) e ameaças (*threats*), que é atribuída a Kenneth Andrews e Roland Christensen, dois professores da Harvard Business School. O modelo consiste na avaliação da posição competitiva de uma empresa em seu mercado atuante. Essa avaliação de competitividade é efetivada por uma matriz de dois eixos (o eixo das variáveis internas e o das variáveis externas), cada um composto por duas variáveis: pontos fortes (*strenghts*) e pontos fracos (*weaknesses*) da empresa; oportunidades (*opportunities*) e ameaças (*threats*) do mercado atuante.

Essas variáveis auxiliam no processo de construção do *business plann*, que, quando concatenadas, facilitam a descrição e a interpretação clara da posição atuante da empresa. Notaremos, a seguir, a modelagem gráfica da matriz, com as generalidades para cada um dos quadrantes que a compõem.

		Análise Interna	
		Pontos fortes (*Strengths*)	Pontos fracos (*Weaknesses*)
Análise Externa	Oportunidades (*Opportunities*)	Tirar o máximo partido dos pontos fortes para aproveitar ao máximo as oportunidades detectadas.	Desenvolver as estratégias que minimizem os efeitos negativos dos pontos fracos e que em simultâneo aproveitem as oportunidades emergentes.
	Ameaças (*Threats*)	Tirar o máximo partido dos pontos fortes para minimizar os efeitos das ameaças detectadas.	As estratégias a serem desenvolvidas devem minimizar ou ultrapassar os pontos fracos e, tanto quanto possível, enfrentar as ameaças.

Figura 1.4 Análise SWOT.

Fonte: Disponível em: <http://www.knoow.net/cienceconempr/gestao/analiseswot.htm>. Acesso em: 18 maio 2013.

Na construção da matriz SWOT são necessárias duas abordagens: análise interna e análise externa. Como observamos na Figura 1.4, a análise interna permite identificar aspectos que a empresa apresenta como pontos fortes e pontos fracos em relação aos seus concorrentes. Vale destacar que esses pontos dominantes da empresa devem ser reconhecidos. A falta de entendimento acerca deles é causa do maior fracasso das empresas. Já a análise externa consiste na identificação de oportunidades e ameaças com as quais a empresa se depara e precisa codificá-las, a fim de otimizar oportunidades e prevenir-se das ameaças advindas deste ambiente turbulento.

1.3.2 Matriz competitiva de Porter

Ao analisarmos as abordagens da matriz SWOT, é também necessário o cruzamento com a análise competitiva, representada pelo conceito de cadeia de valor formulado por Porter (1990). Dá-se o nome de cadeia de valor ao conjunto de todas as atividades inter-relacionadas que visam adicionar um valor específico ao cliente. Podem ser divididas em atividades primárias (logística de entrada, operações, logística externa, marketing de vendas e serviços pós-venda) e atividades secundárias (compras, pesquisa e desenvolvimento, gestão de recursos humanos e infraestrutura).

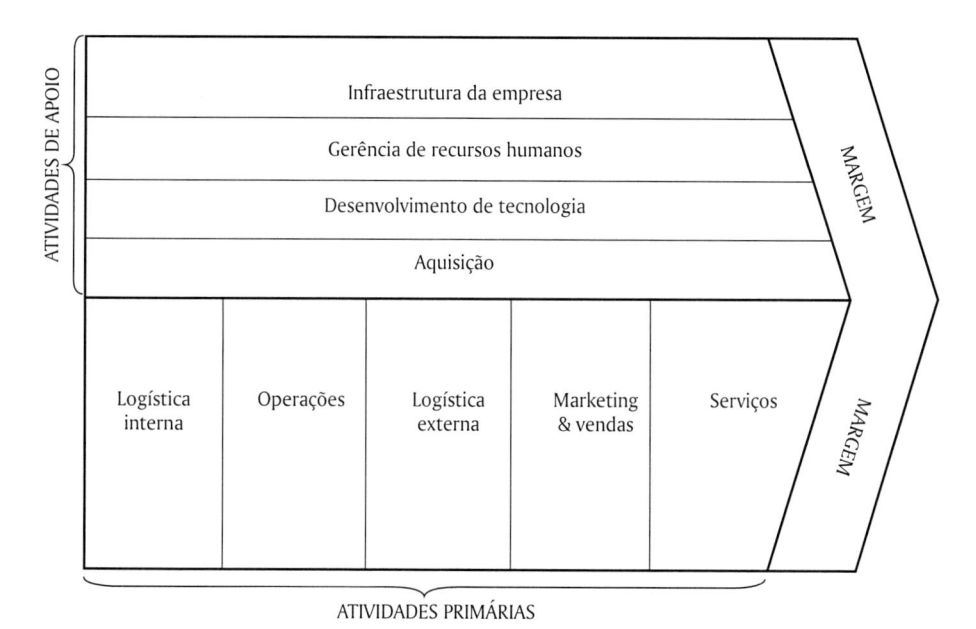

Figura 1.5 Cadeia de valor proposta por Michael Porter.
Fonte: Porter (1998).

A análise do ambiente externo é dividida em duas fases:

- Ambiente geral: engloba os segmentos demográfico, econômico, sociopolítico e tecnológico.
- Ambiente setorial: é utilizado o modelo de Porter (1986), conhecido pelas cinco forças competitivas que descrevemos adiante. Na dimensão horizontal, podemos avaliar o grau de rivalidade entre as empresas; a ameaça de novos entrantes potenciais e a dos produtos substitutos. A dimensão vertical envolve duas forças, que são o poder de barganha dos consumidores e o de barganha dos fornecedores.

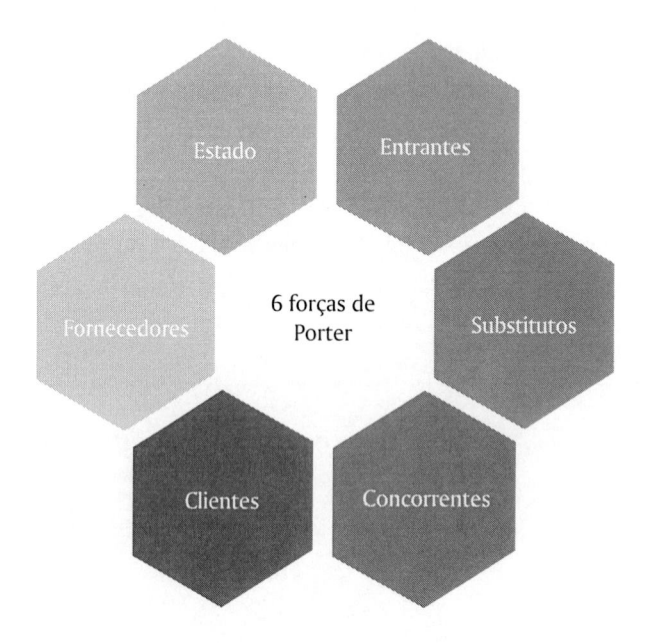

Figura 1.6 Análise competitiva proposta por Michael Porter.
Fonte: Porter (1986).

Analisando as cinco forças mencionadas.

O valor das empresas é estabelecido pelo mercado e determinado pelo grau de rivalidade entre elas. Essa rivalidade é alta quando se verificam as seguintes condições:

- crescimento lento;
- concorrentes numerosos ou bem equilibrados;

- custos fixos elevados;
- excesso crônico de capacidade;
- ausência de custos de mudança;
- existência de concorrentes divergentes;
- existência de concorrentes com grandes interesses estratégicos;
- ausência de diferenciação de produtos;
- barreiras de saída elevadas.

Para a ameaça dos novos entrantes, deverão ser analisados os seguintes fatores:

- Histórico de retaliações na indústria, que pode ser pesquisado levantando-se os dados referentes aos anos anteriores.
- Existência de empresas com recursos substanciais, capazes de sustentar longas batalhas de retaliação em busca de posicionamentos estratégicos que lhes concedam vantagens competitivas sobre seus concorrentes.
- Crescimento de moderado a lento na indústria, reduzindo a taxa de aumento das vendas e a lucratividade das empresas, forçadas a lutar por uma fatia de um mercado cada vez mais restrito e competitivo.
- Existência de empresas com alto comprometimento, para as quais qualquer ameaça à sua posição na indústria é vista como uma ameaça à sua sobrevivência.

A ameaça dos produtos substitutos – cuja principal característica pode ser o comprador, que, após adquirir um produto, deixa de consumir outros até o fim do prazo normal de reposição do produto – e os produtos se revezam na preferência do consumidor ao final do prazo de reposição.

Para isso, depende fundamentalmente:

- da percepção relativa de valor desses produtos;
- dos altos custos de mudança para tais produtos;
- da propensão dos compradores para substituir produtos.

As condições que aumentam o poder de barganha do comprador:

- Existem poucos compradores.
- Os compradores são muito importantes para a indústria.
- A indústria é pouco importante para os compradores.

- O produto fabricado/vendido pela indústria é padronizado.
- Os custos da mudança para outro fornecedor são baixos.
- Existem substitutos para os produtos da indústria.
- O comprador tem total informação.
- Existe a possibilidade de integração retrógrada na cadeia de valor dos compradores.

As condições que reforçam o poder de barganha dos fornecedores:

- Existem poucos fornecedores no mercado.
- Os fornecedores têm importância estratégica para a indústria.
- A indústria é pouco importante para os fornecedores.
- Existe alto grau de diferenciação do produto na indústria.
- Não existem substitutos para os produtos fabricados pelos fornecedores.
- São altos os custos de mudança de fornecedores.
- Existe a possibilidade de integração vertical para a frente por parte dos fornecedores.

A todo momento ocorrem mudanças que estão fora do controle das organizações, afetando positiva ou negativamente o seu desempenho. Essas mudanças podem representar ameaças ou oportunidades. A organização que antecipar as ameaças e transformá-las em oportunidades se tornará mais competitiva no mercado globalizado.

Segundo Naisbitt e Aburdene (1990), conhecer as megatendências e acompanhá-las de perto é requisito essencial para todos os que buscam excelência de resultados, e não somente a sobrevivência.

A habilidade para gerenciar o ambiente interno é denominada capacidade. A gestão de capacidades visa uma posição competitiva sustentável no mercado, superando os concorrentes pela forma adequada e pela melhor utilização dos recursos.

Hitt, Ireland e Hoskisson (2005) afirmam que a competência essencial não é apenas uma capacidade bem desenvolvida, mas também uma fonte das vantagens competitivas sustentáveis da organização, que deve ser valiosa, rara, difícil de imitar e insubstituível.

As principais forças e fraquezas vão nos levar à identificação dos fatores críticos de sucesso (FCS), que conduzirão ao cumprimento dos seus objetivos. No momento em que a organização concentrar suas forças no fator crítico de sucesso, este se transformará no ponto forte de sua alavancagem.

As fraquezas (*weaknesses*) e as ameaças (*threats*), assim como os pontos fortes (*strengths*) e as oportunidades (*opportunities*), são os frutos dos fatores críticos de sucesso, conhecidos como matriz SWOT, que é uma das ferramentas mais utilizadas na gestão estratégica competitiva.

1.3.3 Fatores críticos de sucesso (FCS)

O conceito de fatores críticos de sucesso são condições, variáveis ou fatores que causam impactos significativos sobre o sucesso do negócio, considerando-se o mercado em que a empresa atua.

O conceito de FCS aplicado ao processo de negócio permite instruções, passo a passo, para ajudar o gestor a atender às questões primordiais da mudança. A implementação é baseada em pessoas que ajuda a transformar a forma como os indivíduos agem e se comportam quando participam de projetos estratégicos. Também fornece ferramentas para analisar, planejar, executar e monitorar grandes mudanças.

Os fatores críticos do sucesso e seus objetivos se resumem a compreender a necessidade de mudança, tomar ações eficazes para que a mudança ocorra, estimular o envolvimento das pessoas com a mudança, certificar-se de que as pessoas se engajem nas mudanças que as afetam, fazer que gestores dos variados níveis entendam e se comprometam em auxiliar na liderança da mudança, promover o comprometimento das equipes e também estimular a mudança de atitude, oferecer todo o suporte necessário aos envolvidos durante o processo de mudança (Maróstica, 2013).

Os fatores críticos de sucesso são levantados juntamente com a construção do planejamento estratégico, visto que é de suma importância saber quais são as variáveis que afetarão diretamente a empresa, a análise dos riscos envolvidos, o objetivo a ser alcançado, fatores esses que comprometem a vantagem competitiva da empresa:

- As principais forças e fraquezas conduzem à identificação dos fatores críticos de sucesso (FCS) para a organização.
- A ferramenta FCS tem por objetivo priorizar as atividades-chave do negócio.
- É preciso concentrar as energias da organização para que os FCS sejam transformados em pontos fortes.
- O desenvolvimento das capacidades será orientado pela existência de FCS.

Desempenhar de maneira insatisfatória um FCS do negócio pode tornar-se uma fraqueza. Ou pode ser tão bom no desempenho de uma dada atividade, que essa capacidade pode alavancar uma série de estratégias vencedoras.

FCS vão responder às perguntas a seguir:

- Por que os clientes fazem negócios conosco? Por que os clientes compraram os produtos e serviços da nossa organização pela primeira vez?
- Quais são as vantagens que temos em relação aos nossos competidores e que podemos explorar ao longo do tempo? Quais são as atividades que realizamos e que nossos competidores dificilmente conseguirão imitar?

Portanto, a correta mensuração dos fatores críticos de sucesso possibilitará avaliar o desempenho, acumulando informações que serão úteis na seleção das estratégias a serem adotadas no presente e no futuro, permitindo à empresa obter sucesso, mesmo em mercados altamente competitivos.

1.3.4 Controle pelo Balanced Scorecard (BSC)

O Balanced Scorecard tem por finalidade conhecer o método de medição de desempenho de uma organização no futuro, segundo Kaplan e Norton (1997). Esse método sempre foi baseado nas perspectivas financeiras com a finalidade de desenvolver uma nova visão para o BSC.

Kaplan e Norton (1997), por meio de reuniões bimestrais com diversas representações organizacionais, passaram a estudar e desenvolver o BSC na visão não só financeira, mas também nas representações não financeiras, com base em quatro novas perspectivas: financeira, do cliente, dos processos internos e de aprendizado e crescimento.

O BSC é um método voltado para estudar estratégias competitivas e assim desenvolver o planejamento estratégico, tendo como base a "visão de futuro". Trata-se de um sistema de gestão baseado no desenvolvimento do desempenho, proporcionando a visão atual e também futura do negócio.

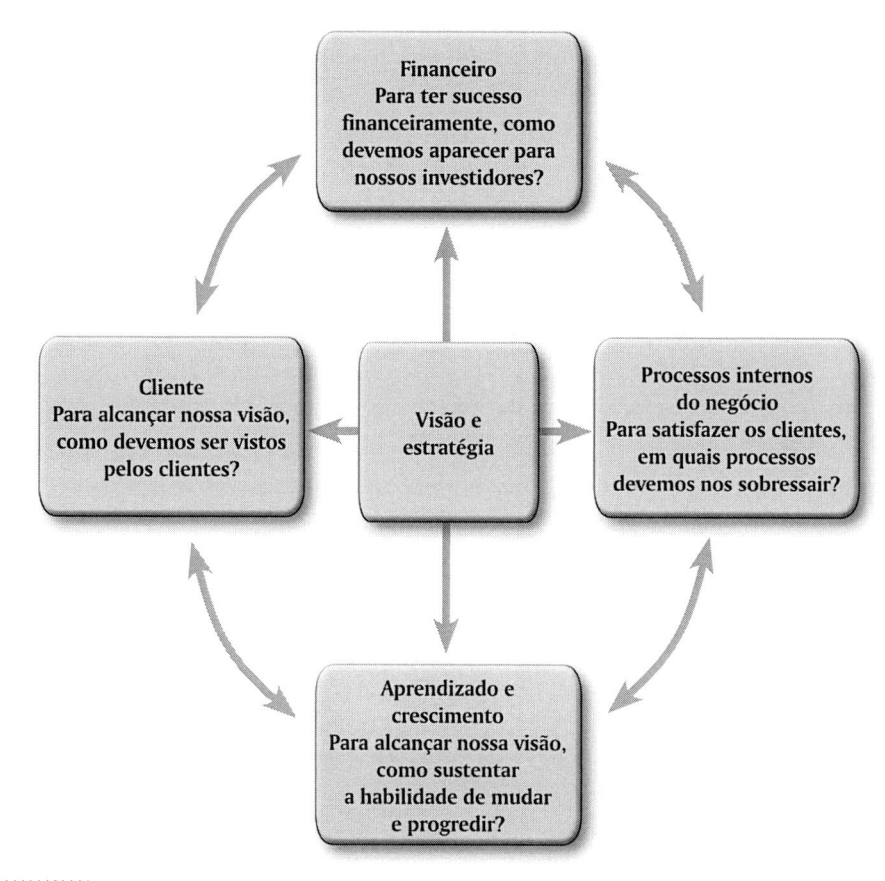

Financeiro
Para ter sucesso financeiramente, como devemos aparecer para nossos investidores?

Cliente
Para alcançar nossa visão, como devemos ser vistos pelos clientes?

Visão e estratégia

Processos internos do negócio
Para satisfazer os clientes, em quais processos devemos nos sobressair?

Aprendizado e crescimento
Para alcançar nossa visão, como sustentar a habilidade de mudar e progredir?

Figura 1.7 BSC – Balanced Scorecard.
Fonte: Kaplan e Norton (1997).

1.3.5 Organizada em Unidades Estratégicas de Negócios (UEN) ou *business unit*

Novas formas organizacionais, bem como a necessidade de desenvolver novas estratégias, estão sendo exigidas cada vez mais pelas organizações empresariais já constituídas com características de dinamismo e proatividade. Para Ansoff (1977; 1983), as unidades estratégicas de negócios (UEN) foram criadas na busca do resultado de subdivisões da realidade de negócios da organização.

O conceito de UEN foi aplicado em muitas organizações consideradas contemporâneas. Podem-se implementar várias UEN em uma única organização empresarial, cada uma delas visando o todo organizacional.

A teoria das unidades estratégicas assemelha-se à lógica do holismo, em que o todo está nas partes e as partes estão no todo. Esse tipo de sistema organizacional facilita a condução das estratégias, já que cada UEN é desenvolvida com menor hierarquia e mais autonomia.

1.3.6 Ênfase em alianças

Por meio das alianças dentro das organizações, é possível buscar e desenvolver conjuntamente objetivos em comum. Com as alianças empresariais, as fronteiras comerciais, nacionais e culturais ficam menores diante dos cenários usuais.

Devido à globalização e à necessidade de sobrevivência das organizações, a gestão estratégica competitiva passou a desenvolver mais alianças estratégicas e também novas tecnologias, que propiciaram investimentos em pesquisas e redução dos custos operacionais. Quando essas necessidades não eram realizadas internamente, o cenário competitivo conduzia essas organizações empresariais a fusões e aquisições.

1.3.7 Sustentabilidade

A inserção internacional das organizações proporcionou o aumento de faturamento, com a consequente competitividade ante ao cenário internacional. Porém, não seria novidade se, juntamente com essa nova estrutura, gerasse impactos ao meio ambiente e ao desenvolvimento social. A gestão estratégica competitiva defende e destaca que as organizações sustentáveis possuem grande destaque no contexto atual, pois passam a desenvolver responsabilidades que vão além da produção de bens e serviço para obter lucro.

A princípio, recorre-se ao conceito mais utilizado de desenvolvimento sustentável, que começou a ser esculpido por volta de 1971 e foi definido em 1987 pelo Relatório Brundtland, da Comissão Mundial de Meio Ambiente e Desenvolvimento da Organização das Nações Unidas, como "aquele que atende às necessidades do presente sem comprometer a capacidade das futuras gerações de atenderem às suas necessidades". Ou seja, o desenvolvimento capaz de suprir o atendimento das necessidades das presentes gerações sem comprometer o atendimento das necessidades das gerações futuras. Essa definição nasceu na Comissão Mundial sobre Meio Ambiente e Desenvolvimento – CMMAD (Estocolmo, 1972), criada pelas Nações Unidas para discutir e propor meios de harmonizar dois objetivos: o desenvolvimento econômico e a conservação ambiental (Ecodesenvolvimento, 2009).[1]

Em 1987, a CMMAD, presidida pela primeira-ministra da Noruega, Gro Harlem Brundtland, adotou o conceito de desenvolvimento sustentável em seu relatório Our Common Future (Nosso Futuro Comum), também conhecido como Relatório Brundtland (Ibidem).

O conceito amplificado de sustentabilidade não se limita à sustentabilidade ambiental, pois possui um leque ainda maior, estendendo-se a outras áreas como a sustentabilidade social, econômica, espacial e até cultural.

1.3.8 Aprendizagem contínua

Hoje, a velocidade das mudanças no mundo exige que profissionais e empresas assumam atitude de aprendizagem contínua para manter a competitividade. Para isso, é preciso cotidianamente expandir sua habilidade de redefinir seu futuro.

A meta de pessoas e organizações em processo de aprendizagem contínua é criar um modo de viver que garanta a melhoria da própria performance e a da empresa. Para buscar o aprendizado contínuo, é importante antes entendermos a relação eficiência *versus* eficácia dentro das organizações.

A pessoa eficiente está preocupada apenas em trabalhar, cumprir sua tarefa, resolver problemas, sem se preocupar com a exploração máxima de suas potencialidades e limitações, ou seja, ela desempenha bem as tarefas que faz. Já a

---

[1] ECODESENVOLVIMENTO. *Glossário de termos relacionados ao meio ambiente*. Disponível em: <http://www.ecodesenvolvimento.org.br/ecodesenvolvimento>. Acesso em: 20 maio 2014. In CASTELO BRANCO, Valdec Romero. O papel e a importância da administração estratégica de recursos humanos como agente fomentador da educação ambiental. *VII Simpósio Internacional de Ciências Integradas da Unaerp Campus Guarujá* realizado nos dias 22, 23 e 24 de setembro de 2010, na Unaerp – Universidade de Ribeirão Preto – *Campus* Guarujá.

pessoa eficaz está preocupada em conseguir bons resultados. Preocupa-se com a exploração máxima de suas potencialidades e com suas limitações, ou seja, faz as coisas certas.

A gestão estratégica competitiva, nesse contexto, deixa de ser a administração de mudanças, passando a ser a administração por mudanças. É de extrema importância para a sobrevivência dessa escola que as mudanças sejam coletivas, e não individuais.

1.3.9 Ferramentas estratégicas

Ansoff (1977; 1983) formulou uma teoria de planejamento estratégico, cujo foco principal é a busca de sinergia entre as funções da empresa. A matriz de Ansoff consiste em identificar estratégias viáveis para cada organização.

Mercado		Produto	
		Novo	Atual
Atual		Penetração de mercado • Concentrar no público e no produto. • Crescimento intenso.	Desenvolvimento do produto • Inovar / Aperfeiçoar. • Crescimento intenso.
Novo		Desenvolvimento de mercado • Conhecer o mercado. • Conhecer o produto.	Diversificação • Conhecer o mercado. • Concêntrico. • Horizontal. • Conglomerado.

Figura 1.8 Matriz empresa *versus* mercado.

Fonte: Ansoff (1977; 1983).

Neste pressuposto, existem as seguintes estratégias:

▸ Estratégia de penetração de mercado: foca na mudança de clientes ocasionais para clientes regulares e de clientes regulares para usuários intensivos.

▸ Desenvolvimento de produtos: busca vender outros produtos a clientes regulares, intensificando os canais existentes de comunicação.

▸ Desenvolvimento de mercado: tenta conquistar o cliente da concorrência, introduzir novas marcas no mercado.

- Diversificação: foca na comunicação, explicando por que está entrando em novos mercados com novos produtos visando ganhar credibilidade.

1.3.10 Matriz do Boston Consulting Group (BCG)

Baseando-se na taxa de crescimento da indústria e na participação relativa de mercado do empreendimento, a matriz do Boston Consulting Group (BCG) é utilizada para alocar recursos em atividades de gestão de marcas e produtos, planejamento estratégico e análise de portfólio, tomando como base o conceito de ciclo de vida do produto.

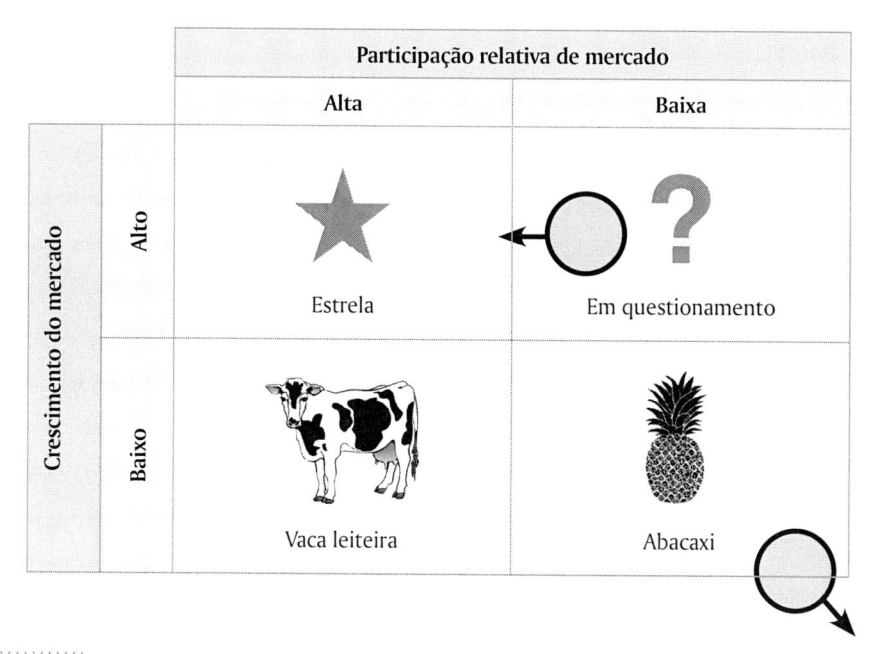

Figura 1.9 Matriz de crescimento participativo de mercado da Boston Consulting Group – BCG.
Fonte: Kotler e Keeller, 2006.

Analisando a matriz BCG, temos:

- Estrelas são produtos líderes em mercado em rápida expansão. Continuam a requerer investimentos, mas já apresentam um fluxo de caixa equilibrado.
- Interrogação ou em questionamento são produtos em fase de lançamento. Exigem investimentos e apresentam baixo retorno sobre ativos, além de terem baixa participação de mercado.

- As vacas leiteiras têm um *market share* elevado em mercados de baixo crescimento. Geram fundos para financiar os produtos estrelas.
- Os produtos abacaxi consomem muito e não produzem nada, portanto, não vale a pena mantê-los.

1.3.11 Ciclo de vida do produto

Este conceito consiste em quatro fases distintas ao longo de sua presença no mercado: introdução, crescimento, maturidade e declínio. Em cada fase, vendas e lucros evoluem de modo distinto.

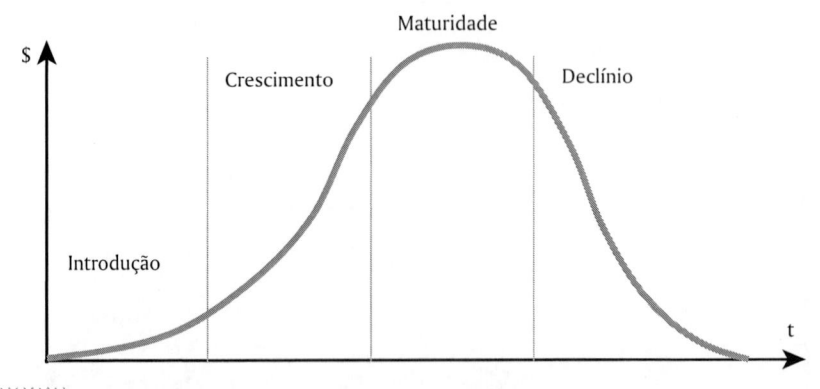

Figura 1.10 Ciclo de vida do produto.
Fonte: Kotler (2000).

Ciclo de vida do produto:

- **Introdução:** começa com o lançamento do produto e caracteriza-se por lento crescimento das vendas e baixos lucros, ou mesmo prejuízos, devido aos altos investimentos.
- **Crescimento:** quando a taxa de adoção do produto pelos clientes potenciais é acelerada, as vendas crescem acentuadas e os lucros acompanham o crescimento das vendas, à medida que se ganham economias de escala.
- **Maturidade:** as vendas do produto tendem a se estabilizar, acompanhando o crescimento vegetativo do mercado, que é pequeno ou até nulo. Nessa fase, há um grande número de concorrentes e a disputa pelo mercado fica acirrada.

- **Declínio:** quando o produto fica obsoleto, é gradativamente substituído por novos. Nessa fase, as vendas são decrescentes, e, para minimizar prejuízos, algumas empresas reduzem os investimentos e outras retiram o produto do mercado.

1.3.12 Matriz de Planejamento Estratégico de Negócios da McKinsey – GE

Mais conhecida como matriz GE, consiste em duas dimensões básicas na sua análise estratégica: a atratividade do setor e a capacidade competitiva da empresa:

- **Atratividade do setor:** avalia fatores como tamanho, crescimento do setor, intensidade da concorrência, sazonalidade, estrutura de custos, caráter cíclico do setor, lucratividade histórica, oportunidades e restrições macroambientais específicas.
- **Capacidade competitiva:** avalia a potencialidade da organização, participação de mercado, lucratividade, custos operacionais, desempenho da pesquisa e desenvolvimento de processos, crescimento da participação de mercado, *know-how* e reputação de marcas.

1.3.13 O modelo de Porter das estratégias genéricas de competição

Para Porter (1986), as organizações podem optar entre três estratégias para obtenção de vantagens competitivas sobre seus concorrentes: liderança de baixo custo, diferenciação e enfoque. A partir deste modelo, as organizações das empresas devem optar entre dois tipos: qual o âmbito competitivo e qual a vantagem competitiva.

- **Liderança de baixo custo:** procura ter um produto com menor custo. Sua atuação é alargada, procurando chegar a diversos segmentos simultâneos. As vantagens de custo variam de setor para setor, são geralmente economias de escala e de experiência aproveitando sinergias comerciais ou tecnológicas.
- **Diferenciação:** a empresa opta por ser a única no seu setor no que diz respeito a algumas áreas do produto ou serviços mais valorizados pelos consumidores. Dependendo do setor em que a empresa atua, poderão ser as características próprias do produto, *design* utilizado, prazo de entrega, garantias, condições de pagamento, imagem e inovação. Essa estratégia

permite à organização praticar um preço superior ou obter uma maior lealdade dos consumidores.

- **Enfoque:** consiste na obtenção de vantagem competitiva num segmento ou num grupo de segmento de mercado pelo qual optou, excluindo os restantes segmentos. O enfoque da diferenciação está basicamente na seleção específica do mercado em que quer atuar, em que a concorrência tenha dificuldade de satisfazer as reais necessidades de seus consumidores.

Torna-se evidente que os muitos modelos copiados de outras organizações, do mesmo setor, em outros países, devem ser totalmente diferentes, e cada um deles deve saber das particularidades de cada região para não pôr em risco uma operação.

Como exemplo, podemos citar o que a Gol Linhas Inteligentes fez no Brasil, ao copiar algumas operações da empresa norte-americana Southwest. O grande diferencial competitivo se dá na capacidade da criação de modelos que não possam ser copiados pela concorrência.

Baseando-se nas estratégias da última década, pode-se afirmar:

- Posição competitiva ideal das indústrias.
- *Benchmarking* das atividades e adoção da melhor prática.
- Terceirização e parcerias para ganho de eficiência.

Em todos os âmbitos organizacionais, devemos ter em mente e pôr em prática planos estratégicos para podermos analisar e buscar a melhora contínua nos processos.

Dentro das empresas: redução de custo, capacitação do capital humano, desenvolvimento de novas tecnologias e diversificação de produtos e serviços mais competitivos perante os concorrentes.

Para a definição de uma estratégia, é necessário saber aonde se quer chegar, ter visão para compor o futuro da organização.

As estratégias devem fluir das atividades de uma organização em sua totalidade, mas, simultaneamente, segmentadas por dimensões ou famílias, abordando, assim, todos os aspectos.

- **Estratégia de marketing:** levar em consideração os 4Ps – preço, praça, produto e promoção –, a escolha do produto e do mercado-alvo, fidelização de clientes, atendimento pós-venda e posicionamento de marca.

- **Recursos humanos:** é preciso ter na organização pessoas capacitadas para definição da visão, da missão e das estratégias. Caso não haja um profissional capacitado, é necessário desenvolver essa habilidade e competência nos colaboradores.
- **Tecnologia da informação (TI):** o desenvolvimento e a aplicação da TI estão diretamente relacionados com o modo como a organização implanta suas estratégias.
- **Estratégia da integração vertical:** entrar ou sair dos elos posteriores ou anteriores da cadeia de valor, a integração vertical atua em todos os elos da cadeia de valor, e a desverticalização concentra-se em apenas um elo da cadeia.
- **Estratégia de logística:** é uma das mais importantes dimensões estratégicas, pois necessita da flexibilidade e da rapidez. A logística é o desafio dos profissionais nos próximos anos, exige pessoas preparadas no nível operacional, mas, principalmente, no nível estratégico.
- **Estratégia financeira:** garantir a otimização das decisões sobre estruturas de capital, orçamento de capital e gestão de caixa da organização, atingindo assim o equilíbrio econômico-financeiro.

Nem todas as estratégias formuladas são implantadas. Cada vez mais é necessária a implantação de estratégias que ainda não foram formuladas. Estas são consideradas emergentes e geram ajustes no processo de gestão estratégica competitiva.

O sucesso da implementação das estratégias vai depender de dois fatores: emprego da ferramenta adequada e receptividade das pessoas da organização, consideradas os atores desse teatro.

A harmonia é fundamental para integração e melhoria contínua do processo de gestão estratégica competitiva.

1.3.14 Plano de ação

Até agora foi discutido como traçar e priorizar os objetivos e definido aonde queremos chegar. Mas, quando se traçam objetivos, não se diz como e aonde se quer chegar.

Determinado objetivo mostra a posição futura desejável, porém, não aponta o caminho nem como agir para atingir tal meta. Para tanto, existe uma ferramenta chamada "plano de ação", que permite que as empresas listem os "como" chegar referentes aos objetivos já listados.

Um plano de ação deve levar em consideração aspectos técnicos, administrativos e pedagógicos, com o intuito de equilibrar as responsabilidades individuais ante os objetivos e os compromissos coletivos.

No plano de ação serão listados os objetivos gerais e quais deles serão desdobrados em específicos (as metas).

Os prazos e os recursos necessários para essas estratégias também serão definidos e, por fim, quem serão os responsáveis pela implantação das metas.

Um plano de ação nada mais é do que um orientador que vai ajudar a acompanhar o desenvolvimento da gestão estratégica competitiva.

Assim, um plano de ação tem como objetivos:

- Conscientizar e treinar pessoas encarregadas do problema ou das tarefas.
- Estabelecer padrões que apresentem com clareza as avaliações por meio de documentação e que seja confiável.
- Definir autoridades e responsabilidades dos envolvidos do processo.
- Identificar a adequação dos recursos.
- Monitorar os resultados.

Sendo assim, o plano de ação é a ferramenta que vai pôr em prática o planejamento estratégico da organização. Depois de todas as avaliações e a definição dos objetivos, é o momento de pôr em prática tudo o que foi listado. E esse é o objetivo do plano de ação.

A ferramenta mais utilizada para a estruturação de um plano de ação é o método 5W2H, que pode auxiliar os responsáveis para que o plano seja claro a todos:

- *What:* O que será feito? Define os objetivos.
- *Who:* Quem o fará? Determina os responsáveis pelo planejamento, pela avaliação e pela realização dos objetivos.
- *When:* Quando será feito? Define os prazos.
- *Where:* Onde será feito? Determina o local ou o espaço físico para a realização dos objetivos.
- *Why:* Por que será feito? Mostra a importância de cumprir os objetivos.
- *How:* Como será feito? Define os meios para as tarefas a serem executadas.
- *How much:* Quanto custará? Liga-se diretamente aos custos para a execução dos objetivos.

Um bom plano de ação precisa se adaptar à organização, respeitando sua cultura e estilo gerencial, para que possa ser amplamente entendido por todos. Além disso, deve ser um meio e não um fim em si mesmo, o que significa dizer que o plano de ação é um mapa, e não o destino.

Características de um plano de ação:

- Define aonde se quer chegar.
- Orienta sempre para os resultados.
- É ainda dinâmico e flexível, pois deve prever as contingências durante o percurso.
- Deve ser gerenciável – passível de avaliação, de modo que o gerenciamento possa analisar se os resultados foram alcançados ou não.

Assim como todo o planejamento estratégico, a execução de um plano de ação depende do comprometimento da alta administração, que deve ter a função de motivar os colaboradores para que se cumpra e se siga o plano de ação. Somente assim é possível chegar aos objetivos iniciais e globais da organização.

1.3.15 Plano de negócios vinculado ao modelo Canvas

O Business Model Canvas (BMC), ou "Painel de Modelo de Negócios", é uma ferramenta estratégica que contribui para a efetiva construção rápida e visual de novos produtos ou serviços. A aplicação do BMC consiste em um painel, que se divide em nove grandes blocos, e representam os elementos fundamentais (*building blocks*) que compõem um modelo de negócio.

1.3.16 Dimensões e elementos fundamentais

A Figura 1.11, a seguir, mostra os nove elementos fundamentais do Canvas e a respectiva relação de causa e efeito.

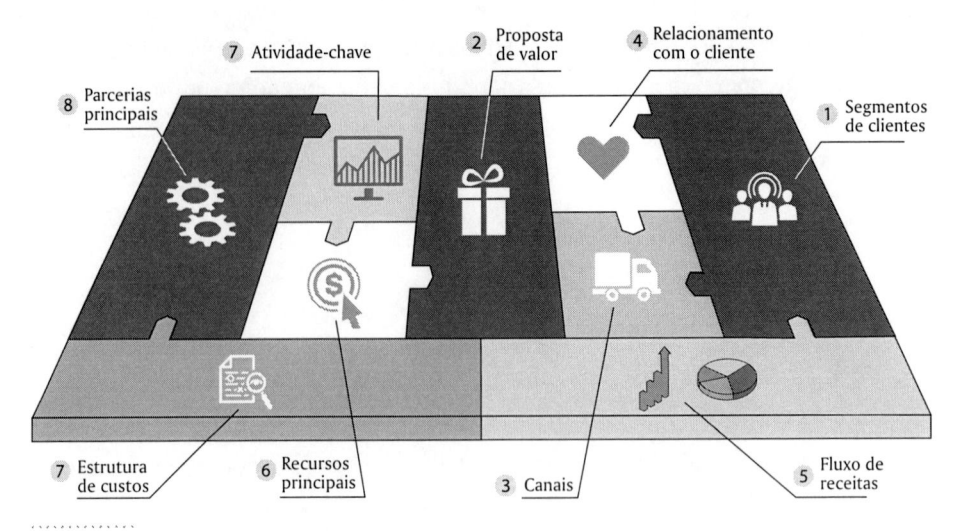

Figura 1.11 Os blocos da estrutura do Canvas.

Fonte: Baseada nas ideias de Osterwalder e Pigneur (2011).

O bloco **segmentos de clientes** (*customers segments*) busca mapear para quem se está criando valor e quem são os potenciais clientes pretendidos. Temos como exemplo: consumidores da classe A, homens, geração Y, consumidores de São Paulo, executivos, com nível superior.

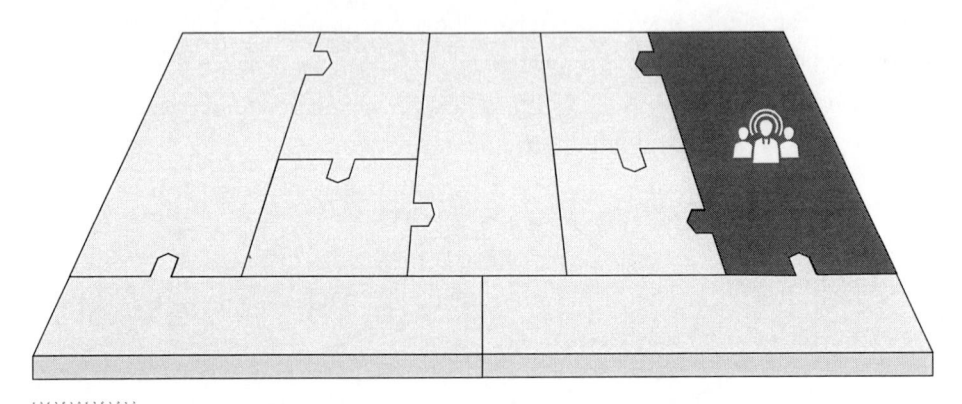

Figura 1.12 Segmentos de clientes.

Fonte: Baseada nas ideias de Osterwalder e Pigneur (2011).

O bloco **proposta de valor** (*value proposition*) busca atender a todas as necessidades dos potenciais clientes, sempre tendo os objetivos de negócio norteando a dinâmica. Exemplos de propostas de valor podem ser: mobilidade, informação, convergência, digitalização, entre outros. Os segmentos de clientes e as propostas de valor são os principais elementos sobre os quais todo o restante do Canvas se apoiará.

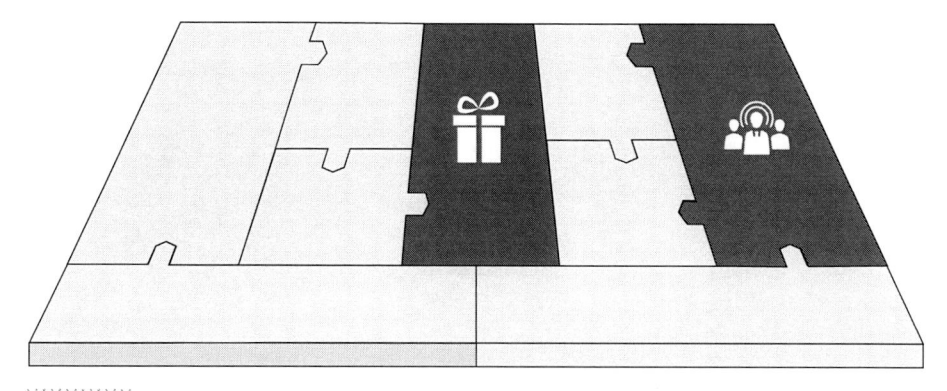

Figura 1.13 Proposta de valor.
Fonte: Baseada nas ideias de Osterwalder e Pigneur (2011).

Outro elemento importante são os **canais de distribuição** (*channels*), como entrega em domicílio, *supply chain*, logística reversa, com os quais será possível distribuir e entregar as propostas de valor.

Figura 1.14 Canais de distribuição.
Fonte: Baseada nas ideias de Osterwalder e Pigneur (2011).

Um dos elos mais importantes do Canvas é o **relacionamento com os clientes** (*customer relationships*), que tem como função elementar estreitar o envolvimento do cliente com o negócio. São exemplos de relacionamentos com clientes um canal de perguntas e respostas, ouvidoria, SAC, atendimento pós-venda e serviços automatizados.

Figura 1.15 Relacionamento com os clientes.
Fonte: Baseada nas ideias de Osterwalder e Pigneur (2011).

Temos também as **linhas de receita** (*revenue stream*), que registram como a solução em construção pretende gerar receitas, tendo como base as propostas de valor sugeridas. Alguns exemplos: venda de assinaturas mensais, venda direta, retorno em publicidade paga e aluguel, como ilustra a Figura 1.16.

Figura 1.16 Linhas de receita.
Fonte: Baseada nas ideias de Osterwalder e Pigneur (2011).

Na dimensão esquerda do Canvas, encontramos algumas definições mais objetivas que vão sustentar os elementos mapeados na dimensão direita.

A primeira parte refere-se aos **recursos-chave** (*key resources*). São os recursos ligados diretamente ao funcionamento do modelo de negócio. Podem ser equipes, máquinas, investimentos e plataformas de tecnologia, por exemplo.

Figura 1.17 Recursos-chave.
Fonte: Baseada nas ideias de Osterwalder e Pigneur (2011).

As **atividades-chave** (*key activities*) são atividades vitais, pois sem elas não seria possível atender às propostas de valor, construir os canais necessários e manter os relacionamentos. Podem ser atividades-chave desde acompanhar redes sociais (uma atividade interessante para contribuir com o relacionamento com os clientes) até construir uma loja (que pode se relacionar com as propostas de valor e canais específicos).

Figura 1.18 Atividades-chave.
Fonte: Baseada nas ideias de Osterwalder e Pigneur (2011).

Já os **parceiros-chave** (*key partners*) são todos aqueles que podem contribuir tanto com as atividades-chave quanto com os recursos-chave. Algumas parcerias, como as de *outsourcing* de tecnolologia, podem disponibilizar máquinas para atender a algum recurso-chave. Outras parcerias podem contribuir com pessoas ou realizar diretamente alguma das atividades-chave, como monitorar redes sociais.

Figura 1.19 Parceiros-chave.
Fonte: Baseada nas ideias de Osterwalder e Pigneur (2011).

Representando os custos necessários para manter e construir toda a solução proposta, há o bloco **estrutura de custos** (*costs structure*), que indica, por exemplo, a necessidade de pagar a manutenção das máquinas prevista, fazer os pagamentos dos parceiros contratados, pagar o custo recorrente de infraestrutura, o custo das equipes envolvidas, e assim por diante.

A Figura 1.20 mostra os elementos fundamentais da dimensão esquerda do Canvas.

Figura 1.20 Parceiros-chave.
Fonte: Baseada nas ideias de Osterwalder e Pigneur (2011).

1.3.17 Montando o Canvas

O Canvas que apresentamos a seguir está subdividido em duas grandes dimensões: a dimensão mais à direita, os elementos mais subjetivos e "emocionais", e os elementos da parte esquerda, os mais estruturais e lógicos. No preenchimento do Canvas, sugere-se o método da direita para a esquerda, pois assim é possível conhecer primeiro os anseios e desejos de todos os *stakeholders* e depois definir a estratégia de maneira concreta.

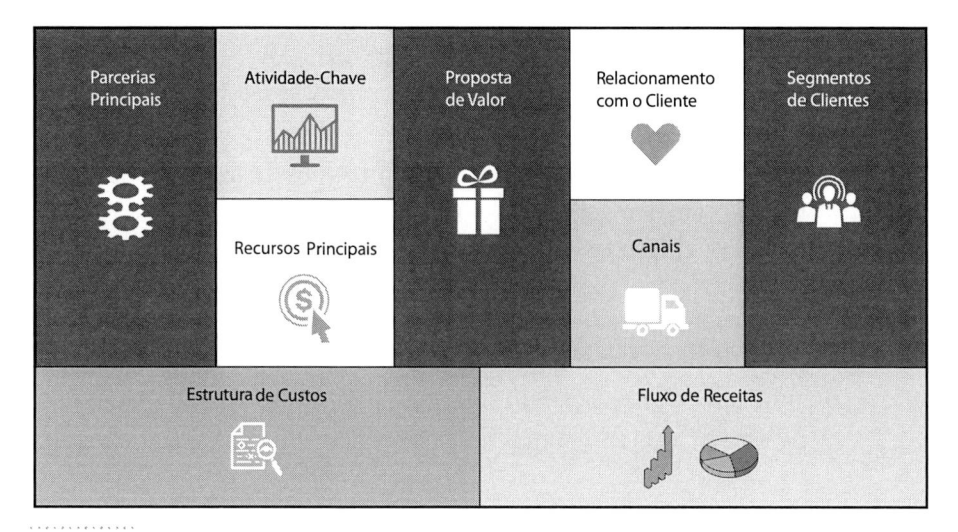

Figura 1.21 Business Model Canvas (BMC).

Fonte: Baseada nas ideias de Osterwalder e Pigneur (2011).

1.3.18 Governança corporativa e *stakeholders*

De nada adianta ter uma estratégia eficaz, se a empresa não estiver ancorada em uma estratégia sustentável. No contexto de competitividade, surge a expressão governança corporativa que é compreendida como o sistema de relacionamento entre acionistas, auditores independentes e executivos da empresa, liderados pelo Conselho de Administração (Lodi, 2000).

A governança aponta para acordos contratuais formais e informais entre os chamados *corporate stakeholders*, que podem incluir a:

- estrutura de pagamentos para credores;
- estrutura de incentivos para executivos;

> estrutura organizacional para manter o balanço efetivo no poder de barganha junto aos funcionários da organização.

Observamos que, por falta de transparência, há empresas que fazem com que os ativos simplesmente sejam pulverizados em um intervalo curto de tempo.

1.3.19 Lei Sarbanes-Oxley

Os escândalos corporativos de manipulação de dados contábeis, ocorridos em empresas norte-americanas, como Enron, Tyco e WorldCom, levaram o Congresso e o governo dos Estados Unidos a editar a Lei Sarbanes-Oxley, configurando-se na mais importante reforma da legislação de mercado de capitais desde a introdução de sua regulamentação na década de 1930.

A Lei Sarbanes-Oxley especifica que a lei norte-americana possui duas vertentes: a primeira visando maior controle das atividades de auditoria e a segunda, a punição de fraudes praticadas por administradores das empresas.

Primeira vertente[2]

1. Criação de uma comissão, Public Company Accounting Oversight Board, com representação do setor privado, sob a supervisão da Securities and Exchange Commission, com poderes para fiscalizar e regulamentar as atividades das auditorias e punir auditores que violem dispositivos legais.
2. Limita a atuação dos auditores independentes, não permitindo, por exemplo, que estes prestem serviços de consultoria à empresa por eles auditada.
3. Não permite que empresas de auditoria prestem serviços a empresas cujo presidente, *controller*, diretor financeiro, ou qualquer membro da administração, tenha sido empregado da empresa de auditoria em prazo inferior a um ano da contratação.

Segunda vertente

1. Exige que os principais executivos da companhia confiram os relatórios periódicos entregues à Securities and Exchange Commission (SEC), garantindo assim que estes não contenham informações falsas ou omissas, representando a real situação financeira da companhia. No caso de divulgações errôneas ou inexatas, serão impostas penalidades.

---

[2] Este texto é uma interpretação da lei pelo autor Maróstica.

2. Proíbe, direta ou indiretamente, inclusive por intermédio de subsidiárias, a oferta, a manutenção, a ampliação ou a renovação de empréstimos entre a empresa e quaisquer conselheiros ou diretores.
3. Devolução de bônus e/ou lucros em caso de nova publicação de demonstrações financeiras por descumprimento de exigências relativas ao modo de prestação das informações.
4. Limitação aos planos de benefícios dos altos administradores e membros do conselho de administração.
5. Padrões de conduta e maior responsabilidade dos advogados.

Quadro 1.2 Governança corporativa – Princípios fundamentais

OS QUATRO PRINCÍPIOS FUNDAMENTAIS DA GOVERNANÇA CORPORATIVA
Transparência: é a capacidade de disponibilizar às partes interessadas as informações de seu interesse, e não apenas aquelas impostas por disposições de leis ou regulamentos.
Equidade: respeitar os direitos de todas as partes interessadas.
Responsabilidade corporativa: manter o zelo pela perenidade da organização, incorporando considerações de ordem social e ambiental de longo prazo na definição dos negócios e operações.
Prestação de contas (*accountability*): implica a responsabilidade integral pelos atos no exercício dos mandatos.

1.3.20 Trade-off

A expressão *trade-off* é utilizada na literatura econômica para designar situações de escolha entre opções conflitantes. Assim, quando um governo, uma empresa ou uma dona de casa se depara com um cenário em que precisa decidir por uma das opções apresentadas, abrindo mão das demais, está diante de um *trade-off*.

Se considerarmos o conceito de *trade-off* no cotidiano das pessoas, é possível afirmar que a vida é uma sequência de *trade-offs*. Todos os dias as pessoas encontram situações em que são obrigadas a realizar escolhas entre opções conflitantes. Escolher entre trabalho ou lazer, morar na praia ou no sertão, consumir ou poupar, torcer por Ceará ou Fortaleza são alguns exemplos cotidianos de *trade-off*.

No livro *A estratégia do oceano azul* (Kim; Mauborgne, 2005), faz-se uma citação sobre o reposicionamento do Cirque du Soleil. A utilização desta metodologia resultou em um conceito de circo totalmente novo, que rompeu o *trade-off* valor/custo e criou o oceano azul de um novo espaço de mercado. Veja, a seguir, as diferenças.

Enquanto outros circos ofereciam espetáculos com animais, performances artísticas, vários picadeiros no formato de três círculos, e descontos de grupos para vendas ao público, o Cirque du Soleil eliminou esses fatores, considerados imprescindíveis pelos circos tradicionais, que nunca haviam questionado tais aspectos. No entanto, o público mostrava-se cada vez mais incomodado com a exploração de animais, exatamente um dos componentes mais dispendiosos, o que incluía não somente o preço de compra, mas também treinamento, assistência médica, abrigo, alimentação, segurança e transporte.

Do mesmo modo, enquanto o setor tradicional se concentrava nas performances artísticas, o público considerava os artistas de circo simplórios em comparação com os artistas de cinema. Mais uma vez, esse era um fator de alto custo com pouco efeito para os espectadores. Também pertenciam ao passado os tempos dos três grandes picadeiros.

Além de gerar ansiedade entre os espectadores que eram obrigados a alternar a atenção entre vários pontos, a montagem triplicava o número de artistas necessários, com suas implicações óbvias em termos de custos. Embora os descontos de grupos gerassem receita, na prática os preços altos desestimulavam as compras, despertando nos pais a percepção de serem explorados.

O encanto duradouro do circo tradicional consistia apenas em três fatores-chave: a tenda, os palhaços e as acrobacias clássicas. Assim, o Cirque du Soleil manteve os palhaços, ainda que mudando o tom do humor do tipo pastelão para uma linguagem mais refinada e atraente. Também acentuou o *glamour* da lona, que ironicamente muitos circos começavam a substituir por recintos alugados. Considerando que a singularidade da lona refletia simbolicamente a mágica do circo, o Cirque du Soleil projetou o símbolo clássico do circo com um acabamento externo mais grandioso e com mais conforto interno para os usuários, intensificando a associação entre a tenda e a epopeia do grande circo. A serragem e os bancos duros desapareceram. Os acrobatas e outras encenações vibrantes foram mantidos, mas o papel foi reduzido e ficaram mais elegantes, acrescentando-se aos atos bom gosto artístico e admiração intelectual.

No outro lado da fronteira do mercado, o teatral, o Cirque du Soleil também incorporou novos fatores não circenses, como enredo e riqueza intelectual, músicas e danças artísticas e produções múltiplas. Esses fatores, criações inteiramente novas para o contexto circense, inspiraram-se no teatro, outra indústria de entretenimento ao vivo.

Ao contrário dos espetáculos circenses tradicionais, com uma série de atos desconectados, cada criação do Cirque du Soleil tem um tema e um enredo, algo parecido com uma apresentação teatral. Mesmo que o tema seja deliberadamente vago, a inovação proporciona harmonia e refinamento intelectual ao espetáculo – sem limitar o potencial artístico. O Cirque du Soleil também aproveita ideias dos shows da Broadway. Por exemplo, apresenta várias produções, em vez dos tradicionais espetáculos únicos.

Como na Broadway, cada espetáculo do Cirque du Soleil tem sua própria trilha sonora, com músicas selecionadas que marcam a performance visual, a iluminação e a duração dos atos. Os espetáculos apresentam danças abstratas e espirituais, ideia extraída do teatro e do balé. Ao introduzir esses novos fatores em suas ofertas, o Cirque du Soleil passou a produzir espetáculos mais sofisticados. A criação de oceanos azuis consiste em reduzir os custos e, ao mesmo tempo, aumentar o valor para os compradores. Essa é a maneira como se empreende um salto de valor tanto para a empresa quanto para os compradores. O valor para os compradores decorre da utilidade, do preço dos produtos e serviços, e o valor para a empresa resulta do preço em comparação com os custos. Só se alcança a inovação de valor quando todo o sistema de atividades da empresa, envolvendo utilidade, preço e custo, alinha-se de maneira adequada. É essa abordagem de sistema integral que converte a criação de oceanos azuis em estratégia sustentável. A estratégia do oceano azul integra todo o espectro de atividades funcionais e operacionais da empresa.

1.3.21 Guia PMBOK®

O Project Management Body of Knowledge (PMBOK® – em português Guia para o Conjunto de Conhecimentos de Gerenciamento de Projetos) é um guia cujo principal objetivo é identificar e descrever o conjunto de conhecimentos em gerenciamento de projetos, amplamente reconhecido como boa prática, ou seja, o conteúdo do guia aplica-se à maioria dos projetos na maior parte do tempo, com consenso geral em relação a seu valor e sua utilidade. No entanto, a equipe de gerenciamento de projetos é responsável por determinar o que é adequado para um projeto específico.

O guia também fornece e promove o vocabulário comum para discutir, escrever e aplicar o gerenciamento de projetos. O vocabulário-padrão é elemento essencial de uma profissão.

O Guia PMBOK® foi criado pelo Project Management Institute (PMI), organização não governamental, sem fins lucrativos, fundada, em 1969, por profissionais da área de gerenciamento de projetos, com o objetivo de divulgar e promover os conhecimentos da gerência de projetos. Possui hoje mais de 500 mil membros credenciados em mais de setenta países.

1.3.22 O projeto

Projeto é a energia gasta para construir um produto ou um serviço. Todo projeto é um empreendimento não repetitivo (tem início, meio e fim), possui uma sequência de eventos, bem-definidos, conduzidos por pessoas, para atingir um objetivo específico.

As etapas da gestão de projetos são: início, idealização, execução, acompanhamento e encerramento. Para a gestão de projetos ser bem-sucedida, conhecimentos, habilidades, ferramentas e técnicas devem ser levados em consideração, e o gestor de projetos é quem monitora a execução do projeto.

Gerenciar um projeto inclui:

- identificar as necessidades;
- estabelecer objetivos claros e alcançáveis;
- balancear as demandas conflitantes de qualidade, escopo, tempo e custo;
- adaptar as especificações, dos planos e da abordagem às diferentes preocupações e expectativas das diversas partes interessadas.

Os gerentes de projetos frequentemente falam de "restrição tripla" – escopo, tempo e custo do projeto – no gerenciamento de necessidades conflitantes do projeto. A qualidade do projeto é afetada pelo balanceamento desses três fatores.

Projetos de alta qualidade entregam o produto, serviço ou resultado solicitado dentro do escopo, no prazo e dentro do orçamento. A relação entre esses fatores ocorre de tal forma que, se algum dos três fatores mudar, pelo menos um deles provavelmente será afetado. Cabe aos gerentes de projetos o gerenciamento e a procura de resposta às incertezas. Em todo projeto podem acorrer adversidades, e elas podem gerar resultado positivo ou negativo em alguma das etapas do mesmo.

Segundo Sampaio (2013), atual gerente de projetos da Transportes Bertolini Ltda. e professor de pós-graduação do Senac-RS, os benefícios da utilização do PMBOK® são:

- As atividades de gerenciamento do projeto são padronizadas.
- A comunicação é padronizada entre os integrantes da equipe e subcontratados.
- Reduz-se o número de atividades que poderiam ser esquecidas.
- Garante que os recursos estão sendo usados de maneira eficiente.
- Fornece informações à administração da empresa sobre o real andamento do projeto.
- Reduz o tempo para lançamento de novos produtos.
- Reduz a ocorrência de surpresas negativas no projeto, com a adequada administração dos riscos.
- Aumenta-se significativamente a chance de sucesso do projeto (dentro do prazo e do orçamento e de acordo com suas especificações).
- Redução no custo de desenvolvimento de projetos.

Ainda de acordo com Sampaio (2013):

> O termo Gerenciamento de Projetos é às vezes utilizado para descrever uma abordagem organizacional ao gerenciamento de operações rotineiras. Essa abordagem trata muitos aspectos das operações rotineiras como projetos a fim de aplicar as técnicas de Gerenciamento de Projetos a elas, o que também é chamado de gerenciamento por projetos.

As boas práticas de gerenciamento de projetos, descritas no PMBOK®, podem ser aplicadas em todos os tipos de projetos, independentemente do segmento, área, dimensões, pessoas envolvidas, prazos e orçamento.

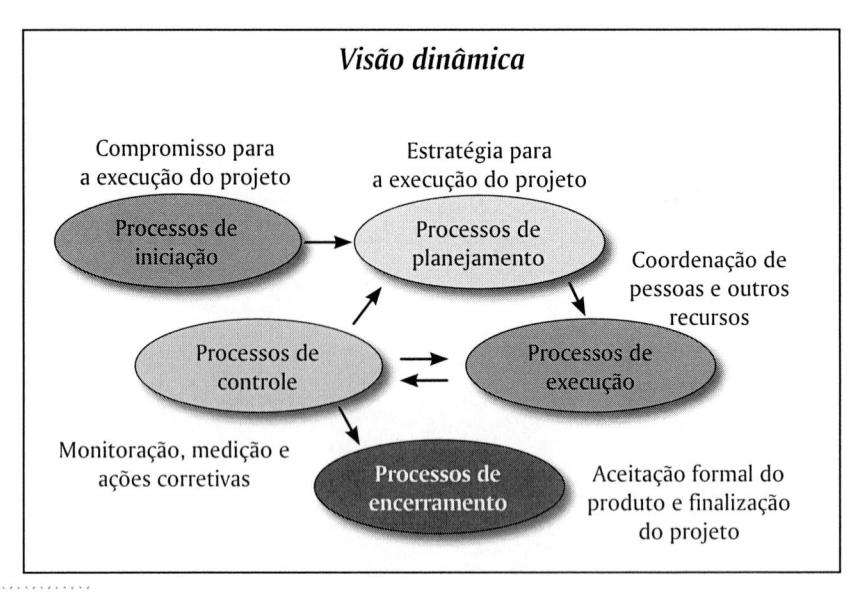

Figura 1.22 Visão Dinâmica PMBOK®.
Fonte: Sampaio (2013).

O Guia PMBOK® identifica onze áreas de conhecimento fundamentais ao gerenciamento de qualquer projeto e as divide em processos, uma série de ações com o objetivo de alcançar resultados. As áreas de conhecimento e seus respectivos processos são apresentados a seguir:

- **Gerenciamento de integração do projeto:** descreve os processos e as atividades que integram os diversos fatores do gerenciamento, que são identificados, definidos, combinados, unificados e coordenados no grupo de processos. Consistem em processos de gerenciamento de integração do projeto: desenvolver o termo de abertura do projeto; desenvolver a declaração do escopo preliminar do projeto; dar andamento o plano de gerenciamento; guiar e gerenciar o implemento do projeto; acompanhar o trabalho do projeto; fazer o controle integrado de mudanças e encerrar o projeto.
- **Gerenciamento do escopo do projeto:** descreve os processos envolvidos para que o projeto englobe aquele trabalho indispensável para que seja finalizado de modo satisfatório. Consistem em processos de gerenciamento do escopo do projeto: planejamento do escopo; definição do escopo; criar EAP; verificação do escopo e controle do escopo.

- **Gerenciamento de tempo do projeto:** delineia os processos que culminam no término do projeto no prazo estipulado. Consistem em processos de gerenciamento de tempo: definição da atividade; sequenciamento de atividades; estimativa de recursos da atividade; estimativa de duração da atividade; desenvolvimento e controle do cronograma.
- **Gerenciamento de custos do projeto:** descreve os processos de planejamento, estimativa, orçamentação e controle de custos, de modo que o projeto seja finalizado sem fugir do orçamento aprovado.
- **Gerenciamento da qualidade do projeto:** descreve os processos que garantem de que o projeto está dentro do que foi proposto. São processos de gerenciamento da qualidade: planejamento, a qualidade, a garantia e o controle da qualidade.
- **Gerenciamento de recursos humanos do projeto:** descreve os processos de organização e gerenciamento da equipe envolvida no projeto. São eles: planejamento de recursos humanos; contratação ou mobilização da equipe envolvida no projeto; desenvolvimento e gerenciamento da equipe do projeto.
- **Gerenciamento das comunicações do projeto:** descreve os processos que dizem respeito a logística, armazenamento e destino das informações do projeto. Consistem em processos de gerenciamento das comunicações do projeto: planejamento das comunicações; distribuição das informações; relatório de desempenho e gerenciamento dos interessados.
- **Gerenciamento de riscos do projeto:** descreve os processos que dizem respeito ao gerenciamento de riscos em um projeto. São eles: o planejamento do gerenciamento, a identificação, a análise qualitativa de riscos, planejamento de respostas a riscos, o monitoramento e o controle de riscos.
- **Gerenciamento de aquisições do projeto:** descreve os processos referentes a compras de produtos, serviços, resultados, e processos de gerenciamento de contratos. Consistem em processos de gerenciamento de aquisições do projeto: planejar compras e aquisições; planejar contratações; solicitar respostas de fornecedores; selecionar fornecedores; administrar e encerrar o contrato.

Vale a pena destacar que em novos projetos já se utiliza o gerenciamento de *stakeholders* como a décima área e responsabilidade social como a décima primeira área de conhecimento, que é mandatória. De acordo com Soares (2014), esta é uma das disciplinas mais importantes no currículo do gerente de projetos. Se o sucesso do projeto depende do grau de satisfação que as pessoas envolvidas atingem, em primeiro lugar, deve-se conhecer as características, as expectativas e os papéis de cada uma delas. Em seguida, o gerente de projeto tem a tarefa de promover o comprometimento, a motivação e a cooperação de cada um com o intuito de vencer as dificuldades ao longo do processo e alcançar excelência no relacionamento e diminuição de risco de insucesso no projeto.

Gerenciamento de projetos tornou-se uma disciplina fundamental na execução de estratégias, condução de inovações, aperfeiçoamento de performances e fortalecimento de vantagens competitivas.

Neste sentido é fundamental para a inteligência de mercado pautar suas ideias e, por conseguinte, oferecer uma linguagem comum e uma linha de pensamento para equipes de projetos em qualquer empresa em qualquer lugar do mundo. Para tanto, utilizar-se desta ferramenta, atrelada a todas as demais comentadas até aqui, na nossa avaliação, possibilita ter o *start* para a visualização dos fatores previsíveis e repetíveis.

Gerenciamento de Integração do Projeto

1. Desenvolver o termo de abertura do projeto.
2. Desenvolver a declaração do escopo preliminar do projeto.
3. Desenvolver o plano de gerenciamento do projeto.
4. Orientar e gerenciar a execução do projeto.
5. Monitorar e controlar o trabalho do projeto.
6. Controle integrado de mudanças.
7. Encerrar o projeto.

Gerenciamento de Escopo do Projeto

1. Planejamento do escopo.
2. Definição do escopo.
3. Criar EAP.
4. Verificação do escopo.
5. Controle do escopo.

Gerenciamento de Tempo do Projeto

1. Definição da atividade.
2. Sequenciamento de atividades.
3. Estimativa de recursos da atividade.
4. Estimativa de duração da atividade.
5. Desenvolvimento do cronograma.
6. Controle do cronograma.

Gerenciamento de Custos do Projeto

1. Estimativa de custos.
2. Orçamentação.
3. Controle de custos.

Gerenciamento da Qualidade do Projeto

1. Planejamento da qualidade.
2. Realizar a garantia da qualidade.
3. Realizar o controle da qualidade.

Gerenciamento de Recursos Humanos do Projeto

1. Planejamento de recursos humanos.
2. Contratar ou mobilizar a equipe do projeto.
3. Desenvolver a equipe do projeto.
4. Gerenciar a equipe do projeto.

Gerenciamento das Comunicações do Projeto

1. Planejamento das comunicações.
2. Distribuição das informações.
3. Relatório de desempenho.
4. Gerenciar as partes interessadas.

Gerenciamento de Riscos do Projeto

1. Planejamento do gerenciamento de riscos.
2. Identificação de riscos.
3. Análise qualitativa de riscos.
4. Análise quantitativa de riscos.
5. Planejamento de respostas a riscos.
6. Monitoramento e controle de riscos.

Gerenciamento das Aquisições do Projeto

1. Planejar compras e aquisições.
2. Planejar contratações.
3. Solicitar respostas de fornecedores.
4. Selecionar fornecedores.
5. Administração do contrato.
6. Encerramento do contrato.

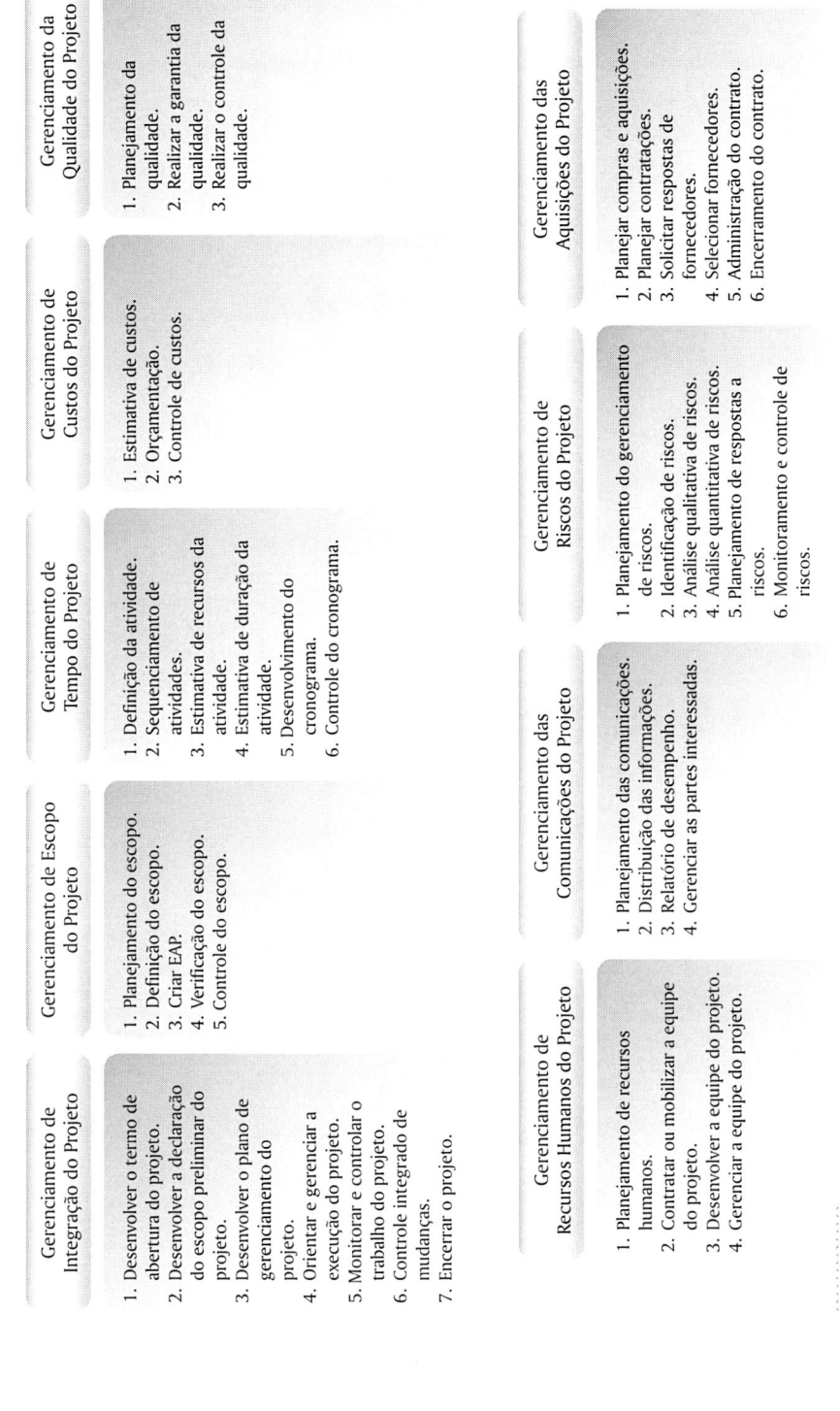

Figura 1.23 Gerenciamento de projetos e os processos.
Fonte: Soft Expert (2014).

capítulo 2

Inteligência antecipativa

Neste capítulo, apresentaremos o modelo *future view* e todas as abordagens que facilitam a criação e desenho de cenários. Esse modelo possibilita que as organizações trabalhem com medidas de contingência, de acordo com cada indicador desenvolvido e concebido na primeira inteligência – a empresarial –, e assim perceber todo processo decisório dentro da empresa. Apresenta uma relação de causa e efeito, permitindo que a empresa trabalhe com previsibilidade e com planos de ações de acordo com os eventos apresentados.

Do francês *Veille Anticipative Stratégique – Intelligence Collective* e do inglês *Environmental Scanning*, a Inteligência Estratégica Antecipativa e Coletiva (IEAC) busca, segundo Janissek-Muniz, Lesca e Freitas (2007), prover representações pertinentes ao ambiente organizacional. A IEAC visa apoiar o processo decisório organizacional, identificando ameaças ou oportunidades de negócios, buscando adaptar-se de forma rápida. O conceito IEAC está sendo gradativamente considerado, mas ainda representa um grande desafio para as organizações colocá-lo em prática.

Discutiremos o conceito de IEAC (modelo, visão conceitual, metodológica e processual), propiciando reflexão a respeito da importância e utilidade de tal abordagem. Mesmo dados aparentemente sem serventia ou sem significado, quando vistos ou analisados isoladamente, podem ser potencialmente úteis se observados coletivamente. A visão a respeito de um tema, ator ou situação pode se alterar expressivamente se tivermos uma "sistemática" de coleta e interpretação coletiva de dados potencialmente úteis ao tomador de decisão.

Segundo Janissek-Muniz, Lesca e Freitas (2006), a sistemática chamada de IEAC é um processo coletivo, pró-ativo e contínuo, pelo qual os membros da empresa coletam (de forma voluntária) e utilizam informações pertinentes relativas ao seu ambiente e às mudanças que podem nele ocorrer, visando criar oportunidades de negócios, inovar, adaptar-se (e mesmo antecipar-se) à evolução do ambiente, evitar surpresas estratégicas desagradáveis, e reduzir riscos e incerteza em geral.

A IEAC propõe-se a auxiliar as organizações na sua capacidade de antecipar alterações do seu ambiente socioeconômico e a considerá-las na definição dos eixos estratégicos que deseja implantar. Para tal, as organizações devem ser capazes de (ou serem capacitadas a) coletar, selecionar e analisar informações relativas ao estado e à evolução do ambiente em que elas se encontram. A implantação de um sistema de monitoramento do ambiente é o que chamamos de IEAC.

As **informações antecipativas** são exteriores à empresa e permitem antecipar certas alterações no ambiente socioeconômico da organização. Elas dizem respeito ao futuro, são informações de evolução e possuem características específicas, como: pouco repetitivas, incertas, ambíguas, fragmentadas e contraditórias.

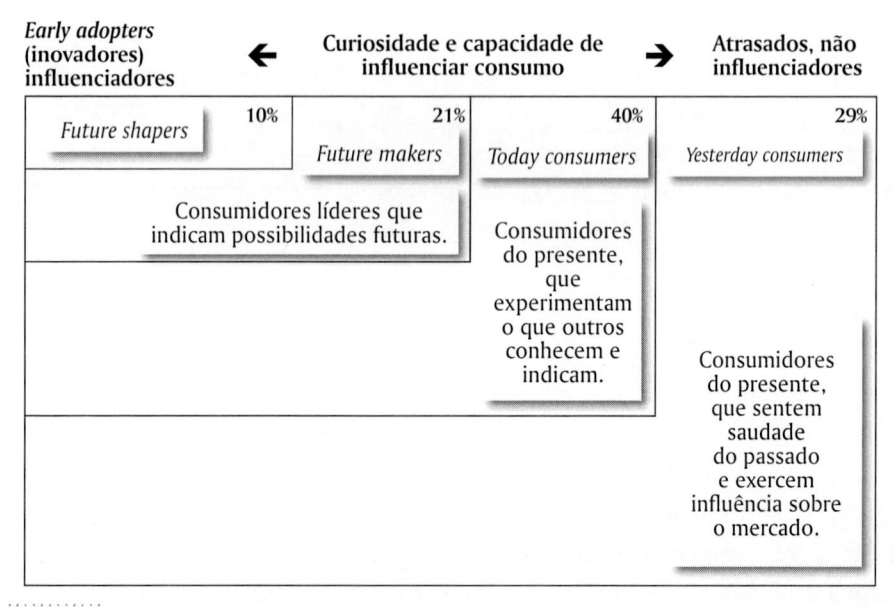

Early adopters (inovadores) influenciadores ←	Curiosidade e capacidade de influenciar consumo	→ Atrasados, não influenciadores
Future shapers — 10%	*Future makers* — 21% / *Today consumers* — 40%	*Yesterday consumers* — 29%
Consumidores líderes que indicam possibilidades futuras.	Consumidores do presente, que experimentam o que outros conhecem e indicam.	Consumidores do presente, que sentem saudade do passado e exercem influência sobre o mercado.

Figura 2.1 Modelo *Future View*.

Fonte: Maróstica (2012).

Duas metáforas podem ser utilizadas para representar as informações de funcionamento e as de evolução de uma organização. Para o primeiro caso, pode-se utilizar a metáfora do espelho retrovisor: trata-se da análise de informações passadas, com o objetivo de entender o que ocorreu no passado para monitorar, corrigir, redirecionar o presente.

Para o segundo caso, trata-se de uma atitude diferente dos indivíduos das empresas diante das informações. Quando nos deparamos com a ideia de IEAC, uma das primeiras imagens que surge é a de um *radar* – um radar da empresa –, um dispositivo para captar e obter informações, um gesto de atenção e escuta ao ambiente da empresa (Janissek-Muniz; Lesca; Freitas, 2007).

Esse radar pode ser considerado uma interrogação. Tanto em relação ao objetivo da empresa, ao se informar e prospectar sobre seu ambiente exterior, quanto em relação à sua capacidade de interpretar informações já obtidas (ou seja, já presentes dentro das paredes da empresa). O radar indica a existência de um grande voluntarismo, já que é preciso realizar esforços proativos no processo para que ele ocorra (Janissek-Muniz; Lesca; Freitas, 2007). Pode-se afirmar que a emergência da IEAC está mais estreitamente vinculada aos comportamentos e a uma cultura proativa das pessoas do que às tecnologias empregadas.

A IEAC busca, por meio de métodos próprios, fornecer representação do ambiente pertinente à empresa, com elementos que permitam inferir mudanças desse ambiente, visando apoiar o processo decisório organizacional e agir de forma rápida, no momento certo.

Duas palavras-chave essenciais marcam o conceito: **antecipação** e **ambiente**. O adjetivo **antecipatório** refere-se ao caráter das informações: as informações de caráter antecipatório constituem o fundamento de todo o conceito de IEAC. A palavra **ambiente** refere-se ao ambiente da empresa, que deve ser conhecido e do qual serão coletadas as informações.

Quadro 2.1 Comparação entre os tipos de informação

INFORMAÇÕES DE FUNCIONAMENTO	INFORMAÇÕES DE INFLUÊNCIA	INFORMAÇÕES DE ANTECIPAÇÃO
Existentes no interior da organização	Existentes no interior e no exterior da organização	Existentes no ambiente de negócios da organização
Fluxo interno → interno	Fluxo interno ↔ externo	Fluxo externo → interno
Retrospectiva (retrovisor)	Presente (atualidade)	Prospectivas (farol, radar)
Pedido do cliente, ficha do estoque, extrato do salário, ficha de controle de entrada e saída, nota fiscal etc.	Reuniões, publicidade, notas de serviço, barulho no corredor, catálogo de produtos etc.	Registro de um novo produto, chamada para um novo cargo, construção de uma nova fábrica etc.

Fonte: Janissek-Muniz; Lesca; Freitas (2007).

Para manter a praticidade e a conjunção das ferramentas estratégicas, sugerimos um modelo cascata que permita inverter os objetivos do negócio e, antes de tomar decisões pautadas em resultados, procurar estabelecer um conhecimento prévio do negócio e, assim, criar metodologia que favoreça a implementação e a execução das atividades de curto, médio e longo prazos na empresa, como observaremos na Figura 2.2.

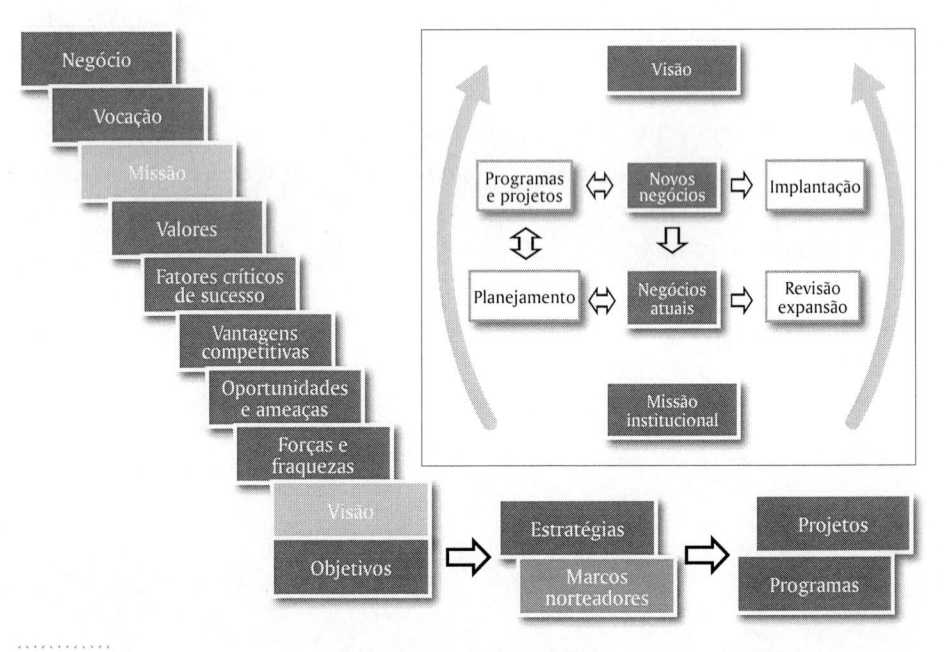

Figura 2.2 Implementação e execução das atividades de curto, médio e longo prazos na empresa.

Fonte: Elaborado por Maróstica.

capítulo 3

Inteligência competitiva

3.1 Definições de inteligência competitiva

Aqui desenharemos os modelos pautados na segmentação e no posicionamento da empresa, com o objetivo de definir que, em cada tipo de mercado, o foco da organização deve nortear a estratégia. Mercados distintos, abordagens distintas, destacando-se o modelo de Porter – para melhores produtos, solução completa aos clientes, redução de custos ou aprisionamento, e como diria Bill Cosby: "Não sei o segredo do sucesso, mas sei o segredo do fracasso e o segredo do fracasso é querer agradar a todo mundo".

Segundo Larry Kahaner (apud Gomes; Braga, 2001), "Inteligência competitiva é um processo de coleta sistemática e ética de informações sobre as atividades de seus concorrentes e sobre as tendências gerais dos ambientes de negócios, com o objetivo de aperfeiçoamento da posição competitiva da sua empresa".

Inteligência competitiva é um processo sistemático de coleta e análise de informações sobre a atividade dos concorrentes e tendências gerais do ambiente econômico, social, tecnológico, científico, mercadológico e regulatório, para ajudar na conquista dos objetivos institucionais na empresa pública ou privada (NIC/UnB, 1999).

Inteligência competitiva é um processo informacional proativo que conduz à melhor tomada de decisão, seja ela estratégica, seja operacional. É um processo sistemático que visa descobrir as forças que regem os negócios, reduzir o risco e guiar quem toma a decisão a agir antecipadamente, bem como proteger o conhecimento gerado (Abraic, 2003).

A inteligência competitiva atua como um radar para a empresa, na identificação de ameaças e oportunidades na conquista de uma posição competitiva favorável.

3.1.1 O papel do profissional de inteligência competitiva

Um analista inteligente, além da habilidade em recuperar a informação, deve organizar dados e fatos de muitas fontes; ver tendências, anomalias e descobrir relações significativas para chegar a descobertas e conclusões que agreguem valor à organização (Menezes, 2005).

"Inteligência Competitiva (IC) é um processo sistemático e ético, ininterruptamente avaliado com identificação, coleta, tratamento, análise e disseminação da informação estratégica para a organização, viabilizando seu uso no processo decisório" (Gomes; Braga, 2001). Habilidade e capacidade de usar o conhecimento para buscar uma posição competitiva.

3.1.2 Principais funções do analista de inteligência competitiva

O analista de inteligência competitiva tem como funções principais:

- identificar necessidade de informações;
- definir fontes de dados;
- coletar informações;
- selecionar/filtrar;
- validar;
- armazenar e recuperar;
- adquirir e/ou desenvolver fontes de dados/informações;
- tratar;
- avaliar.

3.2 Inteligência competitiva nas empresas

A partir da década de 1980, a utilização da inteligência competitiva vem crescendo, juntamente com a difusão do conceito de planejamento estratégico como forma de conhecer melhor o concorrente e antecipar decisões por meio de ações estratégicas.

Assim sendo, somaram-se os conceitos de inteligência e estratégia, apoiados pelo processo organizacional de monitoramento da concorrência e gestão de fluxos de informações. Utilizaram-se informações concorrenciais, tecnológicas, sociais, políticas e econômicas, que tivessem relevância, para obtenção de vantagem competitiva.

A principal função da inteligência competitiva é dar suporte às decisões da alta administração, com informações estratégicas sobre o ambiente externo, facilitando o funcionamento integrado das mais diversas áreas de inteligência dentro da empresa. Esse processo ocorre de forma articulada, com visão sistêmica, a fim de contribuir para o processo de aprendizagem organizacional, por meio da disseminação da cultura estratégica e de inteligência.

```
Inteligência competitiva e gestão do conhecimento
    ↓
Estratégia empresarial
Gestão do conhecimento
Codificar, organizar, compartilhar, disseminar, proteger, inovar.
Inteligência competitiva
Coletar, processar e analisar, disseminar, proteger, usar.
```

Figura 3.1 Inteligência competitiva e gestão do conhecimento.

A inteligência competitiva tem maior foco na competitividade, analisando com maior ênfase os concorrentes. Analisar os passos de seus concorrentes permite que as empresas antecipem futuras direções e tendências do mercado, em vez de meramente reagir a elas.

3.3 Implantando inteligência competitiva nas organizações

Os velhos manuais de economia ensinam que a hegemonia econômica e social é exercida pelos proprietários dos meios de produção ou recursos econômicos:

terra, trabalho, capital e capacidade empresarial. Contudo, o mercado atual vem mostrando que são os proprietários do conhecimento que vêm detendo a hegemonia econômica.

O controle sobre os meios de produção por meio do conhecimento envolve a inteligência empresarial e, juntamente com sistemas e ferramentas de inteligência, permite, por meio da capacidade, planejar a inovação. Isso requer a antecipação do movimento dos mercados interno e externo, ações que exigem o acompanhamento sistemático dos concorrentes, do surgimento de novas tecnologias, dos clientes e consumidores, dos novos entrantes ou produtos substitutos, dos fornecedores etc., possibilitando aos executivos reduzir os riscos na tomada de decisão.

A inteligência empresarial está relacionada aos sistemas internos, às bases de dados relativas aos clientes, enquanto a inteligência competitiva está relacionada às pessoas e aos dados externos.

A implementação de um programa de inteligência competitiva nas organizações só acontecerá caso exista forte apoio da esfera mais alta na organização. São os tomadores de decisões que realmente deliberam sobre as questões estratégicas. Caso isso não ocorra, o programa está, com certeza, condenado à obscuridade.

O programa ou processo de inteligência competitiva pode ser iniciado da seguinte forma: planejamento e direção por meio da identificação dos tomadores de decisão e suas necessidades de informação; coleta de informações; análise e interpretação da informação e geração de inteligência, acompanhadas de recomendação de ações a serem tomadas; disseminação da inteligência para os tomadores de decisão; e avaliação dos produtos e processos de inteligência.

A estruturação de uma equipe de profissionais qualificados e multifuncionais para exercer a atividade de inteligência na organização é condição *sine qua non*. Para que haja eficiência do processo, é preciso também um gerente de inteligência, com unidade central de inteligência que agregue todas as ferramentas de inteligência corporativa.

O gestor de inteligência é responsável pelo gerenciamento ético de processos entre as unidades, os departamentos, as divisões, subsidiárias etc., com a função-chave da alimentação, da administração e da disseminação do conhecimento, formando redes de inteligência.

A atividade de inteligência nas empresas é considerada recente por vários autores. Tomando como referência o ambiente militar de espionagem, as empresas devem ter cuidado com os métodos utilizados para obtenção de informações, sob pena de infringirem aspectos legais.

3.4 Inteligência competitiva – Fatores críticos de sucesso

Os fatores críticos de sucesso são: constância, longevidade, envolvimento, monitoramento, busca por informação, antecipação, saber antes, mudança de rota e ser mais competitivo.

Verificamos anteriormente que os fatores críticos de sucesso são condicionantes que contribuem para o sucesso da organização. É por meio da mensuração desses fatores que poderemos avaliar desempenhos, coletando informações que serão úteis na seleção das estratégias.

O mercado é formado por consumidores e possíveis consumidores (*prospects*), em ambiente extremamente vulnerável às condições da economia, da política e de inúmeros outros aspectos comportamentais. Em função da complexidade de fatores influenciadores e de incertezas, é necessário que se criem e analisem os cenários e suas tendências.

3.5 O que não é inteligência competitiva?

- Bola de cristal.
- *Business intelligence*.
- Planilhas.
- Espionagem.
- Pesquisas em base de dados.
- Software.
- Função para uma pessoa esperta.
- Internet.

```
                    Inteligência competitiva
                              ↓
                Transformando informações em inteligência
                      Planejamento estratégico
                        ↕               ↕
         Gestão da informação  ↔  Gestão do conhecimento
                              ↓
                       Decisão estratégica
              O profissional da informação no trabalho de inteligência
                              ↓
                          Características

                         Agilidade/velocidade
                             Criatividade
                            Conectividade
                            Interatividade
                            Flexibilidade

                       Competências e habilidades

                           Visão estratégica
                         Relação interpessoal
                                Ética
                          Habilidade técnica
```

Figura 3.2 Inteligência competitiva.

3.6 Processo de inteligência competitiva (IC)

- Comunicação e sensibilização dos funcionários.
- Estruturação da área e definição da equipe de IC.
- Capacitação da equipe de IC.
- Definição da missão e objetivos de IC.
- Definição e implantação de sistemas de informação.

3.7 Etapas do processo de inteligência competitiva

- Identificação das necessidades de inteligência.
- Identificação das necessidades de informação.
- Coleta e armazenamento das informações.
- Análise das informações.
- Disseminação de produtos de inteligência.
- Avaliação do processo.

3.7.1 Subprocesso 1 – Identificação das necessidades de inteligência

A identificação das necessidades de inteligência é o primeiro subprocesso de inteligência competitiva. Para tanto, é necessário estabelecer estratégia de busca para facilitar a coleta dos dados e informações, levando à necessidade de identificação das necessidades de inteligência.

A identificação das necessidades de inteligência requer a definição dos tópicos-chave de inteligência (KITs, em inglês *key intelligence topics*) e das questões-chave de inteligência (KIQs, em inglês *key intelligence questions*), atividade a ser executada para que a organização passe a ter mapeamento consistente de suas necessidades de informação. Ao final desse subprocesso, será feito o planejamento dos produtos de inteligência. Esse processo tem como finalidade principal responder adequadamente às necessidades de inteligência dos clientes da área de inteligência competitiva.

Inteligência competitiva (IC) pode ser compreendida como o processo com o apoio de tecnologia necessária para transformar:

- dados em informações;
- informações em conhecimento;

- conhecimento com a finalidade de auxiliar a tomada de decisões que sejam mais lucrativas aos negócios da empresa, com menores riscos.

Podem-se destacar quatro classes diferentes de informação:

Dados: são o insumo bruto (*input*), sinais que não foram processados, correlacionados, integrados, avaliados ou interpretados de qualquer forma.

Informação: os dados passam por um processamento, a fim de serem exibidos de forma inteligente e estruturados, para as pessoas que irão utilizá-los.

Conhecimento: é a análise dos dados, interpretação, submetida a um processo realizado por meio de avaliação dos dados, transformados em informações, que serão processadas, gerando conhecimento.

Inteligência: utilizar a informação como oportunidade, ou seja, o conhecimento contextualizado, relevante e útil, que permite auxiliar a tomada de decisão, de forma eficaz e eficiente.

3.7.2 Subprocesso 2 – Identificação das necessidades de informação

- Avaliar a empresa ou o setor.
- Identificar suas dúvidas.
- Conhecer os temas essenciais do negócio.
- Organizar em hierarquias.
- Priorizar áreas.

A necessidade de informação requer a identificação e o mapeamento das fontes primárias e secundárias, formais e informais, que responderão aos tópicos e às questões-chave definidos pela empresa. As fontes devem ser selecionadas e analisadas conforme critérios de confiabilidade, qualidade, cobertura e abrangência, custo, acessibilidade, relevância e atualização.

Esse processo é essencial para a definição das fontes de informação necessárias, por meio de ações de auditoria informacional, e requer a identificação e a organização de cada produto de inteligência planejado anteriormente, para que se possam mapear as necessidades de informação, sejam as fontes internas e/ou externas.

3.7.3 Subprocesso 3 – Coleta e armazenamento das informações

A coleta de informações é um subprocesso com a finalidade de definição e organização da rede de coleta de informações interna e externa para a elaboração dos produtos de inteligência competitiva. O processo de mapeamento requer a definição dos papéis e funções dos coletores, bem como dos pontos de coleta de informação e dos principais eventos para coleta.

Os dados trabalhados em pesquisas podem ser divididos em primários e secundários.

"Os dados primários são aqueles que não foram antes coletados, estando ainda em posse dos pesquisadores, e que são coletados com o propósito de atender às necessidades específicas da pesquisa em andamento" (Mattar, 1997). Eles são coletados diretamente da fonte da pesquisa.

"Os dados secundários são aqueles que já foram coletados, tabulados, ordenados e, às vezes, até analisados, com propósitos outros ao de atender às necessidades da pesquisa em andamento, e que estão catalogados à disposição dos interessados" (Mattar, 1997).

Algumas fontes de dados secundários são: internet, livros, jornais, revistas, relatórios, sistemas automatizados em ponto de venda, dados fornecidos pelo sistema de informação de marketing, bancos de dados de outras empresas, dados de censos econômicos e populacionais, fundações, agências de marketing, universidades, órgãos oficiais, associações de classe, auditorias, painéis feitos por institutos de pesquisa, publicações especializadas etc.

Tomando como exemplo a pesquisa de marketing, o processo inicia-se pela consulta a dados secundários ou pesquisa exploratória, que estão à disposição do pesquisador. Eles podem revelar-se suficientes para esclarecer o objeto de pesquisa, evitando esforços, tempo e dinheiro, geralmente utilizados em um trabalho de campo, gerando economia de recursos.

Os dados secundários fornecem subsídios à definição da problemática e hipóteses, auxiliando no planejamento da pesquisa, por meio da apreciação de estudos análogos, fornecendo variáveis para o estabelecimento da amostra, e podem ser usados como embasamento para confrontação dos resultados finais de uma pesquisa.

A utilização dos dados secundários pode apresentar desvantagens, como limitação da relevância e exatidão dos dados e informações coletadas, por não serem adequados à situação real analisada, por não serem confiáveis ou não serem atualizados.

O pesquisador ou coletor dos dados e informações deve identificar se os dados secundários não são confiáveis; se não existem. Deve também identificar se existem, mas não são satisfatórios para responder ao problema da pesquisa, ou se estão desatualizados, demandando a busca por dados primários, que são aqueles coletados em campo pelos responsáveis da pesquisa, com a finalidade de responder ao problema ou ao objeto de pesquisa.

3.7.4 Subprocesso 4 – Análise das informações

Este subprocesso do processo de inteligência competitiva estabelece o produto de inteligência. O analista transforma as informações coletadas em informações estruturadas ou inteligentes, permitindo avaliação significativa, completa e confiável, apoiada nas experiências, interpretações e compreensão, em geral intuitiva, de suas próprias atitudes e comportamentos, em relação a um problema ou situação. Por isso, o processo de análise demanda analistas com habilidades e competências específicas, visto que nesta etapa são apresentadas conclusões sobre o objeto de pesquisa.

A análise das informações é o processo a ser executado para definirem-se os métodos de análise mais eficazes e eficientes para cada produto de inteligência estabelecido, com o delineamento das atividades a serem realizadas nesse subprocesso.

Para tanto, deve-se:

- avaliar;
- analisar;
- desenvolver o produto de inteligência.

Deve-se ressaltar que esse subprocesso é um ponto-chave para o processo de inteligência competitiva, pois agrega valor às informações coletadas, possibilitando a identificação de inovações, tendências, ameaças, oportunidades, bem como novos caminhos a serem seguidos pela empresa, subsidiando a tomada de decisão.

3.7.5 Subprocesso 5 – Disseminação de produtos de inteligência

Disseminação é a atividade que define os canais de entrega dos produtos de inteligência na organização, as ferramentas a serem utilizadas, a frequência, bem como os mecanismos de recuperação das informações. As atividades são:

- enviar as informações estratégicas às pessoas certas;
- orientar a aplicação;
- avaliar os resultados.

O processo tem como principal atribuição a entrega da síntese das análises das informações, ou seja, os produtos de inteligência, para o usuário final, geralmente os executivos, agentes responsáveis pelas tomadas de decisão.

Na disseminação, são considerados alguns pontos como:

- A definição de mecanismos de distribuição junto ao usuário, para atender a suas necessidades, por meio de relatórios, boletins etc.
- A definição da linguagem, forma e facilidade de acesso do produto do sistema, sempre voltadas para as necessidades do cliente. Pode acontecer a disseminação focada, voltada a um usuário ou grupo específico, ou a disseminação geral, que é distribuída para toda a organização.
- A definição da frequência de envio dos produtos aos usuários.
- A credibilidade da análise, visto que cria uma ação de causa e efeito em relação à confiabilidade das fontes de informação coletadas, analisadas e entregues.

3.7.6 Subprocesso 6 – Avaliação do processo

A avaliação do processo ou *feedback* é mais um subprocesso do ciclo de inteligência competitiva. Nela são identificados os resultados obtidos; o impacto do produto de inteligência para o requisitante dos produtos de inteligência.

A avaliação do processo desenvolve-se de acordo com três aspectos.

- O primeiro aspecto é quanto ao desempenho de cada uma das fases que compõem o sistema, como, por exemplo, se o melhor método de análise foi escolhido.
- O segundo aspecto é se as escolhas das fontes de informação selecionadas foram analisadas conforme critérios de confiabilidade, qualidade, cobertura e abrangência, custo, acessibilidade, relevância e atualização.
- O terceiro aspecto é a avaliação direta entre quem fornece os produtos de inteligência e os usuários, relacionada aos resultados práticos obtidos com o uso dos produtos gerados. Logo, o processo de inteligência competitiva só agrega valor quando traz resultados eficazes ao ser utilizado na prática pelo tomador de decisão.

A avaliação do processo tem como objetivo definir os instrumentos de avaliação, como questionários, pesquisas, entre outros, a qualidade do produto de inteligência e do processo de inteligência competitiva. Pode-se utilizar métricas para melhorar o desempenho da avaliação, *feedback* e o desenvolvimento de ajustes necessários.

A seguir, os principais produtos oferecidos na avaliação do processo:

- definição de matriz de inteligência;
- definição de produtos de inteligência;

- definição de processos de coleta e análise de informações;
- definição de processos de disseminação e avaliação;
- definição de atendimento a solicitações *ad hoc*.

3.8 Produtos de inteligência competitiva

São eles:

- Sumários executivos: análises e considerações sobre as implicações para o negócio, geradas principalmente a partir de fontes secundárias e apresentadas de forma sucinta, indicando os diversos caminhos que podem ser seguidos pelo cliente.
- Alertas: análises rápidas e breves sobre uma questão atual e relevante para o setor.
- Relatórios analíticos: análises profundas de um tópico. Exemplos: tecnologia, novos produtos etc.
- Projeções estratégicas: projeções analíticas de tendências-chave. Exemplo: mercado emergente.
- Análises de situação: avaliação imediata de desenvolvimentos externos com potencial ou implicações que podem gerar oportunidades ou ameaças. Exemplos: surgimento de uma nova tecnologia, nova regulamentação etc.

3.9 Ações de inteligência competitiva aplicadas ao incremento na competitividade

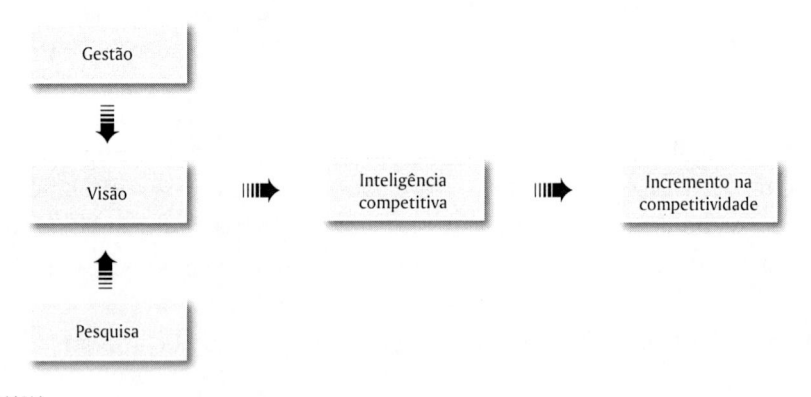

Figura 3.3 Ações de inteligência competitiva.

3.9.1 Qual é o objetivo da inteligência competitiva?

Aumentar a competitividade das empresas. Como?

- Monitorar o mercado e os concorrentes.
- Descobrir concorrentes novos ou potenciais.
- Analisar suas estratégias.
- Antecipar as ações dos concorrentes.
- Avaliar e antecipar mudanças no mercado.
- As informações estratégicas devem chegar antes para a pessoa certa, na hora certa, porque são elas que melhor orientam a tomada de decisão.

Por que utilizamos a inteligência competitiva?

Inteligência = Obter as informações estratégicas.

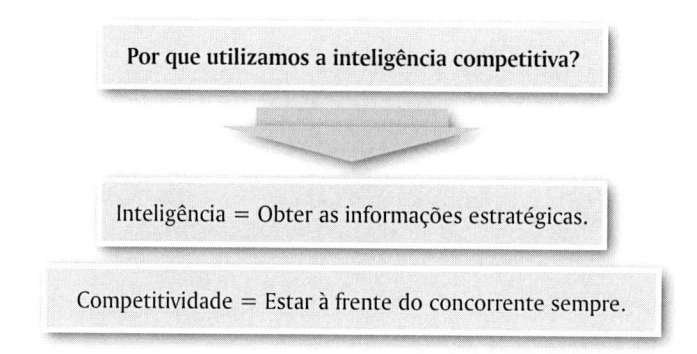

Competitividade = Estar à frente do concorrente sempre.

Figura 3.4 Informação gerada por uma área de IC.

3.9.2 Distribuição da informação

A informação gerada por uma área de IC tem de:

- Atender às necessidades do tomador de decisão.
- Ser entregue a tempo de ser valiosa.
- Estar em formato acessível.
- Ter periodicidade definida.
- Ter credibilidade.

3.9.3 Integração entre IC e competitividade

Figura 3.5 Integração entre IC e competitividade.
Fonte: Gomes e Braga (2001).

3.9.4 Ferramentas utilizadas na inteligência competitiva

- Análise de cenários.
- O modelo das cinco forças de Porter.
- Matriz SWOT.
- *Benchmarking*.
- *Balanced Scorecard*.
- Entre outras.

3.10 Sistema de criação de valor da inteligência

3.10.1 Definições de KITs e KIQs

Identificar quais as necessidades de produtos de inteligência geram os denominados Tópicos-chave de Inteligência (KITs) e as Questões-chave de Inteligência (KIQs). São direcionadores de busca de informação relevante para compor o produto de inteligência.

A coleta de dados da área é tanto primária quanto secundária. A primeira é realizada por meio de KITs (Key Intelligence Topics) e KIQs (Key Intelligence

Questions), definidos em conjunto com os tomadores de decisão e enviados aos funcionários no geral. Desta forma, a busca por informações é focada, atingindo os objetivos predefinidos por pesquisas de mercado, e, diariamente, pelo Sistema de Inteligência Competitiva, disponível aos funcionários da empresa. Neste meio, a coleta vem de diversas formas: intranet, SMS, e-mail, telefone etc. (Robles, 2014).

3.10.2 Mecanismos de vigilância

O que são vigilâncias?

São mecanismos de captura de informações voltadas para aspectos relevantes do negócio.

3.10.3 Vigilância social

Avalia informações como:

- costumes da época;
- infraestrutura social;
- mão de obra;
- segurança;
- taxa de crescimento demográfico.

Por quê? Mudanças sociais podem ser ameaças ou oportunidades. É muito importante estar preparado.

3.10.4 Vigilância econômica

Avalia informações sobre:

- análise estrutural e conjuntural da economia;
- linhas de financiamento e impostos;
- incentivos fiscais;
- concorrentes atuais e potenciais;
- clientes e fornecedores;
- mercado de trabalho.

Por quê? Alterações na economia impactam diretamente nos negócios.

3.10.5 Vigilância política e legal

Avalia informações como:

- leis;
- decretos;
- órgãos de governo;
- leis trabalhistas e fiscais.

Por quê? Alterações na lei impactam diretamente os negócios.

3.10.6 Vigilância tecnológica

Avalia informações sobre inovações técnicas como:

- pesquisa;
- novos produtos;
- serviços;
- processos;
- patentes.

Por quê? Alterações na tecnologia impactam diretamente os negócios e a modernização ou não da empresa.

3.11 Segmentação e posicionamento

3.11.1 Princípios de segmentação de mercado

De acordo com Teixeira, Teixeira e Vieira (2006), a segmentação de mercado é um conceito originário da economia. Os economistas clássicos a viam como forma de maximizar os lucros, com base na sensibilidade do consumidor a preços. Os primeiros estudiosos de marketing, por sua vez, já se preocupavam com o fato de que nem todos os indivíduos pareciam ser clientes potenciais para determinados produtos.

Ainda segundo Teixeira, Teixeira e Vieira (2006), a noção de que algumas pessoas estariam mais dispostas a comprar um produto é intuitiva para qualquer homem de negócios ou executivo experiente. Embora esta noção seja intuitiva, há uma série de dificuldades, conceituais e operacionais, para determinar quem são esses consumidores, como orientar a estratégia e os programas de marketing apropriados para atingir os segmentos-alvo.

Segmentação de mercado é a subdivisão do mercado em conjuntos homogêneos de clientes. Qualquer subconjunto pode ser selecionado como meta de mercado a ser alcançado.

O processo de segmentação de mercado consiste em separar os consumidores em grupos, de forma que a necessidade genérica a ser atendida tenha características específicas, mas sejam semelhantes para os que pertencem ao mesmo grupo e diferentes dos demais grupos.

3.11.2 Determinação do mercado a ser alcançado

O ponto de partida para o processo de segmentação de mercados é a definição do mercado em que atua a empresa. Definir mercado consiste em responder à pergunta: "Em que negócio estamos?". A definição de mercado está associada à necessidade do consumidor – o produto serve ou pretende servir. São importantes para uma adequada definição de mercado conhecimento profundo e sensibilidade para as diferentes formas nas quais determinada necessidade pode ser atendida.

3.11.3 Determinação das condições necessárias à segmentação

Uma vez definido o mercado, a análise de segmentação deve preocupar-se em determinar em que medida esse mercado é segmentável. Em princípio, qualquer mercado pode ser segmentado, desde que a necessidade específica, anteriormente definida, tenha matizes distintos para os vários grupos de clientes. Na prática, porém, é difícil fazer a distinção entre diferentes matizes, porque não sabemos até onde ir. Se exagerarmos, cada cliente pode se tornar um segmento, deixando de ser economicamente viável, para a maioria das empresas.

Dois critérios, para a análise da segmentação, são dados pelas seguintes questões:

- É possível atingir diferentes grupos de clientes com programas de marketing distintos?
- Existem informações suficientes e confiáveis sobre o mercado a ser segmentado?

O objetivo da segmentação é desenvolver programas de marketing específicos para cada grupo de clientes, de forma que melhor atenda às suas necessidades. Cada grupo de consumidores deve apresentar o mínimo de diferenças entre si e o máximo em relação aos demais segmentos.

Se não é possível diferenciar a oferta da empresa (produtos e serviços), o conteúdo da comunicação (propaganda, promoção, venda pessoal), os canais de comunicação (mídia) e o acesso aos produtos e serviços (canais), não há razão para segmentar.

Os motivos que dificultam atingir o segmento com um programa de marketing específico podem ser vários. Por exemplo, as informações necessárias disponíveis, para a tomada de decisões relativas à promoção e à distribuição, podem estar organizadas segundo critérios geográficos ou demográficos, e não segundo as necessidades dos consumidores que sejam potencialmente servidas por um produto ou serviço. Por outro lado, restrições institucionais podem impedir ou dificultar a adequação do mix de marketing ao segmento efetivo que se pretende atingir. Isso ocorre frequentemente nas decisões de preço. Por exemplo, a existência de controles de preços sobre determinados produtos pode impedir ou dificultar o uso de diferentes preços para certos segmentos.

Outra questão relevante, de ordem prática, é a disponibilidade de informações sobre o mercado que nos dispomos a segmentar. Essas informações não precisam ser o resultado de estudo de mercado, quantitativo ou qualitativo. Elas podem existir de outras formas, como, por exemplo, no conhecimento empírico que a força de vendas ou os membros do canal têm sobre quem são os clientes e quais são suas necessidades. No entanto, se a empresa pouco conhece o seu mercado, dificilmente poderá conduzir esse tipo de análise. Será necessário, então, desenvolver estudos específicos que permitam trazer esse conhecimento para dentro da empresa.

3.11.4 Definição de critérios e métodos para segmentação

O passo seguinte é definir os critérios para segmentar. Cabe chamar a atenção aqui para o fato de que são inúmeras as formas pelas quais um mercado pode ser segmentado. Os critérios e métodos de segmentação existentes nada mais são do que um instrumental de que o executivo dispõe para auxiliá-lo no processo. Eles podem ajudar o executivo, mas não podem substituí-lo, pois é necessário conhecimento do mercado para escolher os critérios mais adequados para segmentá-lo, em um conjunto quase infinito de possibilidades.

Já a escolha dos métodos utilizados para realizar a segmentação pressupõe o conhecimento da teoria disponível e de como aplicar o ferramental estatístico existente. Já não é, portanto, uma capacidade própria do executivo, mas pode ser realizada pelos níveis técnicos competentes.

3.11.5 Avaliação estratégica dos segmentos

O passo final consiste em avaliar a conveniência estratégica de a empresa atuar em um ou mais dos segmentos identificados, envolvendo, preliminarmente, a determinação do número de segmentos-alvo e quantificação do tamanho dos segmentos. As questões relevantes seriam:

- Qual é o tamanho dos segmentos definidos com base nos critérios anteriormente determinados?
- Esse tamanho de segmento é estrategicamente adequado para a empresa atuar?
- Em quantos segmentos a empresa deve atuar?
- Em seguida, convém fazer a análise da viabilidade econômica. Aqui, as questões relevantes são:
  - Qual é o custo de acesso a esse segmento (mídia, canais, força de vendas etc.)?
  - Uma posição obtida nesse segmento é estrategicamente defensável, ou seja, qual a vulnerabilidade da empresa ao atuar nesse segmento?

3.11.6 Critérios de segmentação

São muitos os critérios de segmentação que podem ser adotados por uma empresa. O Quadro 3.1 apresenta alguns desses critérios, tanto para o mercado de consumidores individuais como para o mercado institucional, e faz um paralelo entre eles.

Quadro 3.1 Critérios para o mercado de consumidores individuais e o mercado institucional

	Consumidor individual	Consumidor organizacional
Variáveis geográficas	Região: norte, nordeste, sul, sudeste. Clima: quente, frio, úmido, seco. Cidade: pequena, média, grande. Zona: urbana, rural.	Região: norte, nordeste, sul, sudeste. Clima: quente, frio, úmido, seco. Cidade: pequena, média, grande. Zona: urbana, rural.
Variáveis demográficas	Idade: até 10, 11-15, 15-25, mais. Tamanho da família: 1-2, 2-5. Renda: menos de um salário mínimo. Sexo: feminino, masculino. Nacionalidade: brasileira. Escolaridade: ensino médio.	Tempo de existência: 1ª geração. Número de empregados: <200. Setor: mecânico, construção civil. Tipo de administração: familiar. Nacionalidade do executivo.
Variáveis psicográficas	Personalidade: agressividade, autoritarismo, dependência. Estilo de vida: esportivo, consumista, trabalhador.	Personalidade do líder: autoritarismo, agressividade, propensão a aceitar riscos. Estilo de gestão: participativa, centralizadora, humanista.
Variáveis de comportamento de compra	Frequência de uso: usuário frequente, não usuário, ex-usuário. Ordem de uso: primeiros usuários, usuários tardios. Sensibilidade a fatores de marketing: sensível a preço, promoções, cupons, propaganda.	Frequência de uso: usuário frequente, não usuário, ex-usuário. Ordem de uso: primeiros usuários, usuários tardios. Sensibilidade a fatores de marketing: sensível a preço, tecnologia, serviços, pós-venda, garantia, prazo.
Variáveis de benefícios	Benefícios racionais: custo, conveniência, rapidez. Benefícios psicológicos: *status*, prestígio, segurança.	Benefícios racionais: eficiência, eficácia. Benefícios psicológicos: *status*, prestígio, segurança.
Variáveis do produto	Experiência com produto: sim ou não. Grau de customização: customizados, padronizados. Grau de uso: novos ou usados, originais ou de reposição.	Experiência com produto: sim ou não. Grau de customização: customizados, padronizados. Grau de uso: novos ou usados, originais ou de reposição.

Fonte: Reprodução de Moura (2009).

3.11.7 Estratégia de segmentação

Consiste na escolha, entre aqueles segmentos identificados no mercado, daquele(s) que a empresa deseja e pode servir melhor do que os concorrentes, traçando políticas e programas de ação que lhe permitirão levar sua oferta aos consumidores que formam o(s) segmento(s) escolhido(s). A estratégia de segmentação confunde-se, em último caso, com a estratégia de marketing da empresa.

3.11.8 Vantagens de segmentar os mercados

- Domínio de tecnologia que produza os bens de interesse de certas classes de compradores.
- Mais proximidade com quem vai consumir.
- Possibilidade de preços competitivos.
- Pontos de venda adequados.
- Propaganda direta aos segmentos visados.
- Maiores condições para encontrar e testar oportunidades de marketing.
- Melhor avaliação da concorrência.
- Diminuição dos riscos.

Na Figura 3.6 pode-se observar claramente o que é e o que pretende a segmentação e o posicionamento dentro do contexto da inteligência competitiva.

Menor Custo Total	Liderança de Produto
Preços competitivos	Produtos inovadores
Qualidade consistente	Melhor qualidade
Facilidade	Clientes de vanguarda
Velocidade de compra	Preços elevados
Variedade	

Soluções Completas aos Clientes	Aprisionamento
Relacionamentos duradouros	Criação de padrões de fácil uso
Confiança	Alto custo de mudança
Customização	Plataforma estável
Pacotes completos	Pacotes completos

Figura 3.6 A segmentação e o posicionamento no contexto da inteligência competitiva.
Fonte: Maróstica (2012b).

Na medida em que se define a segmentação, ou seja, em que tipo de fatia pretende-se operar, opta-se pelo posicionamento dentro da fatia, ao que chamamos de posicionamento. Vale destacar que na Figura 3.6 devemos optar por uma para sermos excelentes e nas demais sermos apenas suficientes.

Na Figura 3.7 cabe ressaltar que o posicionamento não adequado não significa desvantagem, muito pelo contrário. Em nossa avaliação, quanto mais eficaz for a escolha do posicionamento, com mais velocidade e adaptabilidade a empresa poderá ocupar sua fatia no mercado e consequentemente estabelecer maximização de desempenho e vantagem comparativa e competitiva em face dos seus principais concorrentes.

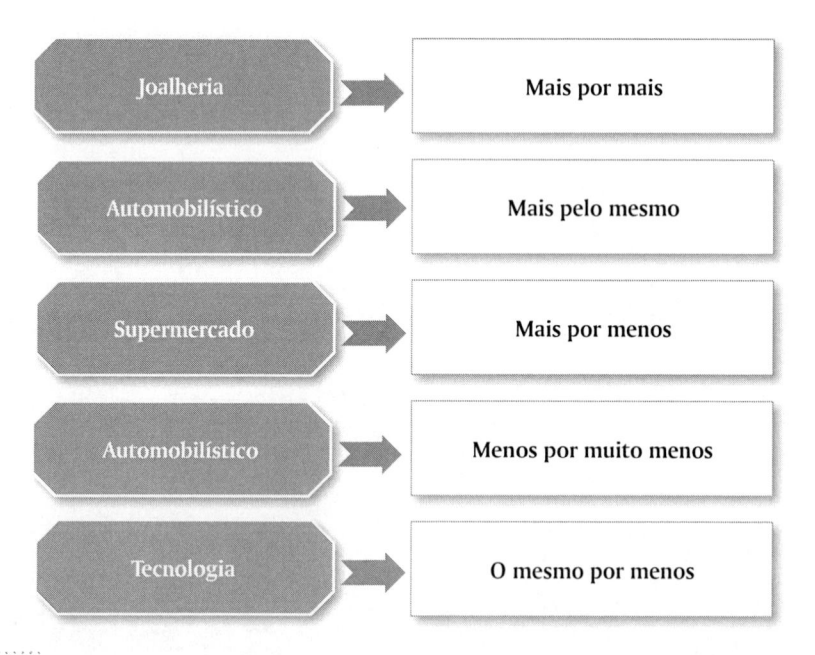

Joalheria	→	Mais por mais
Automobilístico	→	Mais pelo mesmo
Supermercado	→	Mais por menos
Automobilístico	→	Menos por muito menos
Tecnologia	→	O mesmo por menos

Figura 3.7 Escolha do posicionamento.

Fonte: Maróstica (2012b).

capítulo 4

Inteligência humana

4.1 Definição de inteligência

A palavra inteligência tem origem no latim *intellectus*, de *intelligere* = inteligir, entender, compreender. Composto de *íntus* = dentro e *lègere* = recolher, escolher, ler (cfr. *intendere*).

Outras fontes consultadas apresentam a palavra inteligência também originária do latim *intelligentĭa*, que, por sua vez, deriva de *intelligere*, palavra composta de dois outros termos: *intus* "entre" e *legere* "escolher". Logo, a origem etimológica do conceito de inteligência faz referência a quem sabe escolher. Seguindo esse raciocínio, pode-se afirmar que a inteligência permite ao ser humano ter a capacidade de selecionar, escolher as melhores opções na hora de solucionar uma questão, por exemplo.

Outra definição de inteligência apoia-se na aptidão psicológica do ser humano que lhe permite abstrair, captar, entender conceitos; capacidade em entender a essência das coisas que tomamos consciência. Essa aptidão psicológica é associada a outras atividades mentais, que se integram e interagem em conjunto, por exemplo, as habilidades técnicas, matemáticas, verbais, emocionais etc.

Para o renomado psicólogo norte-americano Howard Gardner (1994), professor emérito da Universidade de Harvard, inicialmente a inteligência era a "capacidade" de resolver problemas ou elaborar produtos, importantes em determinado ambiente ou comunidade cultural.

As inteligências múltiplas podem ser entendidas como o potencial de cada ser humano, não quantificado, mas observado e desenvolvido por meio de determinadas práticas. Gardner (1994) propõe "uma visão pluralista da mente", ampliando o conceito de inteligência única para o de múltiplas capacidades.

Ele reformulou esse conceito substituindo o termo "capacidade" por "potencial biopsicológico", querendo distanciar-se da concepção mais biológica e ressaltar que as influências culturais e psicológicas desempenham papel determinante.

Para Gardner (1994), a inteligência é um potencial que soma os aspectos biológicos e psicológicos, sendo consequência de fatores sociais, culturais e motivacionais que afetam o indivíduo. Há também influência de acordo com os agentes socializadores, por exemplo, família, escola, sociedade à qual esse indivíduo pertence. Segundo Gardner (1994), "a inteligência é a habilidade para resolver problemas ou criar produtos que sejam significativos em um ou mais ambientes culturais" (p. 52).

Para Daniel Goleman (1995), também professor e psicólogo da Universidade de Harward, a inteligência emocional refere-se "à capacidade de identificar os nossos próprios sentimentos e os dos outros, de nos motivarmos e de gerir bem as emoções dentro de nós e nos nossos relacionamentos" (p. 130).

Em seu livro, *Inteligência emocional*, Goleman (1995) relaciona esse conceito a habilidades tais como: motivar a si mesmo e persistir mediante frustrações; controlar impulsos, canalizando emoções para situações apropriadas; praticar gratificação prorrogada; motivar pessoas, ajudando-as a liberarem seus melhores talentos, e conseguir seu engajamento aos objetivos de interesses comuns.

4.2 Gestão do conhecimento

A gestão do conhecimento é ferramenta que compõe a inteligência de mercado. Para tanto, é necessária a utilização de metodologias, processos, técnicas, tecnologias e ferramentas para seu gerenciamento, e grande parte do sucesso da gestão do conhecimento depende da cultura da organização.

O gestor do conhecimento deve ter consciência de que o maior desafio não é obter dados, informações e conhecimentos, mas sim aceitar que, no processo de codificação/decodificação, as distorções ocorrem, embora existam formas para amenizá-las, por meio da inteligência empresarial.

Tipos de informação

Primária: original, direto da fonte (autor) que a produziu.

Secundária: aquela que já passou por algum tipo de transformação. Ex.: resumo, *abstract*, sinopse.

Fontes de informação

Formais: patentes, diretórios, bases de dados, internet, *clipping*, livros, publicações em geral, revistas, internet, publicações especializadas etc.

Informais: clientes, fornecedores, concorrentes, feiras e exposições, missões e viagens de estudos, congressos, seminários, clubes, candidatos a empregos, estudantes, estagiários, prestadores de serviços, redes pessoais, entrevistas, pesquisas, observação, *benchmarking*, intranet etc.

Figura 4.1 Tipo de informação.

4.3 Problemas para a implementação da gestão do conhecimento

- Cultura individualista, centralizadora.
- Excesso de informações.
- Carência de recursos.
- Dificuldade de acesso às informações.
- Falta de documentação ou desorganização na manipulação das informações.
- Dependência tecnológica.
- Comunicação deficiente.

Quadro 4.1 Líder tradicional × Líder do conhecimento

Líder tradicional × Líder do conhecimento	
Líder tradicional	Líder do conhecimento
Apoia-se em regras.	Apoia-se nas pessoas, em suas capacitações e habilidades.
Controla tudo.	Controla o mais importante.
Cultura de tarefa.	Cultura e conhecimento amplo.
Delega o que fazer.	Delega como fazer.
Motivação: poder e dinheiro.	Motivação pelo desafio.
Poder baseado no cargo.	Poder pela competência.
Trabalho é troca econômica.	Trabalho é enriquecimento cultural, além de troca econômica.

O conhecimento depende de oportunidade, localização, forma e conteúdo.

Quadro 4.2 Obtenção do conhecimento

A obtenção do conhecimento
Aquisição: compra de empresas, contratação de indivíduos que possuam conhecimento, cópias de ideias e conceitos.
Equipes próprias dedicadas: times específicos para geração do conhecimento (P&D – Pesquisa e Desenvolvimento).
Fusão: equipes multifuncionais para gerar soluções criativas.
Adaptação: variações de cenário, a empresa se movimenta.
Rede de conhecimento: redes autogerenciadas para compartilhamento.
Conhecimento é poder e diferencial competitivo.
Conhecimento é a crença verdadeira e justificada.

Quadro 4.3 Aquisição e criação do conhecimento

Como fazer a aquisição e criação do conhecimento?
Criando ambientes propícios à criatividade e à inovação.
Investindo em treinamentos.
Participando de congressos, encontros e associações etc.
Aprendendo com o ambiente interno e externo.
Prospectando talentos na empresa.

4.4 Tipos de conhecimento

Tácito: é o conjunto de conhecimentos pessoais, inerentes à experiência de cada indivíduo (modelos mentais, crenças e percepções).

Explícito: é o conhecimento sistematizado, documentado, acessível e transmissível em linguagem formal e sistemática.

As fontes de informação podem ser:

- **Formais** – estabelecidas e registradas em papel, possibilidade de informatização e automação, conhecimento explicitado.
- **Informais** – sem registro sistemático; a informação não é distribuída pelos canais formais; exige interação entre as pessoas para sua difusão, encontra-se na mente das pessoas, está ligada à prática do ouvir e ao diálogo entre elas, conhecimento tácito.

Conhecimento tácito e explícito

↓

Conhecimento tácito
Conhecimento pessoal incorporado à experiência.
Envolve fatores intangíveis, sistema de valores, crenças e perspectivas.
Insights, intuições, emoções, competências e habilidades.

↓

Conhecimento humano

↓

Conhecimento explícito
Articulado na linguagem formal de fácil transmissão e sistematização.
Expressões matemáticas, afirmações gramaticais.
Palavras, números, fórmulas, princípios.

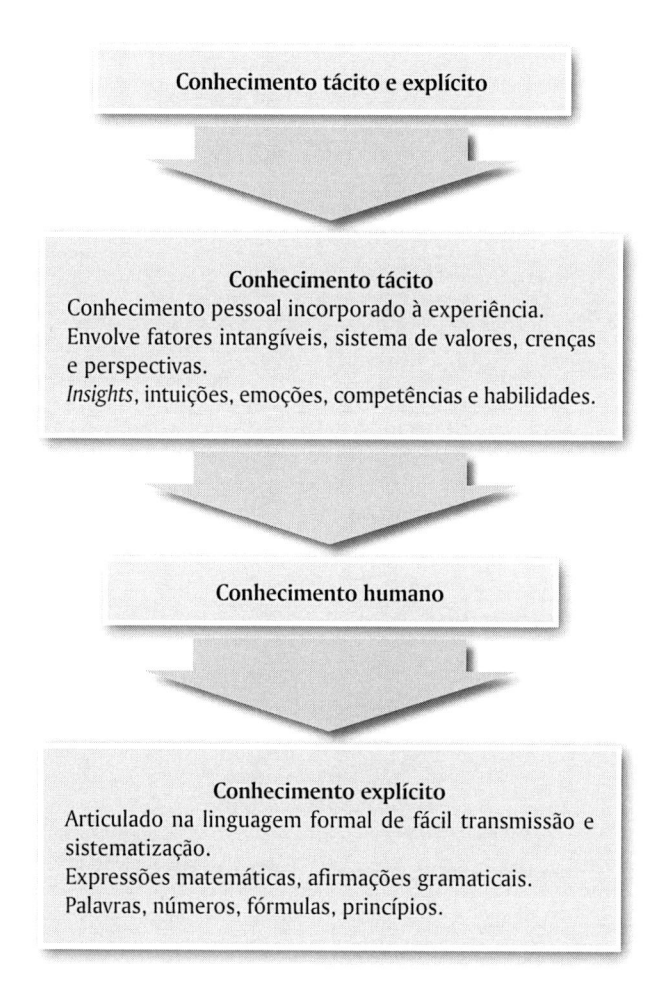

Figura 4.2 Aquisição e criação do conhecimento.

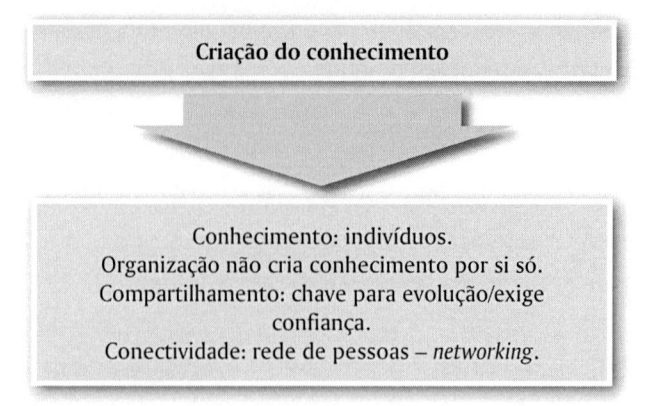

```
              Criação do conhecimento
                        │
                        ▼
         Conhecimento: indivíduos.
    Organização não cria conhecimento por si só.
    Compartilhamento: chave para evolução/exige
                     confiança.
    Conectividade: rede de pessoas – *networking*.
```

Figura 4.3 Criação do conhecimento.

4.5 Sociedade da informação e sociedade do conhecimento

A sociedade está em constante processo de mudança e conhecimento. Os serviços e as informações gerados tornam-se fator-chave de produção de riquezas e tendem a ser essenciais para o aumento da competitividade por meio do conhecimento coletivo e difundido na organização. Isso exige uma complexa coordenação da sua produção e difusão, dando vida às ideias, sejam tácitas, sejam explícitas.

Quadro 4.4 Questões-chave na gestão do conhecimento

Questões-chave na gestão do conhecimento
1. Com quem se deve compartilhar?
Públicos interno e externo.
2. O que deve ser compartilhado?
Todo o conteúdo da organização.
Áreas específicas.
Qualidade do conteúdo – níveis.
3. Como compartilhar o conhecimento?
Conexões para compartilhamento, quem usa e quem precisa.
Coleta e disseminação de forma contínua e sistematizada.
Registro do que foi aprendido e apreendido.
Criação dos processos sociais, ambientes interno e externo.

continua

continuação

4. Como a organização pode viabilizar a gestão do conhecimento?

Alocação de recursos: humanos, financeiros e infraestrutura.

Novos procedimentos organizacionais: incentivos ao compartilhamento; avaliação que considere o compartilhamento uma atitude saudável; premiações pelas atitudes em prol do compartilhamento do conhecimento; *workshops* de compartilhamento.

Métricas não tradicionais de impacto: crescimento no volume e uso dos conteúdos disponibilizados pela difusão do conhecimento.

Evidências de retorno financeiro no todo.

Avaliação de resultados em grupos via questionários, entrevistas, reuniões etc.

4.6 Gestão do conhecimento e o reconhecimento do ambiente externo

O ambiente externo das organizações se caracteriza por constantes mudanças no campo social, econômico, político e tecnológico.

A sobrevivência das organizações, diante das adversidades que se apresentam, depende cada vez mais de sua capacidade de conhecer a ambiência externa para atuar com eficácia.

Em uma economia baseada na informação, o sucesso das organizações depende da sua capacidade de gestão do conhecimento e de construção da inteligência organizacional.

A empresa não deve medir esforços na sistematização, criação, utilização, retenção, medição e difusão do conhecimento.

4.7 Práticas que definem a gestão do conhecimento

- Criação do conhecimento: consiste em transformar o conhecimento tácito em conhecimento explícito.
- Utilização do conhecimento: a tecnologia faz efetivamente a diferença.
- Retenção do conhecimento: assimilar ou preservar o conhecimento.
- Medição do conhecimento: a quantidade de conhecimento de uma organização é a diferença entre o seu valor de mercado e o seu valor patrimonial.

4.8 A gestão e o gestor do conhecimento

Gestão: é o conjunto de processos que definem a geração, a codificação, a disseminação, a apropriação e a utilização do conhecimento para atingir os objetivos propostos pela empresa.

Gestor: profissional que escolhe o caminho e faz acontecer, tem um pé no presente e outro no futuro.

4.9 Entendendo a gestão do conhecimento

As organizações aprendem por meio das pessoas, logo, as organizações dependem das pessoas. E qual é a relação com a competitividade? A inovação é um dos principais agentes de mudanças econômicas e sociais nos países desenvolvidos.

4.10 Características do conhecimento

- ▸ O conhecimento cresce quando compartilhado e usado, ao contrário do capital que, quando compartilhado, é diminuído.
- ▸ O conhecimento deteriora-se quando não é usado. Por exemplo, a fluência em uma determinada língua se deteriora se não for praticada.

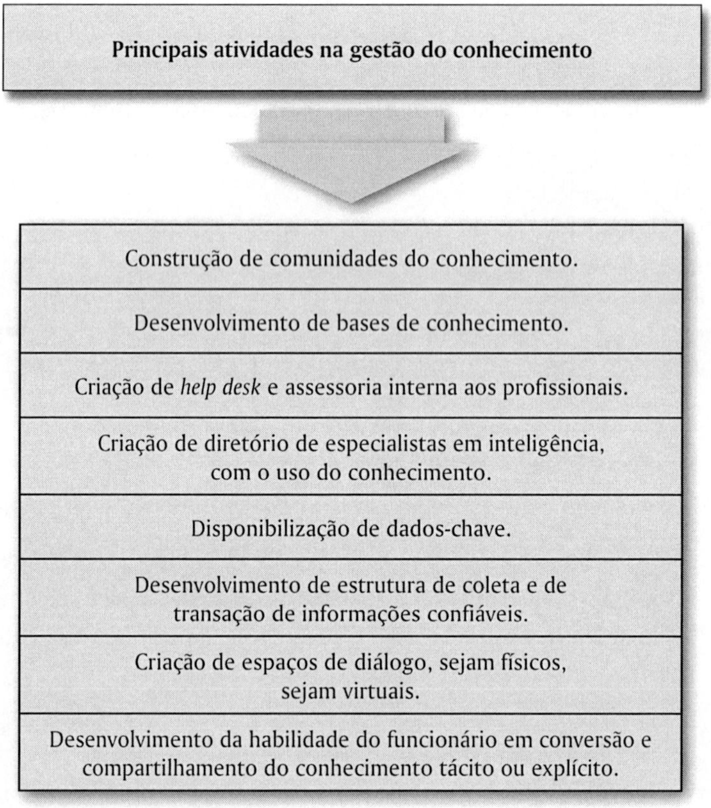

Principais atividades na gestão do conhecimento

⬇

- Construção de comunidades do conhecimento.
- Desenvolvimento de bases de conhecimento.
- Criação de *help desk* e assessoria interna aos profissionais.
- Criação de diretório de especialistas em inteligência, com o uso do conhecimento.
- Disponibilização de dados-chave.
- Desenvolvimento de estrutura de coleta e de transação de informações confiáveis.
- Criação de espaços de diálogo, sejam físicos, sejam virtuais.
- Desenvolvimento da habilidade do funcionário em conversão e compartilhamento do conhecimento tácito ou explícito.

Figura 4.4 Principais atividades na gestão do conhecimento.

4.11 Gestão do conhecimento e o capital intelectual

O capital intelectual é a soma de tudo o que as pessoas de uma empresa sabem acrescido ao conhecimento já existente na organização. Pode ser usado para criar uma vantagem competitiva no mercado. Compreende: as patentes, os processos, competências e habilidades dos profissionais, tecnologias, tecnologia da informação, informações referentes aos clientes e aos consumidores, fornecedores, concorrentes, histórico organizacional.

O conhecimento que pode ser convertido em valor é inerente ao capital intelectual, ao material intelectual formalizado, capturado e alavancado para produzir um ativo de maior valor útil desse conhecimento.

4.12 Gestão do conhecimento e a aprendizagem

Aprendizagem é a aquisição de informações ou habilidades. Também é entendida como a mudança, relativamente permanente, de comportamento devido à experiência. Envolve aspectos emocionais e inconscientes, depende de relacionamentos, experiências concretas e novos *inputs*.

Consolidam-se da seguinte forma:

- O **conhecimento** como recurso principal da sociedade atual.
- A **aprendizagem** como processo central dessa sociedade.

4.13 Gestão do conhecimento e a aprendizagem organizacional

É a busca contínua por um novo patamar de conhecimento para a organização por meio da percepção, da reflexão, do compartilhamento, da avaliação de experiências.

4.14 Gestão do conhecimento e a empresa que aprende

Para transformar uma empresa em "empresa que aprende", será necessária uma profunda revisão nos valores da liderança empresarial. Esse é o primeiro passo, e talvez o mais importante, adotando-se processos pelos quais a organização constrói, compartilha e organiza o conhecimento. O desenvolvimento da eficiência organizacional ocorre por meio da capacidade dos recursos humanos à disposição da empresa.

Aprendizagem organizacional é a capacidade que uma organização possui de manter ou melhorar seu desenvolvimento com base na experiência adquirida.

Pressupõe-se certa competência e habilidade da organização para se adaptar às mudanças, em um movimento *ad infinitum*. Dá-se por meio da percepção, do conhecimento e dos modelos mentais compartilhados.

É norteada pela capacidade de uma organização em identificar e armazenar o conhecimento resultante de experiências individuais e organizacionais e de modificar seu comportamento de acordo com os estímulos percebidos no ambiente.

A empresa exercita a competência e a inteligência coletiva quando destina esforços para atender ao ambiente interno: objetivos, metas, resultados, e ao ambiente externo: estratégia, monitoramento da concorrência, contrainteligência.

A gestão do conhecimento compreende modelos mentais, visão compartilhada e aprendizagem em equipe.

- **Modelos mentais:** pressupostos profundamente arraigados, generalizações ou mesmo imagens que influenciam o modo de ver o mundo e de agir.
- **Visão compartilhada:** interesse das pessoas em compartilhar conhecimento, envolvidas numa visão comum.
- **Aprendizagem em equipe:** processo de alinhamento e desenvolvimento da capacidade de um grupo em criar os resultados que seus membros realmente desejam.

4.15 Como as organizações aprendem?

De acordo com Senge (1999), há cinco determinantes essenciais às organizações que aprendem (*learn organization*):

- **Domínio pessoal.** Aprender a expandir as capacidades pessoais para obter os resultados desejados e criar um ambiente empresarial que estimule os participantes a alcançarem suas metas.
- **Modelos mentais.** Refletir, esclarecer continuamente e aperfeiçoar a visão de cada indivíduo sobre o mundo, a fim de verificar como moldar atos e decisões.
- **Visão compartilhada.** Estimular o engajamento do grupo em relação à projeção do futuro que se procura criar e elaborar os princípios e as diretrizes que permitirão que esse futuro seja alcançado.
- **Aprendizagem em grupo.** Transformar as aptidões coletivas ligadas a pensamento e comunicação, de maneira que grupos de pessoas possam desenvolver inteligência e capacidades maiores do que a soma dos talentos individuais.

- **Pensamento sistêmico.** Criar uma forma de analisar e uma linguagem para descrever e compreender as forças e inter-relações que modelam o comportamento dos sistemas.

4.16 Gestão do conhecimento e os critérios essenciais à aprendizagem organizacional

Os critérios essenciais à aprendizagem organizacional são:

- **Transformação:** competências e habilidades, atitudes, valores, comportamentos são criados, modificados com o passar do tempo, tanto nas empresas como nos profissionais.
- **Compartilhamento:** tudo o que é aprendido passa a ser propriedade da coletividade, quando difundido, compartilhado e utilizado por todos na empresa.
- **Preservação:** por uma questão jurídica, ética e profissional, o que é conhecimento gerado e explícito deve permanecer na organização, mesmo com a saída do profissional dela.

4.17 Gestão do conhecimento e as organizações de aprendizagem

As organizações de aprendizagem caracterizam-se pela habilidade das pessoas em expandir continuamente a capacidade de atingir os resultados esperados e serem reconhecidas por isso; criar novas maneiras de difusão espontânea e comunicativa com entusiasmo, alegria, amizade. Novas formas de pensar devem ser encorajadas, a aspiração coletiva deve ser livre, e as pessoas devem estar dispostas e constantemente aprendendo a aprender coletivamente.

A empresa que se habilita na criação, na aquisição e na transferência de conhecimentos e que modifica sua gestão a fim de refletir sobre os ganhos obtidos por meio dos novos conhecimentos e *insights*, sem dúvida, evidencia o caráter das organizações de aprendizagem.

A organização de aprendizagem tem como elemento básico a formação de profissionais que aprendem a ver a realidade com perspectiva sistêmica, capazes de desenvolver um constructo pessoal, expor e reestruturar os novos modelos mentais de maneira colaborativa, respondendo às questões: O que pensar? Como pensar? (Senge, 1999).

O ambiente organizacional e a gestão do conhecimento têm como objetivo geral a continuidade e a evolução da empresa; os objetivos específicos são caracterizados pelo mapeamento, identificação, utilização e reutilização do conhecimento e compartilhamento entre as pessoas, bem como pelo fortalecimento da percepção de valor da organização pelos clientes e pela facilitação do estabelecimento de um ambiente de aprendizagem organizacional.

4.18 A gestão do conhecimento e a educação corporativa

A educação corporativa compreende a filosofia que orienta todas as atividades realizadas para identificar, modelar, difundir e aperfeiçoar as competências essenciais à organização, em consonância com as estratégias estabelecidas pela empresa.

A aprendizagem organizacional, por meio da educação corporativa, amplia as condições favoráveis de inovação, flexibilidade e motivação para melhorar o ambiente interno e o relacionamento com o ambiente externo. Além da obtenção de maiores resultados para o negócio, uma vez que a prática educacional estruturada na organização tem foco na coletividade e nas necessidades da empresa.

O processo de ensino e aprendizagem, a geração, a difusão do conhecimento, por meio da educação corporativa, são, atualmente, os motores da produção de vantagens competitivas em relação aos concorrentes e a gênese de riquezas para as organizações.

A gestão estratégica do conhecimento na organização envolve continuidade na geração do conhecimento, mobilidade e capacidade do gestor em tomar decisões usando estrategicamente o conhecimento. Para tanto, a empresa precisa adotar critérios de avaliação de resultados da gestão do conhecimento que envolvam: o crescimento no volume de conteúdos e produtos do conhecimento; maior participação dos profissionais da área do conhecimento no processo de mapeamento e mensuração de resultados; utilização da área de gestão do conhecimento como caminho crítico; agilização do processo de tomada de decisões.

Os maiores desafios da gestão do conhecimento são inverter a prática da cultura individualista, autocrática e centralizadora; evitar o excesso na geração de informações desestruturadas; a carência de recursos e dificuldade de acesso às informações; falta ou excesso de documentação; a comunicação ineficiente; tecnologia aquém da necessidade.

Para que os profissionais registrem e compartilhem o conhecimento gerado nas diversas áreas e departamentos da organização, o gestor do conhecimento deve fortalecer as relações de confiança, prover autonomia aos profissionais, fortalecer a autoestima e a realização pessoal, melhorar continuamente a qualidade de vida das pessoas envolvidas no processo, elaborar procedimentos claros e fáceis de serem utilizados.

capítulo 5

Inteligência financeira

5.1 O que é inteligência financeira?

Inteligência financeira é o conjunto de conhecimentos e conceitos, que incluem o valor do dinheiro no tempo, controles e índices financeiros da empresa, análise e comparação de investimentos, entre outros. Não se deve confundir inteligência financeira com conhecimento de algumas fórmulas financeiras. O fundamental é entender o significado dos índices, as relações de causa e efeito e a aplicabilidade desses conceitos na gestão e na melhoria das finanças da empresa.

> Finanças não é apenas a conferência e lançamento de dados financeiros e bancários em planilhas e sistemas, é, sobretudo, saber analisar e interpretar resultados que se traduzem em índices e indicadores, para tomada de decisões. (Hipólito, 2010)

Hipólito (2010) defende a ideia que a inteligência financeira compõe-se de quatro habilidades distintas e algumas atitudes inerentes ao gestor financeiro:

1. Conhecimento dos fundamentos financeiros, dos princípios básicos da medição financeira: saber ler as demonstrações de resultados e de fluxo de caixa, o balanço patrimonial e demais controles existentes em planilha ou sistema, o balancete gerencial, os índices financeiros e de desempenho; conhecer a diferença entre lucro e caixa; e entender que os números são realistas.
2. Compreensão da arte das finanças: quantificar o que nem sempre é palpável entre finanças e contabilidade; entender a aplicabilidade de re-

gras, estimativas e projeções; saber como circunstâncias criativas das finanças podem ser atreladas aos números e como aplicá-los de forma isolada pode oferecer resultados diferentes; saber provocar e questionar os números, quando necessário.

3. Entendimento das análises financeiras: interpretação de índices financeiros e indicadores de desempenho e definição de metas; relacionar um indicador a um índice; ler relatórios; usar essas análises no processo de tomada de decisão.

4. Conhecimento do cenário principal: compreender o "negócio" advocacia, por exemplo, para construir, analisar e interpretar os resultados; entender que os números não representam toda a história do escritório; saber que os resultados financeiros e econômicos devem ser analisados sob o contexto da banca, ou seja, a estrutura conceitual e filosófica do negócio; entender que fatores como economia, competitividade, mudanças de necessidades, clientes e tecnologia alteram a interpretação dos números e as decisões a serem tomadas.

Inteligência financeira busca metas e objetivos embasados no aproveitamento do fator tempo e no aprofundamento de conhecimentos. Esses conhecimentos, por sua vez, desenvolvem potenciais e habilidades para acumular capital, multiplicar recursos e proteger o patrimônio. Trata-se de um perfil de comportamento que equilibra o bom senso entre ganhos, gastos e investimentos atrelados e vinculados a indicadores sustentáveis (Maróstica, 2012).

Por que a inteligência financeira é importante?

Não basta ter habilidade técnica em determinada área, também é de suma importância conhecer os conceitos financeiros e suas inter-relações entre negócios, carreira e vida pessoal.

No âmbito dos negócios, os conceitos financeiros estão diretamente alinhados com os produtos, serviços e processos, e se estão gerando o retorno desejado para a empresa. Aí entra a inteligência financeira, cuja finalidade é monitorar a saúde financeira da empresa. A partir daí, terá de ser capaz de identificar oportunidades e ameaças, corrigir e tomar novos posicionamentos, identificar antecipadamente potenciais problemas que podem surgir, entre outros.

Na inteligência financeira são abordados os tópicos listados a seguir.

5.2 Análise financeira

Entende-se por análise financeira o estudo das demonstrações financeiras de uma organização associada a um processo decisório. Cabe aos gestores, como agentes de decisão, determinar o objetivo, a profundidade e o enfoque da análise a ser efetuada na empresa. A principal função é verificar a saúde financeira da empresa, a liquidez e a rentabilidade do negócio.

A inteligência financeira permite a análise fundamentada na situação econômica da empresa, medir a rentabilidade do capital investido nela, bem como a análise de seus fluxos financeiros.

Ressalta-se que não basta a uma empresa ser economicamente rentável, é necessária uma estrutura financeira adequada no presente ou no futuro. Não adianta uma empresa ser rentável, e não conseguir cumprir suas obrigações de pagamento nas datas dos vencimentos por problemas de liquidez, acarretando problemas de solvência, credibilidade, falta de crédito e até levando a empresa à insolvência.

Análises financeiras, por meio de informações financeiras, são fundamentais para definir estratégias para o negócio e devem passar por duas etapas:

- Estabelecimento de indicadores financeiros que permitam conhecer as condições financeiras relacionadas ao negócio.
- Estimativa do resultado da empresa, com base em dados projetados, bem como projeção do capital para começar a atividade, pois será necessário fazer investimentos em local, equipamentos, materiais e despesas diversas para a instalação e o funcionamento inicial da empresa.

A projeção de capital requer:

Investimentos fixos. Verifique o montante de recursos necessários para a implantação de toda a infraestrutura física do projeto (aquisição do ponto, máquinas, equipamentos e instalações, móveis e utensílios etc.).

Capital de giro. Lembre-se de todos os recursos necessários ao financiamento do ciclo operacional da empresa, ou seja, aquisição de mercadorias, matéria-prima, financiamento a clientes etc. É preciso dispor de dinheiro em caixa ou no banco. Vale lembrar que vendas à vista aumentam os prazos para pagamento aos fornecedores, reduzem os estoques em níveis aceitáveis e há maior rotação de estoques e diminuem a necessidade de capital de giro.

Faturamento. Ao projetar as quantidades para vendas de produtos ou serviços, é preciso multiplicá-las pelo preço de venda. A projeção do faturamento deve ser resultante do potencial de mercado, da capacidade produtiva e da força de vendas da empresa.

Custos fixos. É extremamente importante conhecer os custos que fazem parte da estrutura da empresa (por exemplo: aluguel de imóvel, honorários do contador, salários do pessoal administrativo, encargos). Esses custos independem da ocorrência de vendas.

Custos variáveis. Liste todos os custos que variam diretamente com a quantidade de vendas. Para cada segmento devem-se verificar os tributos que incidem diretamente sobre o preço de venda a ser praticado na comercialização do produto ou prestação de serviços.

Custo do produto por unidade. Para calcular esse custo, é necessário somar todos os custos utilizados para produção, vendas ou prestação de um serviço (custo direto + despesas operacionais).

Preço de venda. Deve levar em conta o custo do produto, o custo de comercialização e a margem de lucro desejada.

Lucro líquido. É o valor que sobra das vendas menos todos os custos e despesas. O lucro líquido tem por objetivo remunerar o investimento feito na empresa.

5.3 Demonstrações financeiras

Demonstrações financeiras são aquelas formais elaboradas pela área de contabilidade da empresa, que têm como objetivo a divulgação externa, formadas pelo Balanço Patrimonial, Demonstrações das Mutações do Patrimônio Líquido, Demonstração do Resultado e Demonstrações das Origens e Aplicações de Recursos.

Essas demonstrações, geralmente, vêm acompanhadas de diversos relatórios para uso interno que contêm informações gerenciais detalhadas. A inteligência financeira começa a partir da divulgação de demonstrações pela contabilidade, responsável pelos dados brutos fornecidos, que posteriormente são transformados em informações estruturadas que permitirão ao executivo:

- Avaliar a situação econômico-financeira da empresa, a formação do resultado, os efeitos de decisões tomadas anteriormente etc.

- Tomar decisões, corrigir o rumo indesejado.
- Desenvolver planos financeiros, de investimentos e operacionais, com a finalidade de trazer melhores resultados à empresa.

Essas ações permitem disponibilizar melhor a estrutura de capital ou a estrutura financeira, baseadas na combinação de diversas modalidades de capital de terceiros e capital próprio utilizado pela empresa. Isso requer um conjunto de títulos utilizados pela empresa para financiar suas atividades, dívidas de curto e longo prazos e o capital próprio.

5.4 Análise de fluxo de caixa

A análise de fluxo de caixa é um instrumento de gestão financeira, utilizado para projetar, em períodos futuros, todas as entradas e saídas de recursos financeiros da empresa, com o objetivo de indicar o saldo de caixa para o período projetado.

Os controles financeiros bem estruturados, representados por informações inteligentes, são utilizados para controle e, principalmente, como instrumento para a tomada de decisões.

O fluxo de caixa permite ao executivo elaborar a estrutura gerencial de resultados; a análise de sensibilidade; calcular a rentabilidade, a lucratividade, o ponto de equilíbrio e o prazo de retorno do investimento. A disponibilização desses indicadores permite verificar o estágio atual da empresa, por meio da análise da sua saúde financeira, o retorno do investimento, entre outras informações.

O principal objetivo da previsão do fluxo de caixa é fornecer informações para a tomada de decisões, tais como definir as necessidades de captação de recursos, bem como prever os períodos em que haverá sobras ou necessidades de recurso. Além de aplicar os excedentes de caixa nas alternativas mais rentáveis para a empresa, sem comprometer a liquidez.

De acordo com Santos (2013), pode-se afirmar que **Fluxo de Caixa** é a demonstração visual das receitas e despesas distribuídas pela linha do tempo futuro. Para a montagem da projeção do fluxo de caixa, devemos considerar os seguintes dados:

Entradas
a) contas a receber;
b) empréstimos;
c) dinheiro dos sócios.

Saídas

a) contas a pagar;

b) despesas gerais de administração (custos fixos);

c) pagamento de empréstimos;

d) compras à vista.

Ressalta-se que não basta a elaboração do fluxo de caixa. As informações disponibilizadas internamente, para que se tornem inteligentes, devem ser estruturadas a fim de permitir a visualização das contas a receber, das contas a pagar e de todos os desembolsos geradores dos custos fixos.

A inteligência financeira terá sua eficácia de acordo com a forma de obtenção e organização dessas informações, auxiliando a gestão conforme o tipo de empresa, o porte e a disponibilidade financeira.

5.5 Índices financeiros

5.5.1 Balanço Patrimonial

O Balanço Patrimonial é a demonstração financeira que apresenta o valor contábil de uma empresa em certa data.

5.5.2 Análise vertical, horizontal e índices econômico-financeiros

Análise horizontal: é realizada a partir do conjunto de balanços e demonstrações de resultados consecutivos. Para cada elemento desses demonstrativos são calculados números índices, cuja base corresponde ao valor mais antigo da série. Desse modo, avalia-se a evolução de cada elemento patrimonial e de resultados ao longo de diversos períodos sucessivos. Contudo, a análise horizontal nos mostra a evolução no tempo de cada elemento específico.

Análise vertical: no balanço, a análise vertical fornece indicadores que facilitam a avaliação da estrutura do ativo (como os recursos estão sendo aplicados) e suas fontes de financiamento. Esses indicadores correspondem às participações percentuais dos saldos das contas e dos grupos patrimoniais sobre o total do ativo (ou do passivo + patrimônio líquido).

Índices econômico-financeiros: os saldos do balanço e da demonstração do resultado podem ser inter-relacionados de inúmeras formas, cada qual fornecendo a visão de um aspecto específico da situação ou do desempenho da empresa. Cada índice fornece informações distintas daquelas que seriam obtidas avaliando-se isoladamente os seus componentes.

5.5.3 Análise de balanço

Ao falarmos sobre finanças, inevitavelmente temos como referência os princípios da contabilidade, sobretudo no que se refere ao desempenho e análises das demonstrações financeiras organizacionais, como balanço patrimonial e demonstração de resultado do exercício.

Quando pensamos em uma organização, devemos analisar além do desempenho observado pelo resultado líquido do exercício (seja este lucro ou prejuízo), além de uma série de outros componentes, para observar a saúde da operação do negócio. Os indicadores baseados em "índices financeiros" são fórmulas objetivas que medem características da gestão. Dentre eles, destacaremos:

AC – Ativo circulante
AP – Ativo permanente
ELP – Exigível a longo prazo
PC – Passivo circulante
PL – Patrimônio líquido
REOB – Receita operacional bruta
ROB – Resultado operacional bruto
ROL – Receita operacional líquida
Índices de rentabilidade: Giro do ativo – REOB.

Pelo prisma da gestão, sempre é oportuno entender que o objetivo singular de uma organização é a melhora substancial nos controles e, por conseguinte, gerar receitas que garantam a remuneração do capital. Quanto maior o índice, maior é a capacidade de geração de receitas, indicando bom desempenho de vendas e/ou boa administração dos ativos.

Desta feita, é papel da Inteligência prover dados e indicadores financeiros confiáveis que possam legitimar as estratégias corporativas e que por meio de confiabilidade apontar quais são os melhores caminhos a serem percorridos pelas organizações.

5.6 Análise de investimentos

A análise de investimentos envolve decisões de captação de recursos com prazos variados com o objetivo de propiciar retorno adequado aos proprietários desse capital. A seleção de projetos de investimentos e a quantificação dos recursos a serem empregados devem responder questões como: o projeto vai se pagar? O projeto vai aumentar a riqueza dos acionistas? O risco e o retorno foram devidamente mitigados? Qual a melhor alternativa de investimentos?

Pelo prisma dos investimentos, é vital trabalhar com previsões sólidas e confiáveis, pois é papel do controlador do capital de terceiros estabelecer relações seguras factíveis de confiabilidade.

Muitos afirmam que existe alto grau de incerteza no que se refere ao tema, pois envolve cenários econômicos e políticos de longo prazo, porém é vital ao profissional que trabalha neste campo de conhecimento utilizar de ciência e comprovações para assegurar a avaliação de projetos de investimento, como: Payback, Payback descontado, valor presente líquido (VPL) e taxa interna de retorno (TIR).

As demonstrações financeiras têm como papel possibilitar aos investidores e aplicadores uma justa medida entre risco e retorno, possibilitando uma performance adequada no capital investido na linha do tempo, com uma correta previsibilidade de retorno.

5.7 EBITDA

EBITDA é um indicador base nas relações financeiras. A sigla corresponde a *Earning Before Interests, Taxes, Depreciation and Amortization*, traduzindo, *lucro antes dos juros, impostos, depreciação e amortização.*

De maneira geral, o EBITDA representa a geração operacional de caixa de uma organização, ou seja, quando a empresa gera recursos apenas em suas atividades operacionais, sem levar em consideração os efeitos financeiros e impostos. A correta utilização do EBITDA auxilia na correta apuração do resultado final da empresa (lucro ou prejuízo).

Para garantir um correto cálculo do EBITDA, deve-se seguir os seguintes passos:

1. Calcular o lucro operacional.
2. Custo das mercadorias vendidas (CMV).
3. Despesas operacionais e das despesas financeiras líquidas (despesas menos receitas com juros e outros itens financeiros).

Deve-se lembrar que para calcular o EBITDA é preciso somar ao lucro operacional, a depreciação e a amortização inclusas no CMV e nas despesas operacionais (pois essas contas não representam saída de caixa efetiva no período).

capítulo 6

Inteligência tecnológica

6.1 Tecnologia da informação

Vivemos a força da "Economia Digital". Nesta nova era em que a Tecnologia da Informação (TI) torna-se a chave do sucesso para cada vez mais indústrias e serviços, a implementação de soluções que formem a infraestrutura da gestão, possibilitem o gerenciamento do relacionamento com o cliente e o suporte à decisão estratégica, entre outras inúmeras funcionalidades necessárias a uma corporação, vai separar as empresas que vão sobreviver e prosperar das que vão fracassar e cair em mãos de empreendedores mais ágeis e competitivos.

Em qualquer segmento de mercado, podemos citar necessidades que, sem o apoio de TI, nunca seriam atendidas nos patamares da "Economia de Escala". A habilidade de se comunicar com fornecedores e clientes, com consequente otimização dos processos, ocupa cada vez mais lugar de destaque em relação à habilidade de fabricação dos produtos propriamente dita.

Em empresas de distribuição e logística, a administração eficiente da frota não é um fator competitivo se a companhia não estiver apta para a rastreabilidade dos pedidos, a otimização das cargas e o roteamento de transportes.

Os aspectos físicos e *layouts* das empresas de varejo dão lugar à análise dos padrões de compra dos consumidores e à reposição contínua com os fornecedores diretamente nas gôndolas.

Diante desse fascinante quadro, o mercado de Tecnologia da Informação nos oferece vantagens surpreendentes e problemas inéditos.

Se de um lado temos a certeza de que somente com a TI poderemos acompanhar todas as novas necessidades que o mercado impõe, de outro os jargões e modismos criados pelos fornecedores de software podem causar confusões e transformar a empresa em uma verdadeira "Torre de Babel"; o que torna impossível a tão sonhada integração dos processos internos, dos clientes e fornecedores e da inteligência da empresa com o processo operacional.

Do ponto de vista da implementação, o grande benefício, que é a integração de todas as tecnologias, é também o maior desafio. Antes de implementar qualquer tipo de solução, a empresa deve conhecê-lo profundamente.

Existem hoje cinco grandes divisões de TI aplicadas à gestão de negócios: soluções de gestão empresarial; soluções de gerenciamento da cadeia de suprimentos; soluções de gerenciamento do relacionamento com o cliente; soluções de informações gerenciais e soluções de simulação empresarial.

Data Warehouse é um banco de dados pré-modelado com informações consolidadas ou formatadas para determinadas análises.

Quadro 6.1 Conceitos utilizados pela indústria de TI

Soluções de TI	Siglas e significados	Benefícios para a corporação
Gestão empresarial	**ERP** – Enterprise Resource Planning	Padronização e integração dos processos, com consequente otimização destes e redução dos custos.
Gerenciamento da cadeia de suprimentos	**SCM** – Supply Chain Management	Integração com fornecedores e clientes e sincronização do processo de produção a cada nova necessidade/mudança, permitindo maior otimização dos estoques e maior atendimento da demanda.
Gerenciamento do relacionamento com o cliente	**CRM** – Customer Relationship Management – utiliza ferramenta específica de *call center*, **SFA** (Sales Force Automation), *contact center* etc.)	Atrair e fidelizar clientes, por meio de ferramentas que possibilitem identificar, diferenciar, interagir (com os melhores clientes) e personalizar o marketing com eles.
Informações gerenciais	**EIS** – Enterprise Information System	Proporcionam informações segmentadas e relacionadas entre si, com base no banco de dados transacional ou em Data Warehouse.
Simulação empresarial	**BI** – *Business Intelligence*	Proporciona simulações de vários cenários, por meio da utilização de indicadores de desempenho. Baseada em tecnologias de acesso do tipo OLAP (On-line Analytical Processing), que permitem buscar informações em Data Warehouse e apresentá-las em ferramentas multidimensionais.

Fonte: Elaborado por Maróstica.

6.2 Conceitos de *Business Intelligence*

"Business Intelligence não é algo que se compra de um fornecedor, mas um objetivo a ser alcançado por uma organização." (Luiz Câmara, presidente da InfoBuild Brasil.)[1]

Business Intelligence: "Sistema de apoio à gestão para tomadas de decisões inteligentes." (João Lúcio de Oliveira, Consultor empresarial e de TI.)[2]

Objetivo da solução de Business Intelligence

A tecnologia de BI fornece previsões, históricos e dados reais sobre as mais variadas operações comerciais. As funções mais comuns de BI são relatórios, processamento analítico *on-line*, extração de dados, análise de desempenho do negócio, comparativos (*benchmarking*), análise de textos, e análise previsiva. O objetivo de business intelligence é o de servir de suporte a um melhor processo decisório nas empresas. Ou seja, o objetivo na utilização de soluções de Business Intelligence é a capacidade em transformar dados de diversas fontes em valiosas informações gerenciais para tomada de decisão.[3]

Business Intelligence (BI) é o conjunto de ferramentas utilizadas para manipular uma massa de dados operacional em busca de informações inteligentes e estruturadas, essenciais para a empresa, com base em sistema de apoio à gestão e aos executivos para a tomada de decisões.

---

[1] Fonte: Disponível em: <http://www.bluesoft.com.br/business-intelligence-por-ismael-soares/>. Acesso em: 10 jun. 2013.
[2] Fonte: OLIVEIRA, João Lúcio de. Sistema de Business Intelligence: Sistema de apoio a gestão para tomadas de decisões inteligentes. Disponível em: <http://www.slideshare.net/joaoluciooliveira/monografia-business-intelligence>. Acesso em: 15 mar. 2013.
[3] Fonte: Data Interchange DI2S Software Solutions. Disponível em: < http://www.di2s.com/business-intelligence.htm#>. Acesso em: 15 mar. 2013.

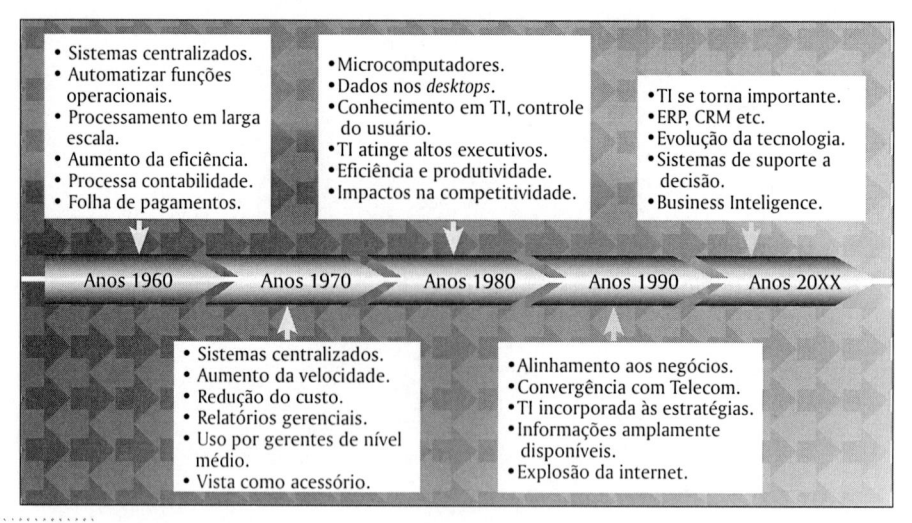

Figura 6.1 Sistemas – Linha do tempo.

Fonte: Soares (2009).

6.3 Inteligência de negócios

Business Intelligence (BI) é traduzido como inteligência de negócios. É um método que procura dar auxílio às empresas para que tomem decisões inteligentes, mediante dados e informações recolhidos pelos diversos sistemas de informação.

Sendo assim, BI é a tecnologia que permite às empresas transformar dados armazenados nos seus sistemas em informação de qualidade e importante para a tomada de decisão. Há forte tendência de que os produtos de um sistema de BI de uma empresa passem a cumprir outras funções que auxiliem na tomada de decisões.

Há sistemas que funcionam em uma perspectiva de organização da informação, como o ERP (Enterprise Resource Planning) e o CRM (Customer Relationship Management). Segundo Brent Frei, fundador da Onix Software (apud Greenberg, 2012):

> CRM é um conjunto de processos e tecnologias para gerenciar relacionamentos com clientes efetivos e potenciais e com parceiros de negócios por meio do marketing, vendas e serviços, independentemente do canal de comunicação.

Logo, CRM pode ser considerado estratégia de gestão de negócios, por meio do relacionamento com os clientes, levando-se em conta tanto o aumento das vendas quanto o aumento do lucro. O objetivo é padronizar processos que permitam o acesso à informação como forma de melhorar os negócios e o marketing de relacionamento da empresa por meio do uso da tecnologia.

6.3.1 Tipos de tecnologia de CRM

Há, basicamente, três segmentos em que o CRM se faz presente: operacional, analítico e colaborativo (Greenberg, 2012).

CRM operacional

No segmento de CRM no estilo ERP (Enterprise Resource Planning, ou planejamento de recursos empresariais), encontram-se funções que envolvem serviço a clientes; gerenciamento de pedidos; faturamento e cobrança; e automação e gestão de marketing e vendas. É o uso primário do CRM, e uma de suas facetas é a integração eficaz com aplicações de ERP, como PeopleSoft e SAP. Problemas para conseguir essa integração geram fracasso na implantação do CRM operacional, em algo entre 55% e 75% das empresas, segundo o META Group.

CRM analítico

É aqui que ocorrem a captação, a armazenagem, a extração, o processamento, a interpretação e a apresentação dos dados do cliente a um usuário.

CRM colaborativo

Trata-se do centro de comunicação, da rede de coordenação que fornece os caminhos para clientes e fornecedores. Abrange as funções de CRM que proveem pontos de interação entre cliente e canal.

A globalização e a evolução da TI têm alterado de forma crítica o relacionamento do cliente com a empresa. Os consumidores têm leque de opções de produtos e serviços que há alguns anos não era possível. As TIs permitem oferecer qualidade a preço competitivo, daí o CRM ser fundamental no estabelecimento das relações e na fidelização dos clientes.

O potencial de uma ferramenta de CRM revela-se na esquematização dos diversos dados disponíveis, de forma que cria informação valiosa para ser utilizada em prol da empresa e das suas relações comerciais. Teremos informações de mais qualidade, imprescindível tanto para a tomada de decisões quanto para a gestão de clientes.

Portanto, para a organização, os benefícios com a implementação do CRM passam muito pelo valor que vai criar na empresa. Facilitará não só a identificação dos clientes – criando bases de informações relativas aos clientes de acordo com o seu perfil – como também sua segmentação, contribuindo para o desenvolvimento dos diversos processos de fidelização/retenção de clientes.

6.3.2 Tecnologia de *Business Intelligence*

Há quem considere que o processo de BI realça os dados dentro da informação e também dentro do conhecimento. Softwares e demais tecnologias para obtenção, armazenamento e análise de acesso a dados são ferramentas de trabalho para quem trabalha em processos de BI.

O software tem o papel de otimizar o desempenho do gerenciamento do negócio e contribui para o objetivo de tomar as melhores decisões, mais atuais e relevantes, com as informações acessíveis sempre que necessário. Desta forma, espera-se que as pessoas considerem o sistema de BI como suporte para tomada de decisão (*decision-support system*).

6.4 Infraestrutura e solução em *Business Intelligence*

O objetivo da infraestrutura e solução em BI é transformar dados, obtidos em diversas fontes, em valiosas informações gerenciais que possibilitem o aumento da competitividade, permitindo à empresa estar à frente da concorrência de forma duradoura.

A busca por soluções de BI tem como mote a manipulação de uma massa de dados, com rapidez e agilidade, baixos custos e simplicidade, que auxiliem os tomadores de decisão na identificação de tendências de mercado, aproveitando as oportunidades e propiciando melhores retornos ao negócio.

A infraestrutura de BI envolve a utilização de tecnologia analítica sofisticada que permite, a partir do armazenamento em bases de dados de *zeta bites* de caracteres, transformá-los em informações, para as quais serão dados um contexto, um significado, uma interpretação, que auxiliarão na maximização das ações dos tomadores de decisão.

As soluções de BI descrevem as competências e habilidades das organizações para acessar dados e explorar as informações analisadas e estruturadas, de forma que as torna inteligíveis, com o objetivo de gerar inteligência corporativa que será útil para desenvolver estratégias que beneficiarão o negócio.

A ferramenta BI abrange o uso efetivo das informações relevantes em uma empresa, permitindo a organização dos dados dispersos em informações confiáveis e úteis.

6.4.1 Hierarquia no *Business Intelligence*

1. Nível estratégico:
   - OLAP
   - Data Mining

2. Nível tático:
   - Data Warehouse
   - Data Mart e ETL

3. Nível operacional:
   - ERP
   - CRM
   - SCM

6.4.2 Data Warehouse

É um amplo e flexível repositório de dados, que aglutina dados de fontes heterogêneas, projetado de modo que suporte o processo de tomada de decisão (BI):

- Junção de tecnologias destinada ao tratamento de dados.
- Fornece uma "imagem única da realidade do negócio".
- Coleção de dados orientados por assunto, integrada, variante no tempo, e não volátil.
- Armazena dados de diversos sistemas.
- Vários graus de relacionamento.

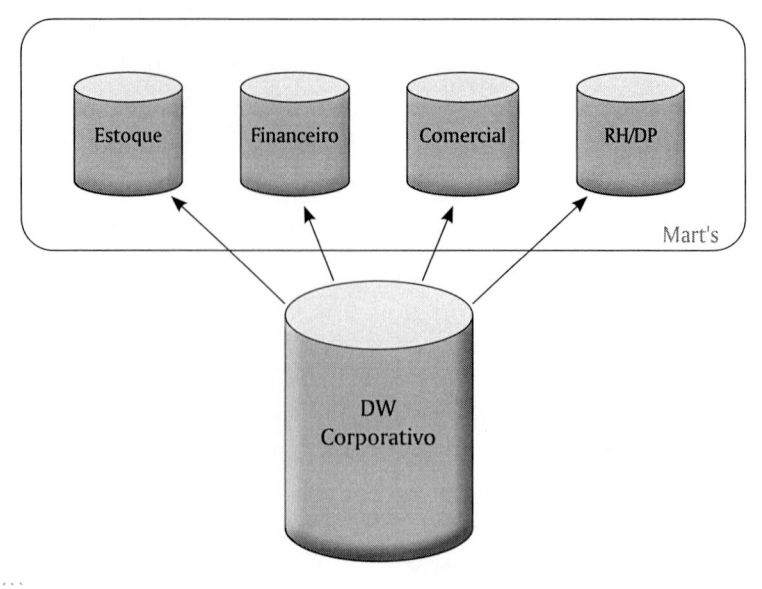

Figura 6.2 Data Warehouse.
Fonte: Soares (2009).

6.4.3 Características do Data Warehouse

- Orientado por temas: armazena informação sobre um tema (departamento) específico.
- Integrado: diversos sistemas consultam a mesma base de dados.
- Variante no tempo: um dado refere-se a algum momento específico, não atualizável.
- Não volátil: permite apenas carga inicial de dados e consultas desses dados.

6.4.3.1 Data Warehousing

É a modelagem dos dados para a montagem e implementação do Data Warehouse (DW). É a tecnologia sobre a qual se monta o BI. O processamento de dados nas empresas pode ser transacional ou analítico.

Nos sistemas de informações operacionais reúnem-se as informações sobre todas as transações ocorridas, como vendas, produção etc., mas é importante outro tipo de atividade, chamada processamento analítico. Essa atividade envolve a análise dos dados acumulados pelas transações. Este processamento é a base do BI e inclui o Data Mining, SIGs, SADs, entre outras aplicações.

As principais características do Data Warehouse, segundo Turban, Rainer e Potter (2005), são:

- Organização: os dados são categorizados (por exemplo, por fornecedor, produto, região).
- Consistência: ajustes nos dados para manterem um determinado padrão, por exemplo, em alguns sistemas o sexo pode ser cadastrado como M/F (masculino/feminino) ou H/M (homem/mulher), e isto deve ser homogêneo no Data Warehouse.
- Variante de tempo: os dados são mantidos para serem usados por muito tempo a fim de fazerem previsões.

Segundo Inmon (1997; 1999), o Data Warehouse funciona como um grande repositório de dados que:

- funcionam como coleção de dados não voláteis;
- são orientados a assuntos;
- são variáveis no tempo e integrados;
- são armazenados e mantidos com a finalidade de prover um sistema de suporte a decisão dentro de uma organização.

Para que serve o Data Warehouse?

- Para criar uma visão única e centralizada dos dados que estavam dispersos em diversos bancos de dados.
- Permite que usuários finais executem consultas, gerem relatórios e façam análises.

6.4.4 Data Mart (DM)

É um DW menor (específico) para um departamento, setor etc. (agrupamento), pode ser dependente ou independente. Contém dados extraídos de um DW, focados nas necessidades de decisão.

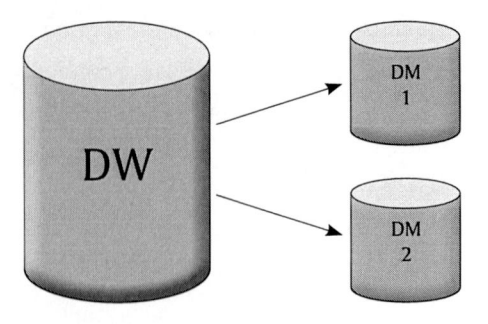

Figura 6.3 Data Warehouse para Data Mart.

Fonte: Soares (2009).

Os dados são inseridos diretamente no DM, de acordo com a granularidade necessária, e depois podem ser integrados em um DW.

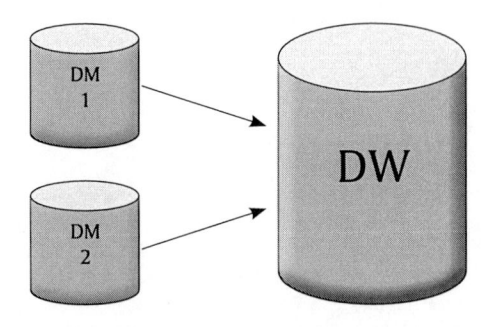

Figura 6.4 Data Mart para Data Warehouse.

Fonte: Soares (2009).

6.4.5 Data Mining – "Garimpo de dados"

Data Mining é a mineração (busca detalhista) de dados, de forma dirigida e específica, como o minerador que garimpa as pedras do rio em busca de preciosidades:

- É um novo enfoque para a análise e obtenção de informações ou conhecimentos em Data Warehouse ou Data Mart.
- É uma ferramenta de inteligência, pois permite estabelecer relações, comparações, tendências etc.
- Representa a informação, de forma que o usuário compreenda.
- Interage com o usuário.
- Traduz o conhecimento extraído para informações convenientes.

6.4.6 Objetivos do Data Mining

Podem ser:

- **Explanatório:** explicar algum evento ou medida observada.
- **Confirmatório:** confirmar hipótese.
- **Exploratório:** analisar os dados buscando relacionamentos novos e não previstos.

Extração do conhecimento

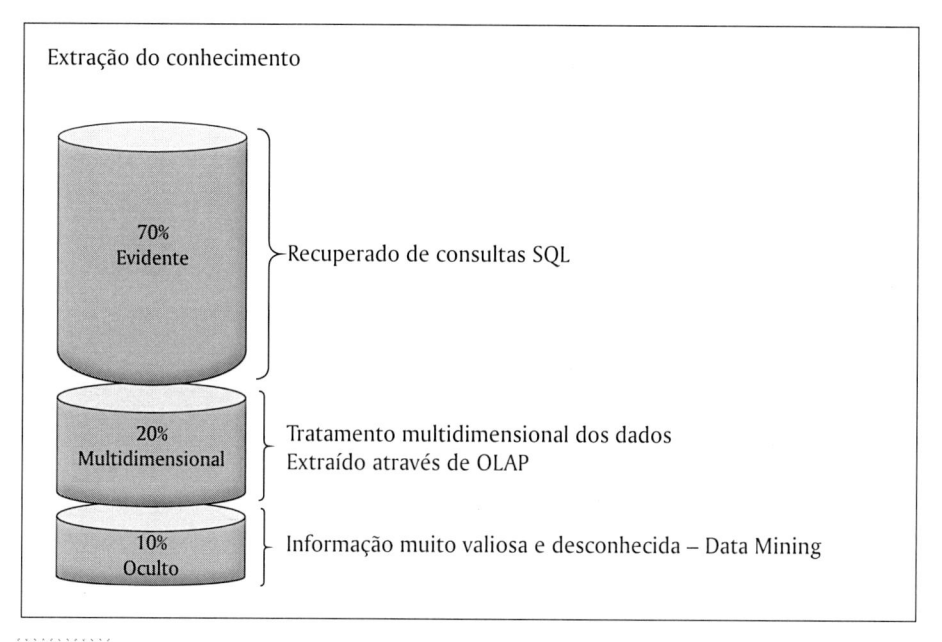

- 70% Evidente — Recuperado de consultas SQL
- 20% Multidimensional — Tratamento multidimensional dos dados / Extraído através de OLAP
- 10% Oculto — Informação muito valiosa e desconhecida – Data Mining

Figura 6.5 Data Mining.

Fonte: Soares (2009).

6.4.7 OLAP - Online Analytical Processing

São ferramentas capazes de manipular e analisar grande volume de dados com múltiplas perspectivas.

Nas ferramentas de navegação OLAP, é possível navegar entre diferentes níveis de granularidades (detalhamento) de um cubo de dados. Por meio de um processo chamado *Drill*, o usuário pode aumentar (*Drill down*) ou diminuir (*Drill up*) o nível de detalhamento dos dados.

6.4.8 ETL – Extract, Transform e Load

Processo que extrai os dados dos diversos bancos, transforma (integra) esses dados e os carrega no DW. Pode-se usar ainda um banco de dados para integração, conhecido como ODS.

6.4.9 Data Mining

A mineração de dados ou Data Mining é o processo de explorar grandes quantidades de dados, buscando padrões, como regras de associação ou sequências temporais, e tentar detectar relações entre variáveis, visando consistências nesses padrões.

As técnicas de Data Mining utilizam diversas outras áreas de pesquisa, como estatística, inteligência artificial, reconhecimento de padrões etc. Por meio do uso de algoritmos de classificação ou aprendizagem, é possível explorar um conjunto de dados e tentar descobrir conhecimento.

Ao analisarmos os dados de uma empresa com estatística e de maneira mais detalhada, buscando padrões e vínculos entre registros e variáveis, estaremos realizando Data Mining. Assim, podemos conhecer melhor os clientes e seus padrões de consumo, o mercado e sua "sazonalidade", por exemplo, e como se comporta nosso controle de estoque ante a tudo isso.

6.4.10 Text Mining

O Text Mining ou mineração de textos é o processo de obtenção de informação e conhecimento por meio de textos em linguagem natural, ou seja, linguagem humana.

É inspirado na mineração de dados e ganhou importância com o crescimento da internet e dos mecanismos de busca.

Na internet existem programas que ficam o tempo todo realizando a mineração de textos para fazer indexação de páginas em mecanismos de busca. Esses programas são chamados de *crawlers*.

6.4.11 Web Mining

O Web Mining, ou mineração de dados na web, é a utilização de ferramentas de mineração de dados para extração de informações nos conteúdos das páginas da web, nas relações entre elas, nos registros de navegação dos usuários, de compra e acessos dos usuários, entre outros. Esta técnica é de fundamental importância no que chamamos de personalização de conteúdo.

A massa de dados tratados analiticamente cria estatísticas e correlações entre os dados. *A posteriori* são transformados em informações que são garimpadas em várias fontes e podem ser extraídas no ambiente interno, nas mais diversas áreas e departamentos. Já no ambiente externo, via clientes e consumidores, fornecedores, parceiros, concorrentes, eventos econômicos e políticos, são transformadas em conhecimento estratégico.

Vem crescendo o interesse pela utilização de um conjunto de ferramentas e técnicas que tem por objetivo dar suporte, principalmente, à área estratégica. A sua utilização permite à organização a realização de uma série de análises e projeções que possibilitam agilizar os processos relacionados à tomada de decisão.

A criação dos conceitos de armazém de dados (Data Warehouse), mineração de dados (Data Mining), Data Marts, CRM (Customer Relationship Management), entre outros, visa a obtenção, extração e análise de dados. Transformados em informações estruturadas, têm por objetivo a análise do comportamento dos clientes, mas essencialmente o conhecimento dos concorrentes e do ambiente externo. É fator estratégico, chave, para o negócio e necessita ser mapeado, analisado e tratado.

Esta é a base do Bussines Intelligence aplicado à inteligência competitiva, por meio da obtenção de informações utilizadas de forma adequada para produzir um diferencial estratégico. O uso correto e sistematizado de técnicas, captura, tratamento e análise dos dados com o foco no ambiente externo é a base da inteligência competitiva.

O conjunto de soluções tecnológicas que envolvem o processo de coleta, transformação, análise e distribuição de dados vem definindo as competências e habilidades das empresas em acessar dados e colher informações inteligentes contidas nos sistemas de Data Warehouse e Data Mart, estabelecendo estrategicamente uma vantagem competitiva em relação à concorrência.

A visão estratégica com base na utilização dos sistemas de informação ganha espaço nas empresas. Não só pelo desenvolvimento de percepções, entendimentos e conhecimentos, os quais podem produzir processo eficiente de tomada de decisão. Torna-se também parte integrante da inteligência empresarial, que envolve a inteligência de mercado, a inteligência competitiva, a gestão do conhecimento, criatividade e inovação, internet, *Business Intelligence*, o fluxo estruturado de informações, a pesquisa e a análise de mercado etc.

O *Business Intelligence* é o processo de produção de serviços para o público interno, tendo como principal insumo a informação, cujo serviço final é o conhecimento, a partir da utilização de sistema com bancos de dados integrados, baseados em análises históricas de dados, desenvolvidos em ambiente organizacional que suporte a geração e análise de relatórios disseminados por uma plataforma de uso coletivo.

6.4.12 SCM - Supply Chain Management

A coordenação da gestão de materiais, da produção e da distribuição surge para dar respostas mais eficazes aos objetivos da excelência que os negócios exigem. Surge então a ferramenta SCM (Supply Chain Management), que significa a integração completa dos parceiros numa cadeia de processos de logística, desde a matéria-prima até a entrega ao cliente final. O SCM é uma ferramenta que, usando a tecnologia de informação, possibilita à empresa gerenciar a cadeia de suprimentos com maior eficácia e eficiência, atingindo alto padrão de competitividade.

A gestão da cadeia de suprimentos preocupa-se em alcançar, de forma mais econômica, a satisfação das exigências do consumidor final, por meio da integração dos processos do comprador e fornecedor e do compartilhamento das informações.

O sistema inclui processos de logística que abrangem desde a entrada de pedidos de clientes até a entrega do produto no seu destino final. Com o intuito de oferecer maior valor agregado ao cliente (consumidor final), envolve também o relacionamento entre documentos, matérias-primas, equipamentos, informações, insumos, pessoas, meio de transportes, organização e tempo.

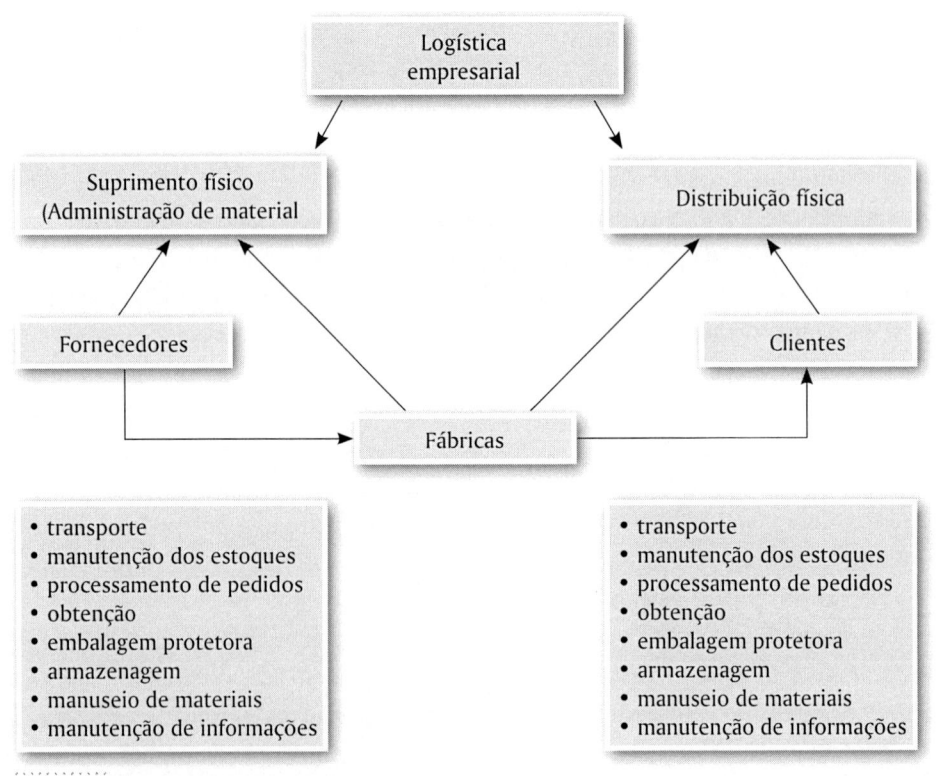

- transporte
- manutenção dos estoques
- processamento de pedidos
- obtenção
- embalagem protetora
- armazenagem
- manuseio de materiais
- manutenção de informações

- transporte
- manutenção dos estoques
- processamento de pedidos
- obtenção
- embalagem protetora
- armazenagem
- manuseio de materiais
- manutenção de informações

Figura 6.6 Escopo da logística empresarial.
Fonte: Baseado em Ballou (2006).

O foco do SCM é baseado na logística de integração, trazendo ganhos competitivos e econômicos para a empresa, já que oferece soluções para a entrega do produto certo, no lugar certo, no tempo certo e ao preço adequado.

À medida que as empresas integram seus esforços e oferecem aos clientes à entrega em tempo hábil, o SCM é praticado, pois se trata de uma ferramenta que afeta todas as atividades de produção, reduzindo custos, aumentando a qualidade e a rapidez até o cliente final.

Para isso, é necessário investir também nas ferramentas disponíveis no mercado, como, por exemplo, o ECR (Efficient Consumer Response) e o EDI (Eletronic Data Interchange), e escolher muito bem os parceiros que farão parte de cada processo produtivo, todos focados no mesmo objetivo: superar as expectativas e necessidades do cliente, bem como atingir a excelência no atendimento.

Em relação à implementação, concluímos que os itens principais para obter sucesso com o SCM são comunicação e integração, seguidas pelas habilidades dos líderes e pela cooperação das equipes e dos parceiros.

As empresas que quiserem ganhar competitividade terão de adotar as práticas da logística integrada, que envolve parcerias com fornecedores, sincronização da produção, redução de estoque, revisão dos sistemas de distribuição e melhoria nos sistemas de informação. Dessa forma, estarão prontas para permanecer no mercado competitivo, superando suas mudanças e inovações e encantando o consumidor final.

6.4.13 Big Data

6.4.13.1 Como funciona o Big Data

O Big Data[4] é o termo utilizado em Tecnologia da Informação (TI) que compreende grandes conjuntos de dados que devem ser processados e armazenados. O conceito do Big Data abrange 3 Vs: volume, variedade e velocidade.

Big Data também pode ser entendido como um conjunto de soluções tecnológicas, que permite o acesso a dados digitais em volume, variedade e velocidade jamais vista. O acesso aos dados, por meio da tecnologia disponível no momento, permite a análise de dados digitais em tempo real, sendo essencial à tomada de decisões.

Neste contexto, pode-se definir Big Data como um conjunto de técnicas adequadas e capazes de analisar grandes volumes de dados, gerando "um conjunto

---

[4] Fonte: Big data: o que é, conceito e definição. Disponível em: <https://www.cetax.com.br/blog/big-data/>. Acesso em: 11 maio 2019.

de dados extremamente amplos que, por isto, necessitam de ferramentas especiais para comportar o grande volume de dados que são encontrados, extraídos, organizados, transformados em informações que possibilitam uma análise ampla e em tempo hábil" (CETAX, 2020).

Figura 6.7 Big data.

O diferencial ao utilizar o Big Data está na possibilidade de cruzamento dos dados por meio de diversas fontes, possibilitando a compreensão e/ou solução de um problema de forma adequada, rápida e competitiva.

A obtenção de dados, transformados em informações úteis e inteligentes é essencial em um mercado extremamente concorrencial e internacionalizado. Isso permite em tempo real a obtenção de informações sobre o mercado por meio dos fornecedores, concorrentes, clientes, informações importantíssimas sobre o grau de satisfações, insatisfações, seus desejos e necessidades, entre outros indicadores.

De acordo com Nascimento (2017),[5] inicialmente, o conceito foi contemplado por 3 V's volume, velocidade e variedade. Há ainda os V's de veracidade e valor que foram adicionados alguns anos depois da criação do Big Data:

- Volume: Já falamos bastante por aqui sobre o volume de dados gerados a cada segundo. O primeiro V refere-se exatamente à essa quantidade de dados que o Big Data lida.
- Variedade: Quanto mais dados e fontes eu tenho, maior é a complexidade para trabalhar os dados, mas também maiores as possibilidades que tenho para gerar informação útil. Por isso a variedade de dados é tão importante. Aqui já é bom dizer que chamamos de fonte de dados os locais onde os dados são armazenados, portanto ferramentas como Google Analytics, RD Station, Facebook e apps como o Whatsapp são fontes de dado.
- Velocidade: A velocidade trata de um dos grandes desafios do Big Data. Devido ao grande volume e variedade de dados, todo o processamento deve ser ágil para gerar as informações necessárias. É necessário gerar informação com a maior agilidade possível para que as tomadas de decisão sejam efetivas.
- Veracidade: A veracidade está ligada diretamente ao quanto uma informação é verdadeira. O emaranhado de dados pode nos confundir, por isso todo cuidado é pouco para obtermos veracidade dos dados.
- Valor: O último V é o valor. Se você direcionou esforços para gerar uma informação que não serve para nada, o valor do trabalho realizado será perto de zero, portanto, precisamos entender muito bem o contexto e necessidade para gerar a informação certa para as pessoas certas. Por isso falamos tanto em "informação útil".

---

[5] Fonte: NASCIMENTO, Rodrigo. Afinal, o que é Big Data? Disponível em: http://marketingpordados.com/analise-de-dados/o-que-e-big-data-%F0%9F%A4%96/. Acesso em: 27 mar. 2017.

capítulo 7

Inteligência de marketing ou inteligência mercadológica

7.1 Inteligência de mercado – Conceitos

A American Marketing Association[1] define inteligência de mercado como o desenvolvimento de um sistema de coleta, processamento e disponibilização de dados e informações em formato que permite aos gestores de marketing e executivos trabalharem com mais eficiência.

A inteligência de mercado integra marketing, vendas, serviços, por meio do mapeamento sistemático do mercado, promovendo a identificação de oportunidades e ameaças, necessitando, pois, da correta aplicação de inteligência no negócio da empresa.

Inteligência de mercado é uma ferramenta de captura e análise de dados, transformados em informações inteligentes, que apoiarão a tomada de decisão na área mercadológica. Tem como objetivo contextualizar a presença de incertezas geradas pelo mercado, exigindo dos executivos medidas concretas para neutralizar as ações dos concorrentes.

A captura e análise de dados geram informações estruturadas voltadas para a tomada de decisão na área mercadológica, permitindo ao executivo a avaliação de determinados fatores críticos de sucesso:

---

[1] Fonte: AMERICAN MARKETING ASSOCIATION (AMA). *Dictionary of marketing terms*, 2007. Disponível em: <http://www.marketingpower.com/Pages/default.aspx>. Acesso em: 6 maio 2014.

- Redução das incertezas e riscos.
- Tomada de decisões estratégicas nas áreas de marketing.
- Análise inteligente do ambiente competitivo, em que a empresa está inserida.
- Levantamento de dados, informações.
- Coleta de dados primários e secundários.
- Implementação da área de Inteligência Competitiva na empresa.
- Utilização de um sistema de monitoração da concorrência.
- *Business Intelligence* por meio da utilização de Database Marketing e Data Mining.
- Estruturação inteligente, dimensionamento e segmentação de mercado.
- Dimensionamento do mercado.

Para que os fatores críticos de sucesso sejam delineados corretamente, é necessário entender o comportamento da concorrência, por meio da captação e da organização das informações, principalmente, do mercado e dos clientes, em que a empresa esteja inserida. Isso exige a análise de tendências e cenários que possam auxiliar o executivo no processo de tomada de decisão no curto e no longo prazo.

Vantagens da inteligência de mercado:

- Implementar ações de contrainteligência como forma de neutralizar as ações dos concorrentes.
- Identificar oportunidades e ameaças e seus impactos na empresa.
- Obter conhecimento relevante por meio da geração de informações estruturadas para formular ações imediatas e futuras.
- Entender o comportamento da concorrência por meio da captação e da organização das informações.
- Ter a real dimensão e repercussão dos impactos das ações estratégicas no mercado e perante os concorrentes.
- Compreender a repercussão de nossas ações no mercado.
- Rever e realinhar as estratégias da empresa.
- Sistematizar a coleta, o processamento e a disponibilização de dados e informações, permitindo ao executivo de marketing trabalhar com mais eficiência.

7.2 Inteligência de mercado: da customização para fluxos estruturados de inteligência de mercado

7.2.1 Pesquisa ad hoc

Pesquisa *ad hoc* é aquela feita sob encomenda, a partir das necessidades específicas de cada cliente. Ocorre quando algo é feito para um propósito específico, sem levar em conta a aplicação mais ampla ou o futuro.

O produto de análise *ad hoc* é, em geral, um modelo de relatório estatístico, analítico, ou de outro tipo (público-alvo, amostragem, praças, mercados pesquisados, entre outros).

Uma requisição é uma consulta *ad hoc*, isto é, uma necessidade que não foi prevista com antecedência ou surgiu de última hora. A expressão também é citada para resolver determinado problema ou realizar uma tarefa específica.

Em marketing, a pesquisa *ad hoc* é utilizada para a resolução de um problema específico, relacionada aos produtos de marketing, feita para uma finalidade específica, sem levar em conta questões mais amplas ou o futuro.

Exemplo de uso: não temos um plano em prática para a falta de estoque, por isso, formamos uma comissão *ad hoc* para tratar da questão, ou seja, para uma finalidade específica.

```
O mercado competitivo internacionalizado
                    ↓
O atual contexto competitivo internacionalizado vem acompanhado de:
                    ↓
   Uma velocidade cada vez maior dos processos de negócios.
   Uma sobrecarga de informações.
   Um crescimento global do processo competitivo.
   Uma concorrência cada vez mais agressiva.
   Rápidas mudanças tecnológicas.
```

Figura 7.1 O mercado internacionalizado.

A inteligência de mercado também pode ser entendida como o processo de construção da inteligência ativa, que envolve o monitoramento dos mercados, por meio da análise apurada de empresas, clientes, concorrentes e fornecedores, de forma estruturada e que garanta a disponibilização de informações inteligentes no momento certo para a pessoa certa.

Figura 7.2 Construção da inteligência ativa.

A inteligência baseada no processo analítico está voltada ao desenvolvimento de ações estratégicas, a partir da estruturação do conhecimento, por meio da coleta de dados transformados em informações úteis. A análise de inteligência de mercado é destinada aos tomadores de decisão. Esta amplia a competitividade e a produtividade da empresa e sustenta-se na análise contínua do mercado.

O processo de tomada de decisão envolve riscos. Desse modo, a inteligência de mercado é usada para diminuir possíveis erros. Com o conhecimento mercadológico apurado, diminui-se o risco de erros na tomada de decisão, na perda de receitas (vendas) e na construção de novas oportunidades de negócios.

O processo de inteligência de mercado tem como produto final a capacidade de transformar informações inteligentes em conhecimento e, a partir daí, transformá-lo em ações estratégicas, em um mercado no qual a competição é crescente e os clientes desenvolvem perfis cada vez mais complexos e exigentes.

7.3 A inteligência de mercado no Brasil

A inteligência de mercado é justamente a capacidade da organização em reter informações que representem vantagem competitiva diante da concorrência. Em geral, no Brasil, os executivos agem de forma reativa às ameaças e aos problemas que surgem na empresa, principalmente em relação à concorrência, tornando-se incapazes de analisar de forma competitiva o mercado em que seu negócio está inserido.

Pior, grande parte dos executivos confia mais no seu *feeling* ou intuição negocial do que na análise apurada do mercado, às vezes por pura desinformação em relação à implementação da inteligência de mercado no dia a dia corporativo, ou por julgar custoso e complexo demais o desenvolvimento dessa ferramenta na organização.

A inteligência de mercado não garante sobrevivência às empresas, mas, ao usufruir de uma ferramenta que disponibiliza informações inteligentes, influencia diretamente no sucesso das empresas, evitando que sejam alvos fáceis ante aos demais competidores.

Para uma empresa tornar-se mais competitiva, deve aprender a converter simples dados em informações estratégicas, isto é, transformar os dados em ferramenta analítica de marketing, entendendo que a inteligência de mercado traça um cenário preciso e detalhado do mercado, dos clientes, dos concorrentes.

A inteligência de mercado tem a capacidade de coletar, analisar e integrar, de forma estruturada e sincronizada, as informações aos múltiplos fatores ligados à estrutura da empresa, fornecendo informações valiosas para compor uma estratégia adequada às necessidades de cada empresa.

Ao serem analisadas as relações entre empresas (B2B – *business-to-business*), ou os eventos relacionados a empresas e clientes (B2C – *business-to-consumer*), podem ser captadas e armazenadas informações coerentes e estratégicas, capazes de determinar o conteúdo das decisões futuras tomadas pelos executivos da empresa.

Combinar informações do mercado, da mídia, somadas a outras pesquisas, e transformá-las em estratégias é a função do profissional da área de inteligência de mercado. Geralmente, inexistente na maioria das empresas no Brasil.

O surgimento da internet como fonte de busca de dados facilitou o acesso das empresas às informações sobre mercados, concorrentes, clientes etc. Ter acesso a uma imensidão de dados não significa necessariamente a geração de conteúdos de qualidade, pelo contrário, dificulta o processo de tomada de decisão rápida e competitiva por parte dos gestores. A sobrecarga de informação mais atrapalha que ajuda. Por isso, as informações devem ser úteis, inteligentes, estratégicas, para auxiliar, de forma decisiva, os executivos na hora da tomada de decisão.

A discussão sobre a divulgação e a apropriação das informações envolve a velocidade e a renovação dos saberes à disposição nesse ciberespaço. Considerando que as competências exigidas nesse novo contexto competitivo se tornarão arcaicas ao longo da existência de uma empresa, implicarão um processo *ad infinitum*, na busca de novas formas e da renovação na geração de informações inteligentes.

A atual competitividade entre as empresas torna exponencial a batalha entre elas e as conduz a alimentar demanda cada vez maior por mais ciência, mais tecnologia, melhores formas de organização, para que possam estar à frente da empresa concorrente. Para tanto, buscam conquistar fatia maior do mercado e a ampliação do seu poder, ou seja, a busca por maior competitividade.

7.4 Inteligência de mercado e o marketing

A inteligência de mercado está em consonância com as atuais exigências do mercado. Para isso, basta olhar para a evolução do marketing nas últimas décadas, que passa do marketing de massa, com foco principal no produto ou na campanha, e evolui para a ação voltada ao marketing por segmento, que procura atingir grupos por meio de relações, semelhanças ou afinidades existentes entre os consumidores.

Investir em diferencial competitivo já é regra essencial nesse jogo competitivo entre empresas e profissionais do mercado. O que garante o diferencial competitivo é a forma como a empresa desenvolve a capacidade analítica para monitorar e conhecer a dinâmica de mercado, entendendo as mudanças, as oportunidades e as ameaças relevantes ao seu negócio.

7.5 Inteligência de mercado e o processo de comoditização

No atual cenário competitivo, em que a "comoditização" de produtos e serviços tem se tornado prática comum, o modelo de inteligência de mercado é seu contraponto. Sendo alterados os modelos e o uso de informações sistematizadas, de requisições *ad hoc* para fluxos estruturados de inteligência competitiva, cada vez mais com base na elaboração de planos estratégicos, planos de marketing, planos de vendas e, principalmente, planos de desenvolvimento de negócios, por meio de uma visão ímpar do mercado no qual a empresa atua.

A inteligência de mercado é uma ferramenta que oferece solução completa às necessidades de informação das empresas: permite o fornecimento ou a provisão de um conjunto de indicadores de enorme importância para a tomada de decisão; garante à empresa uma visão estruturada dos segmentos em que atua; facilita a tomada de decisões a partir do levantamento, da análise e da interpretação dos dados coletados; e permite aumentar a eficiência de seu planejamento estratégico, mercadológico e comercial.

Essa ferramenta é essencial, considerando-se o processo acelerado de mudanças. Analisando os passos dos concorrentes por meio dessa metodologia, as empresas podem antecipar futuras direções e tendências do mercado. Assim sendo, pense estrategicamente, e não apenas de forma tática: seja proativo e não reativo.

A empresa que utiliza a inteligência de mercado e transforma informação em conhecimento estruturado de suas próprias atitudes e comportamentos, problemas e situações cria sensibilidade para entender o mercado onde está inserida.

A inteligência de mercado envolve valores, ética, confiabilidade para levantar informações úteis e necessárias à empresa, além da acessibilidade e transparência na gestão dos negócios. Assim sendo, os focos principais da organização são a forma como ela identifica oportunidades não percebidas; o conhecimento preciso da imagem da empresa perante os consumidores; a monitoração da concorrência e preparação do ambiente corporativo ante às eventuais mudanças de tendências no mercado.

Analisar a concorrência, bem como traçar estratégias competitivas, é fundamental para a empresa. Também é de suma importância conhecer o perfil e acompanhar as ações das empresas que podem ser ameaça para o negócio. Esses fatores são decisivos para definir a posição de uma empresa no mercado.

A principal dificuldade na implementação de uma área de inteligência de mercado eficiente é, sem dúvida, a mudança na cultura organizacional. Para reverter esse quadro, entende-se que a comunicação eficaz é a melhor maneira de dar início a um sistema de inteligência de mercado. Esse processo deve ser encaminhado com muito cuidado, por meio de um **comitê de inteligência** capaz de transformar e compartilhar as informações que já tenha utilizado um processo estruturado.

A inteligência de mercado envolve a necessidade de inserir uma estratégia de atuação no dia a dia corporativo, que contribua para que a empresa obtenha maior competitividade. Veja as consequências disso no Quadro 7.1 a seguir.

Quadro 7.1 Inteligência de mercado

1.	Entender o momento organizacional da empresa e quais informações serão úteis e estratégicas para ela.
2.	Determinar quais as variáveis de mercado que influenciam o seu negócio.
3.	Organizar ou coletar dados para o desenvolvimento de uma base de informações inteligentes.
4.	Desenvolver um processo de monitoração da concorrência de forma sistematizada.
5.	Definir a estratégia e indicadores necessários para o acompanhamento do mercado.
6.	Coletar informações sobre o mercado de atuação por meio de entrevistas com formadores de opinião, clientes e fornecedores e concorrentes.
7.	Definir quais serão os usuários das informações geradas.
8.	Estudar a melhor forma de disseminar a informação para o público interno.
9.	Implantar um sistema, área ou equipe de inteligência de mercado.
10.	Avaliar periodicamente a produtividade do processo, após a sua implementação.

Fonte: Elaborado por Maróstica.

Inteligência de mercado é uma importante ferramenta de organização e disseminação de informações estratégicas, orientada para a transformação de dados dispersos em informações consistentes, capazes de gerar novos questionamentos, planos, orientação para a inovação, trazendo melhores resultados para a empresa.

A principal finalidade na adoção de um sistema de inteligência de mercado, em um contexto competitivo internacionalizado, é a exigência de decisões rápidas e acertadas. Para tanto, cabe à área de inteligência oferecer sustentabilidade ao aumento da competitividade, independentemente do tamanho da empresa.

A inteligência de mercado torna mais eficiente o acompanhamento e a compreensão dos fatores externos que interferem no dia a dia corporativo, trabalhando melhor a distribuição das informações, de forma estruturada, nas mais diferentes áreas da empresa.

Para que as informações sejam utilizadas de forma estratégica, será preciso definir os indicadores e análises que serão realizados e, acima de tudo, quem irá manipular e utilizar os produtos de inteligência gerados na empresa. Assim, a área de inteligência terá condições de fornecer o caminho para determinação das fontes mais adequadas que podem ser utilizadas.

A coleta, a análise e o monitoramento de informações mercadológicas facilitam o reconhecimento das ameaças e oportunidades de uma organização, somados à pesquisa do mercado no ambiente web e ao monitoramento de parceiros, fornecedores e competidores dentro de cada espaço na web, em que podem estar presentes potenciais clientes.

Estas informações estruturadas podem tornar-se pontos-chave na tomada de decisões e no planejamento estratégico da empresa.

7.6 Inteligência de mercado e a internet

A World Wide Web, ou internet, propagou-se como pólvora entre os seus usuários, para tornar-se, em poucos anos, um dos principais eixos de desenvolvimento do ciberespaço. O que possibilitou aos usuários permutar ou trocar, em tempo real, uma abundância de dados até então impensada em qualquer lugar do mundo.

As organizações estão perdendo progressivamente a capacidade de lidar com as informações geradas, fenômeno que está assustando as empresas tradicionais, visto que a perda de espaço no mercado é crescente.

O desafio que se impõe aos empresários, atualmente, não diz respeito à quantidade de dados, mas à capacidade de torná-los matéria-prima para a geração de informações inteligentes. Elas servirão de base para a formulação de estratégias capazes de alinhar a organização à altura do atual mercado competitivo.

Não adianta a organização empregar recursos de sistemas informatizados de última geração para coletar *zeta bites* de dados se não for capaz de usá-los a seu favor.

Isso dependerá da equipe de inteligência, do analista de inteligência, da gestão de inteligência de mercado na internet à disposição na empresa, os quais têm como atribuições:

A elaboração de pesquisas sobre tendências de mercado e hábitos de mídia.
O desenvolvimento de projetos especiais de publicidade.
A preparação de apresentações internas e externas.
A coleta e análise de dados de audiência do portal e concorrentes.
O apoio no desenvolvimento de novos formatos publicitários.

Figura 7.3 Gestão de inteligência.

7.7 Inteligência de mercado e o valor da informação

Quando a equipe de inteligência de mercado analisa os passos dos clientes, dos fornecedores e dos concorrentes, a empresa pode antecipar decisões, projetos e tendências do mercado, em vez de meramente reagir aos impactos estabelecidos pelo processo de mudança.

A constante captação e processamento de dados, informações e conhecimentos de todas as frentes influenciam na visão de futuro da empresa, assim como na tomada de decisões estratégicas e táticas. Além disso, influenciam na reorientação e no conhecimento, de forma parcial ou total, dos profissionais que operacionalizam as ações cotidianas, táticas e estratégicas na organização.

As informações estruturadas ou inteligentes podem ser organizadas da seguinte forma:

- **Dados:** cadeia de caracteres ou padrões sem interpretação. É qualquer elemento identificado em sua forma bruta, que por si só não conduz a uma compreensão de determinado fato ou situação. Ex.: nome de um funcionário, número de peças em estoque; número de horas trabalhadas.
- **Informação:** é o conjunto de dados, aos quais os seres humanos deram forma para torná-los significativos e úteis. Ex.: quantidade de vendas por produto, total de vendas mensais.
- **Inteligência:** é entendida como a capacidade de utilização da informação de forma útil, ou seja, o conhecimento contextualmente relevante, que permite atuar com vantagem no ambiente considerado (tomada de decisão).
- **Conhecimento:** É corpo ou as regras, diretrizes e procedimentos usados para selecionar, organizar e manipular os dados, tornando-os úteis para uma tarefa específica. O ato de seleção ou rejeição dos fatos, baseados na sua relevância em relação às tarefas particulares, é também um tipo de conhecimento usado no processo de conversão de dados em informação.

7.7.1 Fontes de informação

As fontes de informação (Boteon, 2012) podem ser:

- **Internas:** levantadas dentro da própria organização; subsidiam o processo de trabalho.

- **Externas:** obtidas fora da organização; geralmente de interesse para o negócio da instituição; são de utilização estratégica e têm um tempo de vida útil pequeno; possibilitam aumento na competitividade da organização.
- **Formais:** obtidas por meio do processo de comunicação formal da instituição, ou entre diferentes instituições.
- **Informais:** obtidas pelo contato corriqueiro nas instituições, sem considerar as relações hierárquicas estabelecidas; não possuem caráter oficial, são estratégicas para a gerência.

7.8 Inteligência de mercado e vantagem competitiva

A vantagem competitiva de uma organização é mantida quando o concorrente não consegue estar à sua frente em curto e médio prazos. É o que diferencia uma empresa em relação aos concorrentes em um mesmo segmento de mercado. Isso se obtém com pessoas comprometidas, bem remuneradas, autônomas, criativas, motivadas, inovadoras. Esses atributos representam um diferencial à empresa.

Quadro 7.2 Vantagem competitiva de uma empresa

1. A busca estruturada de informações por meio: a) do conhecimento sobre a satisfação de seus clientes; b) da expectativa de seu público-alvo ante às constantes alterações do ambiente de mercado; c) de ações comparativas sistematizadas do que está sendo oferecido pela concorrência.
2. Transformar a informação em inteligência por meio: a) das correções táticas e estratégicas; b) da inovação constante, seja ela na produção, seja na gestão; c) da antecipação – visão de futuro – agir no presente é garantir o futuro.
3. A vantagem competitiva baseia-se no valor que a empresa oferece aos clientes, ou seja, a percepção de valor que o consumidor tem em relação aos produtos ofertados pela empresa.
4. Esse valor pode estar na prática baseada no fornecimento de satisfação e utilidade única, de forma que a empresa busque a satisfação dos clientes e consumidores (cliente é diferente de consumidor, por exemplo, a esposa que compra um perfume para o marido – esposa: cliente/marido: consumidor) por meio da excelência no atendimento, no conhecimento técnico, pela inovação, criando percepção de valor, desejos, gosto e preferência etc.
5. Seu produto é vendido a consumidores e clientes finais de acordo com sua estratégia de preços? O preço praticado é competitivo ante a concorrência? É adequado ao seu público-alvo?

Fonte: Elaborado por Maróstica.

Nota-se, no esquema a seguir, que a inteligência de mercado está baseada na contínua captação e processamento de dados de diversas fontes, transformando esses dados em valiosas informações gerenciais para tomada de decisão estratégica e tática, que permita influenciar o futuro da empresa.

> As mudanças no ambiente de negócio exigem das empresas a adoção de um programa de inteligência de mercado, o que exige da organização:

Monitorar sistematicamente a concorrência.
Monitorar e antecipar as ações da concorrência de forma estratégica.
Gerar informações inteligentes para dar suporte ao processo de decisão.
Monitorar o mercado para saber se há novos entrantes.
Gerar cenários para a análise de competitividade.
Sistematizar o processo de acompanhamento do mercado.
Antecipar decisões de órgão público, relacionado ao negócio da empresa.
Manter uma política de inovação, prospecção de novas tecnologias e sua utilização.
A formulação estratégica deve ser mais ampla, envolvendo atores-chave em todos os níveis.

Figura 7.4 Mudanças no ambiente de negócio.

7.9 Marketing: fonte de necessidades e desejos

Segundo Limeira (2010), marketing é uma palavra do inglês derivada de *market*, que significa mercado. É uma ação voltada diretamente para o mercado, que gera vantagem competitiva para a empresa, o que atrai o cliente.

Limeira (2010) pontua que o marketing nada mais é do que mais uma função empresarial, como produção, finanças, logística, recursos humanos etc., que gerencia e gera recursos para agregar valor econômico a todo o processo da empresa.

Em 1950, com os avanços de competições entre empresas, surgiu o conceito moderno de marketing. As empresas precisavam mais do que criar produtos e vender, a competição entre elas com os mesmos produtos exigia que o cliente tivesse parâmetros para escolher.

Com isso, as empresas começavam a analisar informações sobre o que os clientes buscavam nos produtos e quais as suas necessidades, o que os atraía, como promoções, propagandas diferenciadas etc.

De acordo com Limeira (2010), o conceito de marketing então pode ser definido como: "A função empresarial que cria continuamente valor para o cliente e gera vantagem competitiva duradoura para a empresa por meio da gestão estratégica das variáveis controláveis de marketing: produto, preço, comunicação e distribuição" (p. 2).

No que tange à definição de marketing, Kotler e Keller (2006) afirmam que o marketing consiste em satisfazer as necessidades humanas e sociais. É a arte e a ciência da escolha de mercado, manter e fidelizar os clientes.

Já a definição de Kotler e Armstrong (2007):

> Definido de maneira geral, o marketing é um processo administrativo e social pelo qual indivíduos e organizações obtêm o que necessitam e desejam por meio da criação e troca de valor com outros. Em um contexto mais específico dos negócios, o marketing envolve construir relacionamentos lucrativos e de valor com os clientes. Assim, definimos marketing como o processo pelo qual as empresas criam valor para os clientes e constroem fortes relacionamentos com eles para capturar seu valor em troca. (p. 4)

Essa definição revela que o marketing é um meio de administrar relacionamentos lucrativos com o cliente, cujos objetivos são atrair novos clientes e manter os atuais.

O marketing está em tudo, em um anúncio na rua, nas vitrines dos shoppings, ou nas propagandas de TV e internet.

Mostrar e vender não são mais a única definição de marketing, é mais do que isso. Atualmente, o marketing revela-se também como uma alternativa para satisfazer as necessidades dos clientes.

O profissional de marketing precisa entender os desejos do cliente, suas necessidades, e com isso a venda torna-se desnecessária, ou seja, o cliente é atraído pela imagem e pela utilidade do produto e o adquire, de forma que a empresa não precisa impulsionar uma venda, acontecerá naturalmente pelos atrativos a ele atribuídos.

Na obra *Administração de marketing* de Kotler e Keller (2006), o marketing não é apenas a arte de vender produtos, é também um processo social em que obtemos a necessidade e o desejo por meio da criação. Mesmo que você não precise de algo, irá adquiri-lo, porque o marketing o faz acreditar que você precisa. O produto se vende sozinho, e, a partir disso, o marketing buscará atingir o público que necessita daquele produto, o público que o compraria.

Kotler e Keller (2006) citam Peter Drucker, que defende a seguinte ideia:

> Pode-se considerar que sempre haverá a necessidade de vender. Mas o objetivo do marketing é tornar supérfluo o esforço de venda. O objetivo do marketing é conhecer e entender o cliente tão bem que o produto ou serviço seja adequado a ele e se venda sozinho. Idealmente, o marketing deveria resultar em um cliente disposto a comprar. A única coisa necessária então seria tornar o produto ou serviço disponível. (p. 4)

A empresa precisa do marketing, ninguém consegue sucesso apenas utilizando habilidades financeiras, operacionais etc. Sem vender, a empresa não terá retorno financeiro.

O conceito de marketing por Richers (1982) revela que:

> O marketing é um conceito mais amplo do que vendas, sobretudo quanto à gama de responsabilidades dos que dirigem um setor comercial numa empresa moderna. Por exemplo, além das funções de transação de bens ou serviços (compra e venda), o homem de marketing é responsável também pela realização de pesquisas de mercado, pela formulação e execução de uma política de produtos, pela escolha e controle de um sistema adequado de distribuição física dos produtos sob sua responsabilidade, pela divulgação e promoção de seus produtos, bem como pelo controle dos resultados de suas transações comerciais. No fundo, marketing nada mais é do que o esforço contínuo de coordenar estas variáveis a partir de determinados objetivos voltados à transação de bens e serviços, a fim de atingir o aproveitamento máximo dos recursos à sua disposição. (p. 14)

Muitas vezes, confundimos o conceito de vendas com o de marketing. Na verdade, marketing está ligado a vender, mas não é a mesma coisa, ele vai além disso. Ele analisa o mercado e os clientes, busca áreas para a distribuição, cuida da divulgação e de promoções que atraiam os clientes, busca meios de fidelizar os clientes e também é responsável pela veiculação de propagandas.

Todo um contexto está ligado desde o nascimento do produto, como os clientes o querem, o que usam até o produto chegar à prateleira, a disposição dos produtos nas gôndolas, tudo isso é marketing, é a forma como atraímos o cliente, como o prendemos, como nos sobrepomos a produtos de igual utilidade. Por que o cliente irá adquirir o meu produto, e não o de um concorrente.

7.10 Conceitos básicos de clientes e mercado

Segundo Kotler e Armstrong (2007), para entender o mercado e o cliente, é essencial a análise das necessidades e dos desejos dos clientes e do mercado. Com isso, deverão ser analisados cinco conceitos básicos: necessidades, desejos e demandas; ofertas de mercado (produtos, serviços e experiências); valor e satisfação; trocas e relacionamentos; mercados. A seguir, explicitaremos cada uma dessas categorias.

7.10.1 Necessidades, desejos e demandas

A necessidade baseia-se no que realmente precisamos, o básico, como alimentação. Porém, a cultura modifica isso, e cada um se alimenta da forma que agrade sua cultura ou seu gosto. Não adianta vender arroz e feijão para os norte-americanos, os quais têm a cultura de comer hambúrguer. As necessidades fisiológicas também estão ligadas diretamente ao cultural.

A pirâmide de Abraham Maslow, Figura 7.5, criada em sua teoria de motivação, mostra as necessidades de cada indivíduo, desde as mais básicas.

Pirâmide de Maslow

- Autorrealização
- Autoestima
- Necessidades sociais
- Necessidades de segurança
- Necessidades fisiológicas básicas

Figura 7.5 Hierarquia das necessidades de Maslow.

Fonte: Nosé (2014).

7.10.2 Ofertas de mercado

Os clientes e suas necessidades serão satisfeitos pelas ofertas do mercado, são serviços e produtos que satisfazem as necessidades e os desejos do consumidor. A oferta vai além do serviço e do bem, o marketing precisa analisar o que de fato o consumidor precisa, não somente o produto em si.

7.10.3 Valor e satisfação para o cliente

O cliente possui cada dia mais diversidade de produtos para escolher, que exercem a mesma função. Satisfazer o cliente é dar valor ao seu produto, já que, se o cliente gostar, ele permanecerá comprando e, se ele não gostar, além de não comprar, falará mal do produto.

7.10.4 Trocas e relacionamentos

O consumo é uma troca, o consumidor recebe o que deseja e, em troca, a empresa recebe o valor que vale o seu produto ou serviço.

7.10.5 Mercados

São os consumidores que compram o produto, que têm em comum o desejo e a necessidade dele.

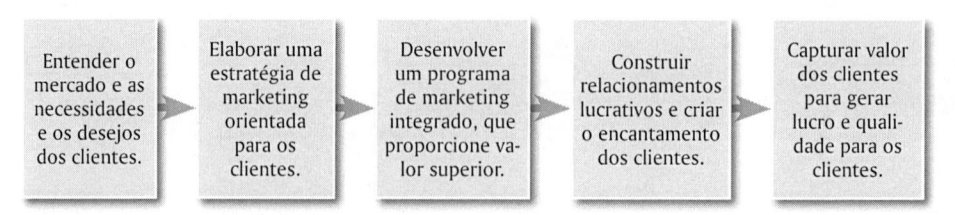

Entender o mercado e as necessidades e os desejos dos clientes.	Elaborar uma estratégia de marketing orientada para os clientes.	Desenvolver um programa de marketing integrado, que proporcione valor superior.	Construir relacionamentos lucrativos e criar o encantamento dos clientes.	Capturar valor dos clientes para gerar lucro e qualidade para os clientes.

Figura 7.6 Conceitos básicos de clientes e mercado.
Fonte: Kotler e Armstrong (2007).

7.11 Marketing mix - Quatro Ps

No que diz respeito ao marketing mix, Richers (1982) afirma que administrar o composto de marketing ou marketing mix:

> [...] dentro do objetivo geral de otimizar os recursos à sua disposição, é a responsabilidade máxima do principal executivo

> de marketing numa empresa. Para atingir esse objetivo, cabe ao setor comercial da empresa dosar e combinar cada um dos instrumentos à sua disposição de tal forma que o composto de marketing se torne "irresistível" para o mercado, ou seja, que a oferta do conjunto de bens e serviços da empresa condiga plenamente com os desejos do seu mercado em potencial. (p. 24)

O marketing foi criado com o intuito básico de agregar valor às empresas, que, a cada dia, por obterem mais concorrência no mercado, precisavam de um diferencial para atração e escolha do cliente. Com isso, ele tornou-se não apenas a propaganda da empresa, muito mais que isso, o marketing está diretamente ligado aos fatores financeiros, vendas etc. As empresas só progridem se tiverem todos os contextos interligados, o trabalho em equipe é essencial, cada área da empresa deve se conhecer, se conectar.

Já na visão de Kotler e Armstrong (2007), o marketing mix é o conjunto de ferramentas de marketing que a empresa usa para implementar sua estratégia de marketing.

O marketing mix (quatro Ps), criado por Jerome McCarthy em 1960, chamado composto de marketing, é a união de quatro ferramentas que a empresa visa para criar valor para o cliente.

As variáveis são: *Product* (Produto), *Price* (Preço), *Promotion* (Promoção) e *Place* (Ponto de Venda – Praça). Elas sustentarão e proporcionarão o posicionamento do produto.

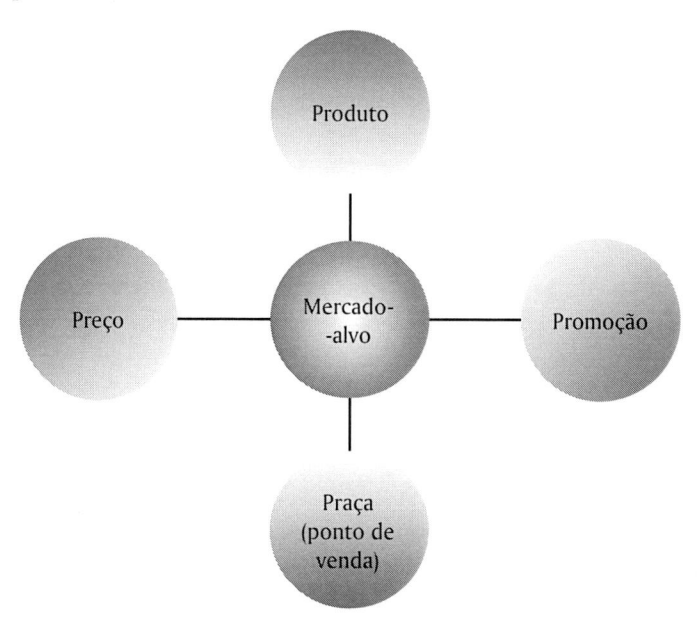

Figura 7.7 Os quatro Ps.

Fonte: Elaborada por Maróstica com base em Serrano (2006).

7.11.1 Produto

É a identificação constante de produtos e serviços, quais oportunidades para adequá-los e quais as necessidades do cliente, qual produto o cliente procura, qual sua vida útil.

Especialmente no produto tangível é a embalagem, o conjunto que o consumidor irá adquirir.

7.11.2 Preço

É o retorno para a empresa, o valor agregado ao produto. Isso gera a vantagem competitiva e também o público que será atingido pelo produto.

É o preço do produto, com encargos como entrega, garantia etc.

7.11.3 Promoção

É um investimento da empresa e funcionará como atrativo para o cliente, para fazê-lo gostar e voltar a adquirir em outros momentos que não seja por um menor preço, ou por algum motivo de atrativo que a empresa irá gerar. Neste ponto, também são importantes as vinculações publicitárias em mídias, eventos.

Propaganda, promoção, mala direta, publicidade, tudo que irá persuadir ao consumo, lembrar o consumidor dos benefícios do produto e de que ele está disponível.

7.11.4 Praça

É a localização do produto, onde e como será vendido. A escolha da localização do produto dentro do ambiente de compra é extremamente eficaz, já que o ser humano é influenciado todo o tempo por propagandas. As atividades que tornam o produto prontamente disponível.

O marketing é responsável por todo o controle de Produto, Preço, Promoção e Praça. Todo o processo busca satisfazer o cliente e também agregar valor à empresa, além de manter os clientes.

7.12 Os quatro As

As responsabilidades administrativas de toda equipe de marketing giram em torno de quatro funções básicas: os quatro As, como afirma Richers (1982): "Os quatro As são denominados: Análise, Adaptação, Ativação e Avaliação. Os objetivos e metas estarão sempre no centro da questão, envoltos pelos quatro As, serão a base para o planejamento de marketing" (p. 22).

A Análise será feita sempre para avaliar as forças do mercado em que opera ou em que irá operar. Já a Adaptação visará sempre adaptar a empresa às forças externas anteriormente analisadas. A Ativação será a execução do que foi analisado e adaptado, fazer com que o produto atinja o público-alvo e seja adquirido com a frequência prevista. A Avaliação visará sempre avaliar todos os processos anteriores e suas falhas, para que no próximo processo não ocorram gargalos, e desse modo tratará de evitar possíveis problemas em processos futuros.

A Análise e a Avaliação trabalharão sempre com dados, levantando a interpretação de informações e dados.

A Adaptação nada mais é que o composto de apresentação, é o instrumento básico para a escolha do *design*, da marca, da embalagem, do preço e da assistência ao cliente.

A Ativação, que está diretamente ligada à comunicação, envolve distribuição, logística, venda pessoal e publicidade.

As quatro responsabilidades administrativas da equipe de marketing estão demonstradas na Figura 7.8.

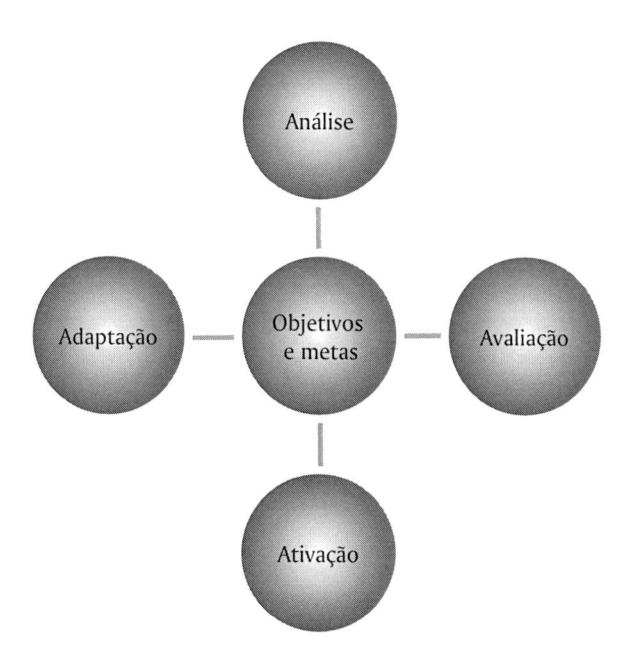

Figura 7.8 Os quatro As.

Fonte: Richers (1982).

7.12.1 Função Análise

Segundo Richers (1982), a função Análise "[...] pode ser definida como sendo o processo contínuo de investigação das condições que determinam a localização, a natureza, o tamanho, a direção e a intensidade daquelas forças vigentes no mercado que interessam à empresa comercialmente" (p. 30).

A função Análise exercerá a função de pesquisa de mercado, sendo esta não de informações gerais, e sim de levantamento de informações que reduzam os riscos das decisões.

A investigação tem de ser feita na empresa, para potencializar tecnicamente os produtos e serviços e induzir à criatividade. Um sistema de informações mercadológicas deve ser criado para que a Análise, pesquisa de mercado, seja uma das responsabilidades administrativas.

Para Richers (1982), os principais objetivos de coletar informações é:

> [...] manter a empresa continuamente informada sobre as oportunidades que surgem no mercado, bem como sobre as ameaças que podem criar barreiras aos seus planos, e finalmente, as tendências externas que ela deve acompanhar para poder dimensionar os seus planos de expansão e de diversificação. (p. 42)

A Análise proporcionará à empresa estar sempre em contato direto com novas oportunidades, ameaças, mudanças e tendências do seu mercado.

Coletar dados seguros é de extrema importância para o retorno das análises.

7.12.2 Função Adaptação

Segundo Richers (1982), "ela envolve todas as atividades da empresa que visam a ajustar as características da sua oferta (produtos e serviços) às forças vigentes no mercado" (p. 45).

A Adaptação será feita a partir das análises. A Análise não teria função sem a Adaptação. O marketing é industrial e, a partir da Análise, cria a utilidade de forma. Os instrumentos: *design*, marca, embalagem, preço e assistência aos clientes, os chamados compostos de apresentação, serão a base para a criação e a produção do produto.

Conforme Richers (1982):

> [...] as empresas precisam enfrentar, cada vez mais, um dilema inescapável: de um lado, a necessidade de lançar novos produtos no mercado é crucial para o crescimento ou até a sobrevivência da organização; de outro lado, quanto maior for o esforço nesse sentido dentro de cada setor, tanto mais arriscado torna-se cada um dos lançamentos. (p. 50)

Não importa quão bom você seja, sempre haverá competitividade, isso já era retratado em 1982, quando Richers escreveu o livro *O que é marketing*. A tecnologia, a mudança do consumidor, tudo influi para que seja cada dia mais difícil agradar ao consumidor e sobreviver em um mercado cada vez mais amplo. Consagrar sua marca e seu negócio não é tarefa fácil, estar sempre fazendo a análise direta do mercado e do consumidor é primordial para o sucesso de qualquer organização, seja de produto, seja de serviço. O ciclo de vida dos produtos está cada dia mais curto.

7.12.3 Função Ativação

De acordo com Richers (1982), "[...] ativação abrange todas as atividades que visam a satisfação das utilidades de tempo, local e posse de um produto ou serviço" (p. 64).

A Adaptação, tratada anteriormente, tem foco em aumentar a utilidade da forma do produto. Já a Ativação se concentra em outras utilidades, como tempo e local, como colocar o produto no lugar certo e na hora certa.

Três pontos-chave são discutíveis nessa função: logística, venda pessoal e publicidade.

O produto, por mais utilidades que tenha, não se venderá a não ser que o levem ao comprador e o tornem atraente.

7.12.4 Função Avaliação

É a última função do sistema, a partir dessa função notamos a crescente necessidade do administrador em melhorar a relação custo-benefício do produto.

Richers (1982) afirma que:

> Avaliação abrange obrigatoriamente: (1) a determinação de padrões de controle; (2) o acompanhamento sistemático dos desvios entre os resultados de certas ações mercadológicas e

os seus padrões; e (3) a recomendação de ações corretivas, derivadas da observação dos desvios e que visam melhorias no desempenho de Marketing. (p. 92)

A função Avaliação será exercida por meio de auditoria mercadológica, a partir da análise de problemas no marketing. Essa função consistirá em avaliar desempenhos e modificá-los, procurar sempre melhores alternativas para cada área específica. Com o passar do tempo vêm sendo criadas novas tecnologias de controle para a empresa, novos sistemas capazes de prever problemas, solucioná--los e tomar decisões.

7.13 Os quatro Cs

7.13.1 Cliente

Na era da globalização, as empresas passam a se preocupar em conhecer e estreitar ainda mais o relacionamento com os clientes, o que vai redefinir todas as estratégias para o século XXI.

7.13.2 Custo

As empresas começam a observar que, à medida que o relacionamento com os clientes torna-se mais estreito, os custos diminuem e as margens aumentam, definindo a ação custo-benefício.

7.13.3 Conveniência

Ao conhecer os clientes, nota-se que eles estão dispostos a pagar mais, desde que ocorra uma tangibilidade concreta.

7.13.4 Comunicação

A comunicação estabelece uma relação concreta com o canal onde as empresas operam. Nesse sentido, ela se torna o principal elo entre empresas e clientes.

7.14 Os Ps do marketing digital

7.14.1 Os oito Ps, segundo Vaz

Com as evoluções do marketing tecnológico e a abertura cada vez mais ampla do mercado digital para as empresas, aprimorou-se o marketing mix, nascendo assim, de acordo com Vaz (2012), os oito Ps do marketing digital.

Os oito Ps, segundo Vaz, são: Pesquisa, Planejamento, Produção, Publicação, Projeto, Propagação, Personalização e Precisão.

Para Vaz (2012):

> Os 8Ps do Marketing Digital trazem para profissionais de marketing, administradores, empresários, profissionais liberais e estudantes o passo a passo para ter êxito nas estratégias de negócios de todos os tipos, utilizando para isso o ambiente *on-line*. Esta metodologia consagrada mostra como transformar a internet em uma ferramenta de negócios eficiente e lucrativa.

Jerome McCarthy – 1960 – 4 Ps

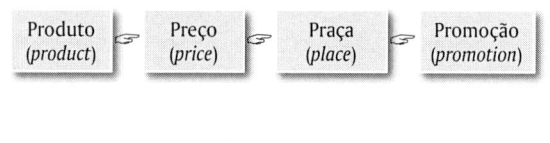

Produto (*product*) ⇒ Preço (*price*) ⇒ Praça (*place*) ⇒ Promoção (*promotion*)

Raimar Richers – 1981 – 4 As

Análise ⇒ Adaptação ⇒ Ativação ⇒ Avaliação

Robert Lauterborn – 1990 – 4 Cs

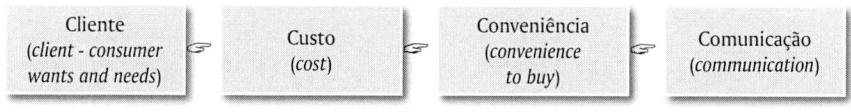

Cliente (*client - consumer wants and needs*) ⇒ Custo (*cost*) ⇒ Conveniência (*convenience to buy*) ⇒ Comunicação (*communication*)

Diversos autores – anos 1990/2000 – os outros 4 Ps

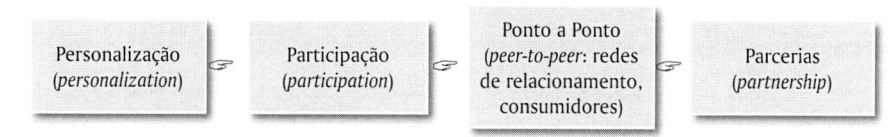

Personalização (*personalization*) ⇒ Participação (*participation*) ⇒ Ponto a Ponto (*peer-to-peer*: redes de relacionamento, consumidores) ⇒ Parcerias (*partnership*)

Figura 7.9 Evolução do marketing.
Fonte: Elaborado pelos autores, com base em Kotler e Keller, 2012.

Vaz (2012) – 8 Ps

[Diagrama circular com 8 etapas: Pesquisa → Projeto → Produção → Publicação → Percepção → Propagação → Profissionalização → Precisão]

Figura 7.10 Inteligência de marketing.

Fonte: Elaborado por Maróstica com base em MacCarthy (1960), Lauterborn (1990), Richers (1981) e Vaz (2012).

7.14.1.1 Pesquisa – 1º P

A Pesquisa visa levantar dados, números, tendências e outras informações; entender o que as pessoas querem e aprimorar seus produtos antes de apresentá-los; escutar o consumidor, saber o que ele quer.

Um estudo deve ser feito para analisar o mercado, os concorrentes e os clientes.

7.14.1.2 Planejamento – 2º P

O Planejamento complementará a fase de Pesquisa. A partir da Pesquisa, será feito um planejamento, uma análise conclusiva.

Serão elaboradas as diretrizes para guiar o desenvolvimento do projeto, visando as pesquisas de mercado e de consumidores.

7.14.1.3 Produção – 3º P

O que foi planejado será aplicado nas ferramentas *on-line*. A Produção será criar e configurar as plataformas que receberão conteúdo.

Serão utilizadas as redes sociais, como Youtube (vídeos de conteúdos), LinkedIn etc. Não somente criar um site de divulgação, mas também utilizar os meios possíveis para colocar a empresa em todos os lugares para receber conteúdo.

7.14.1.4 Publicação – 4º P

Inserir conteúdo útil e relevante nas diversas plataformas, criando um processo de gestão de conteúdo que seja útil e relevante, tendo em vista o público que quer atingir e o que quer vender.

7.14.1.5 Projeto – 5º P

Tudo passa a ser focado na metodologia do PMBOK, como já vimos, ou seja, marketing deve ser concebido com base em um projeto eficaz.

7.14.1.6 Propagação – 6º P

Estimular a propagação de dados pelas pessoas, que elas falem bem do seu conteúdo e o divulguem. O "boca a boca" é a melhor propaganda, além de não ter custo. As redes sociais auxiliam muito nisso, o compartilhamento de informações e a troca de dados são muito rápidos.

7.14.1.7 Personalização – 7º P

É o diálogo com o mercado, personalizando a comunicação com estratégias para fidelizar os clientes. Divulgar para todos os contatos. A internet facilita o relacionamento direto entre consumidor e empresa. Já em outros meios, como a TV, não existe diálogo.

7.14.1.8 Precisão – 8º P

A Precisão será mensurar o 5º P, o 6º P e o 7º P e analisar o que deu certo e o que deu errado, para melhorar o processo no próximo ciclo. Os oito Ps são um ciclo que deverá sempre ser refeito, aprimorando cada aspecto.

Ao final do processo, tudo será transformado novamente em 1º P – Pesquisa –, e se iniciará um novo ciclo, o que vai sempre ser aprimorado.

7.14.2 Evolução do marketing digital

A evolução da tecnologia vem contribuindo de maneira substancial para o marketing mix. Com isso novas abordagens surgem e contribuem demasiadamente para o aprimoramento e conhecimento dos consumidores e públicos das empresas. Entretanto, não adianta conhecer novas ferramentas, faz-se necessário que as empresas e profissionais compreendam que tais abordagens requerem níveis mais elevados de conhecimento, assim sendo, destacaremos alguns pontos vitais, vejamos a seguir nos itens sugeridos.

7.14.2.1 Profissionalização – 9º P

Ao partirmos da prerrogativa de que o ambiente muda o tempo todo, a gestão de conteúdo no ambiente digital é vital, e um simples erro pode determinar prejuízos e danos irreversíveis. Um exemplo é o cuidado redobrado quando se faz um link patrocinado, como, por exemplo, no Google adWords ou estratégias elaboradas de SEO (Search Engine Optimization) e SEM (Search Engine Marketing). Tais estratégias devem ter cuidados e monitoramento constantes para assegurar integridade, autoridade e sobretudo comunicação assertiva com os usuários.

7.14.2.2 Permissão – 10º P

A LGPD foi homologada no Brasil em setembro de 2020 e o cuidado na captação, retenção e proteção de dados passa a ser algo vital para a sobrevivência de muitas empresas. Depois da aprovação, toda operação é realizada com dados pessoais, como coleta, produção, recepção, classificação, utilização, acesso, reprodução, transmissão, distribuição, processamento, arquivamento, armazenamento, eliminação, avaliação ou controle da informação, modificação, comunicação, transferência, difusão ou extração". Logo, todas as empresas terão que se adaptar aos seguintes quesitos: consentimento; obrigação legal ou regulatória; administração pública; órgãos de pesquisas; contrato; exercício regular de direitos (processos); proteção da vida/saúde; proteção do crédito; interesses legítimos.

O marketing de permissão na era em que o consumidor reclama no próprio ambiente digital, pode fazer com que as empresas sejam punidas em reputação e nos aspectos financeiros. Desta forma, é vital atentar à opção opt-in (permissão) ou à opção opt-out (não quero receber mais as mensagens), para criação de políticas de proteção e respeito à privacidade dos usuários.

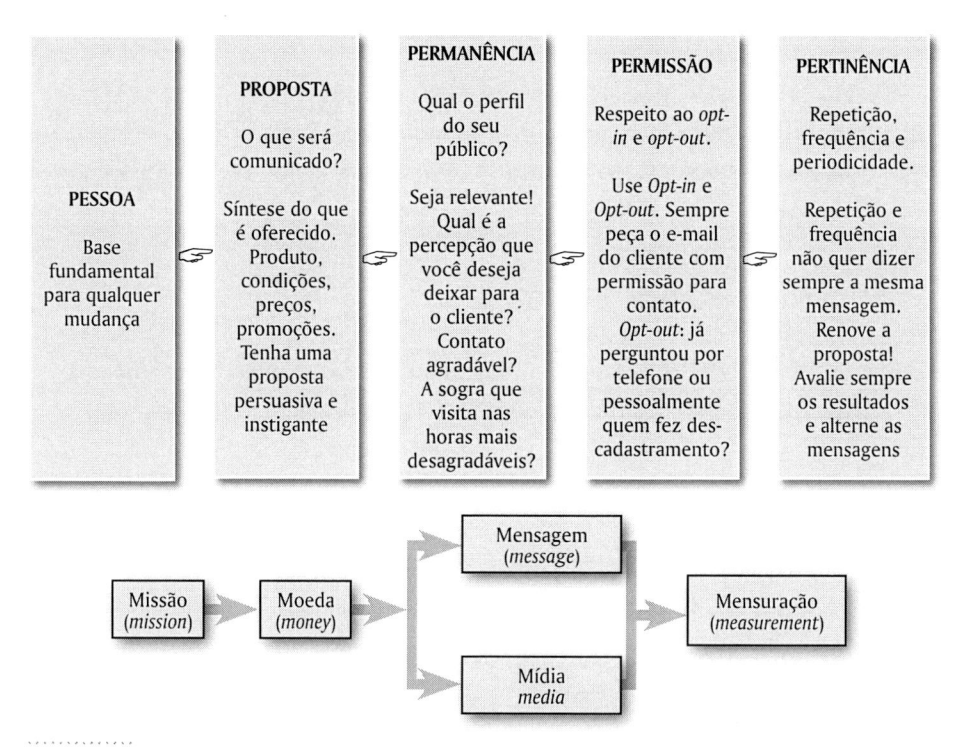

PESSOA	PROPOSTA	PERMANÊNCIA	PERMISSÃO	PERTINÊNCIA
Base fundamental para qualquer mudança	O que será comunicado? Síntese do que é oferecido. Produto, condições, preços, promoções. Tenha uma proposta persuasiva e instigante	Qual o perfil do seu público? Seja relevante! Qual é a percepção que você deseja deixar para o cliente? Contato agradável? A sogra que visita nas horas mais desagradáveis?	Respeito ao *opt-in* e *opt-out*. Use *Opt-in* e *Opt-out*. Sempre peça o e-mail do cliente com permissão para contato. *Opt-out*: já perguntou por telefone ou pessoalmente quem fez descadastramento?	Repetição, frequência e periodicidade. Repetição e frequência não quer dizer sempre a mesma mensagem. Renove a proposta! Avalie sempre os resultados e alterne as mensagens

Missão (*mission*) → Moeda (*money*) → Mensagem (*message*) / Mídia (*media*) → Mensuração (*measurement*)

Figura 7.11 Os cinco Ms e os outros quatro Ps.

Fonte: Elaborado por Maróstica.

7.14.2.3 Proposta – 11º P

Direcionar ações que permitam ao público não apenas ser impactado, mas, sobretudo, que o faça se sentir como agente individual, sendo atendido de maneira exclusiva.

7.14.2.4 Permanência – 12º P

Garantir que o público seja impactado e continue a seguir suas mensagens e compartilhar seus conteúdos.

7.14.2.5 Pertinência – 13º P

A mensagem deve ser respeitosa e garantir ao consumidor o direito de interagir com o veículo.

7.14.2.6 Ponto a ponto – 14º P

Garantir a rastreabilidade da comunicação de tal forma que se saiba exatamente onde está seu consumidor por geolocalização, tornando possível a oferta do produto ou do serviço adequado.

7.14.2.7 Participação – 15º P

Hoje o consumidor tem o *double click* à sua disposição. Não basta impactar, é preciso garantir que ele vai marcar, seguir e compartilhar suas mensagens.

7.14.2.8 Parcerias – 16º P

Cada vez mais as empresas vão buscar aquilo que não é seu *core business* em parceiros com o objetivo de maximizar seu desempenho e melhorar o nível de assertividade.

7.15 Os cinco Ms

Para o desenvolvimento de uma campanha, os gerentes ou profissionais de marketing se baseiam nos cinco Ms: Missão: objetivos da propaganda; Moeda: quanto vai gastar; Mensagem: mensagem a ser transmitida; Mídia: meios utilizados; Mensuração: avaliação dos resultados; resumidos na Figura 7.12.

7.16 Os cinco Rs

- ▶ Relacionamento – relação entre o fornecedor e o cliente
  Este é o relacionamento de confiança, paternal, de marketing, no qual a troca de valores constitui a base dos negócios.

- ▶ Retenção, after marketing e customer success – A relação com o cliente insatisfeito
  O consumidor insatisfeito precisa ser tratado de forma diferenciada, mais próxima. Ao se tratar de uma reclamação, a recuperação precisa ser satisfatória para que resulte em uma relação futura.

▶ Referências
O cliente satisfeito faz o papel de promotor de vendas. Trata-se da estratégia em que o próprio cliente indica a empresa para outras pessoas.

▶ Recuperação de clientes
No varejo, existe uma alta a rotatividade na base de clientes, o que não é bom para o caixa da loja. Philip Kotler, referência em marketing, diz que conquistar um novo cliente é mais difícil que manter um deles.

▶ Reputação
Cuidar da imagem, pois um impacto da mesma pode levar uma organização ao completo desaparecimento.

7.17 Comunicação integrada de marketing

Em se tratando do mercado, Kotler e Armstrong (2007) afirmam que ele tem mudado, e com isso os padrões do marketing. O aperfeiçoamento da tecnologia tem incentivado o marketing segmentado.

Com o aprimoramento da tecnologia de informação, os clientes hoje podem se comunicar diretamente com a empresa e esta monitorar de perto as necessidades dos clientes.

MISSÃO
- Metas de vendas
- Objetivos da propaganda

MOEDA
Fatores a serem considerados
- Estágio no ciclo de vida do produto
- Participação de mercado e base de comunicação
- Concorrência e saturação de comunicações
- Facilidade de substituição do produto

MENSAGEM
- Criação da mensagem
- Avaliação e seleção da mensagem
- Execução da mensagem
- Análise da responsabilidade social

MÍDIA
- Alcance, frequência, impacto
- Principais tipos de mídia
- Veículos de comunicação específicos
- *Timing* da mídia
- Distribuição geográfica da mídia

MENSURAÇÃO
- Impacto na comunicação
- Impacto nas vendas

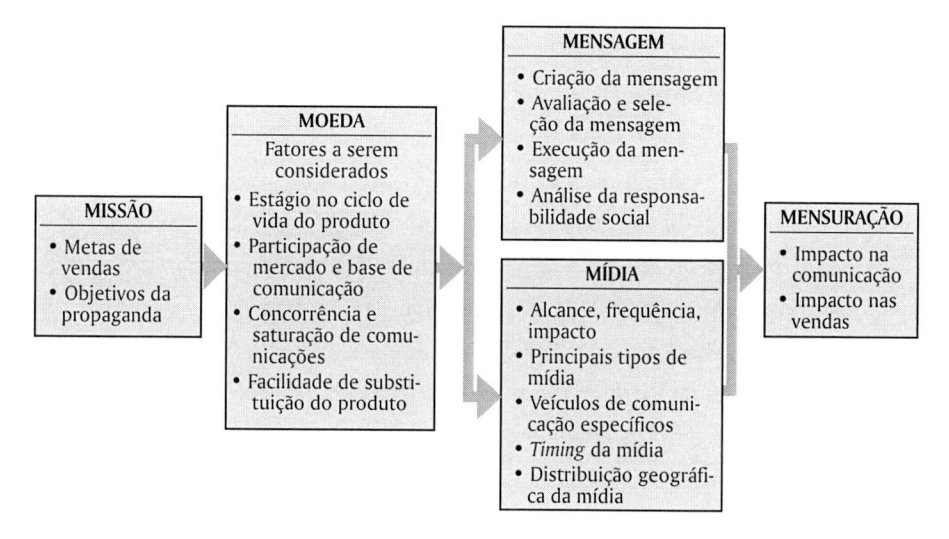

Figura 7.12 Os cinco Ms da propaganda.

Fonte: Kotler (2000, p. 597).

Ainda segundo Kotler e Armstrong (2007): "Apesar de a televisão, as revistas e outras mídias de massa continuarem muito importantes, atualmente sua dominância está em declínio" (p. 358).

A inovação diária da era digital traz às empresas novas tecnologias e novas ferramentas para interação com o público.

As empresas estão promovendo mais a comunicação focada, e a propaganda é feita onde atingirá mais o público-alvo.

É previsto que os meios de comunicação tradicionais fiquem cada dia mais para trás em razão das novas tecnologias digitais, como asseveram Kotler e Armstrong (2007):

> Alguns especialistas do setor de propaganda chegam a prever um apocalíptico "cenário de caos", no qual o velho modelo de comunicações de mídia de massa entrará em colapso. Eles acreditam que os comunicadores cada vez mais abandonarão a mídia de massa tradicional em favor da "reluzente promessa de novas tecnologias digitais" – de sites Web e e-mails a conteúdo no telefone celular [...]. (p. 358)

Uma das maiores mídias de propaganda tem perdido espaço com a tecnologia. A propaganda na televisão não tem surtido retorno, já que o acesso a programas de TV pela internet está cada vez mais prático, e a diversidade de coisas para fazer enquanto uma propaganda passa na TV faz com que não nos prendamos mais a isso. Porém, não se pode abrir mão desse meio, pois, mesmo em queda, ainda tem grande espaço na propaganda.

Os consumidores abriram espaço para a nova mídia internet, porém não deixaram de utilizar as outras. Não é porque existe internet que não vamos mais ligar o rádio ou a TV, embora isso se torne cada vez mais raro.

A comunicação integrada de marketing é adotada cada dia mais pelas empresas que utilizam o conceito de integrar todos os aspectos da propaganda em todos os meios vinculados a necessidade e vontade do consumidor.

Para Kotler e Armstrong (2007):

> [...] muitos grandes anunciantes estão reduzindo seus orçamentos de propaganda para as redes de TV e aumentando a verba para mídias mais focadas, interativas e envolventes e com

> melhor relação custo – benefício. "A fórmula da publicidade costumava ser muito mais simples: os públicos estão se fragmentando para seguir em dezenas de novas direções, assistindo a programas de TV em *Ipods*, assistindo a filmes em consoles de videogames e ouvindo rádio na internet" [...]. (p. 359)

Hoje já existe uma área voltada a comunicação e imagem dentro das empresas, o que antes não havia.

Para Kotler (1999):

> A propaganda em massa na TV diminuiu sensivelmente devido à existência de 500 canais diferentes. Os jornais e revistas impressos também diminuíram em número. Por outro lado, os profissionais de marketing podem agora alcançar com mais eficácia seus mercados-alvo, anunciando em revistas e grupos de discussão especializados. (p. 29)

As mídias tradicionais de divulgação têm sofrido mudanças e diariamente perdido seu espaço no mercado de propaganda, já que a internet tem a facilidade de acesso cada dia maior.

Kotler (1999) define que a cada dia está mais difícil para as empresas manterem-se competitivas, pois tudo muda muito rapidamente, e a única vantagem para a empresa hoje é a capacidade de aprender e mudar com rapidez.

De acordo com Kotler (1999), em *Marketing para o século XXI*: "Empresas bem-sucedidas serão poucas – apenas aquelas que conseguirem fazer com que seu marketing se altere tão rapidamente quanto o mercado" (p. 30).

A tecnologia faz com que tudo mude muito rapidamente. As empresas têm de estar sempre conectadas às mudanças, e o ambiente da internet é primordial para qualquer empresa, o qual hoje não é mais um diferencial, e sim uma obrigação, já que tudo envolve a internet cada dia mais.

7.18 Ferramentas de promoção cuidadosamente agrupadas

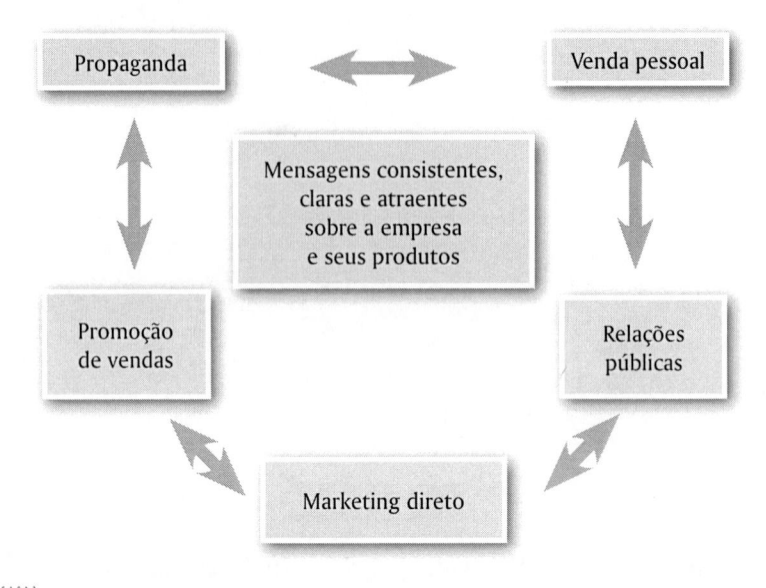

Figura 7.13 Ferramentas de promoção.

Fonte: Kotler e Armstrong (2007).

7.19 O novo cenário de marketing

Kotler e Armstrong (2007) afirmam que:

> Os grandes avanços tecnológicos recentes criaram uma nova era digital. O crescimento explosivo nas áreas da informática, das telecomunicações, da informação, do transporte e de outras tecnologias causou grande impacto no modo como as empresas entregam valor a seus clientes. (p. 18)

A nova era digital aproximou as pessoas. Podemos nos comunicar com um amigo do outro lado do mundo, ou comprar em um site de outro país e receber o produto em casa. Isto mudou nosso padrão de vida, a facilidade com que nos conectamos o tempo todo com o mundo inteiro.

As empresas devem utilizar as inovações da tecnologia, pois será uma questão de sobrevivência no mercado, o que facilita, deixa o cliente mais próximo da empresa. Com um e-mail, você efetua a troca de um produto que está com defeito, com um clique, sem sair de casa, efetua compras, de roupas a eletrodomésticos, móveis etc.

Com o passar dos anos, o mercado modificou-se, não é mais como era antes, as influências hoje são outras, as forças sociais são outras. As pessoas têm novos comportamentos, novas formas de buscar informações, produtos, comprar etc. Com isso, surgiram novos desafios, como incluir-se no meio digital.

A revolução digital abriu portas para uma nova era de informações. Isso leva a uma comunicação mais direcionada e produção precisa. Grande parte dos negócios hoje é efetuada por meio de redes eletrônicas, como a internet.

Os canais de marketing são: jornais, rádio, revistas, televisão, Telegram, Zoom, Whatsapp, internet, entre outros. Além dessas vias, temos a comunicação que age de forma rápida, que são as expressões faciais, roupas, aparência das lojas etc.

A satisfação das necessidades será atendida quando o cliente receber produto ou serviço que se iguale a sua expectativa ou a supere. Neste caso, se o cliente estiver satisfeito, o preço que pagará por isso será equivalente. Hoje, o marketing digital se tornou fundamental para divulgações de empresas, produtos e serviços. Não é mais algo opcional, o consumidor demonstra isso, cada dia mais pessoas estão conectadas.

Segundo Magalhães (apud To be Guarany, 2012), gerente de análise do Ibope/NetRatings, o ritmo do crescimento da internet brasileira é cada dia mais intenso: 57,2 milhões de usuários acessam regularmente a internet; 38% das pessoas acessam diariamente; 10%, de quatro a seis vezes por semana; 21%, de duas a três vezes por semana; 18%, uma vez por semana. Ou seja, 87% dos internautas brasileiros acessam a internet semanalmente (apud Antunes, 2012).

A internet cresceu em grandes proporções e aos poucos tem assumido uma grande participação no mercado. O consumidor busca informações, preços, endereços de lojas etc. na internet. Além de ser um sistema prático e rápido, ele faz tudo sem sair de casa.

Há também a economia de tempo e muitas vezes de dinheiro, pois facilmente, pela internet, localizamos as melhores ofertas, e rapidamente tem aumentado, a cada dia, a busca do público por esse meio.

Segundo reportagem veiculada no UOL (2012), cerca de 93% das pessoas que utilizam a internet já fizeram compras em sites.

O público consumidor busca sempre mais facilidades, agilidades, e a internet tem promovido isso. Muitas pessoas hoje usam o *Internet Banking*, não perdem mais tempo em filas de banco.

Conforme Bill Gates (apud Felipini, 2003): "Daqui a algum tempo, vão existir dois tipos de empresas: as que fazem negócios pela internet e as que estão fora dos negócios".

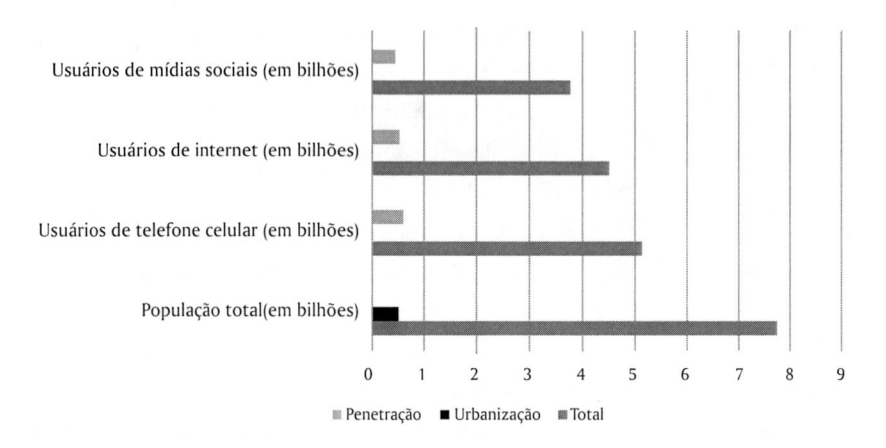

Figura 7.14 Demonstração da utilização de celulares, mídias sociais e internet nos últimos anos.
Fonte: Baseado no estudo Digital Around The World in 2020 (2020).

De acordo com Kotler e Armstrong (2007):

> Talvez a nova tecnologia mais drástica seja a internet. Hoje, a internet conecta indivíduos e negócios de todos os tipos uns aos outros e às informações ao redor do mundo. Ela permite que as pessoas tenham acesso a informações, entretenimento e comunicação a qualquer hora e em qualquer lugar. (p. 20)

O acesso à internet tem se tornado cada dia mais comum, todo tipo de público tem acesso. As empresas buscam a internet como sustentação para sua marca, abrem lojas *on-line*, e o comércio eletrônico cresce a cada dia.

7.20 Marketing *on-line*

O marketing tem mudado seus padrões desde que a internet tomou rápido crescimento. As empresas tiveram de se adaptar e aproveitar as facilidades que a internet trouxe, do comércio eletrônico às propagandas.

Os clientes estão eternamente insatisfeitos. Ser bom no mercado atual não basta mais, ser bom é ser igual; ser diferente, inovador. O consumidor busca gratificações, promoções, descontos.

As empresas perdem clientes pela falta de qualidade, e, principalmente no atendimento *on-line,* criam-se atrativos visuais, promoções que atraem o consumidor.

Os clientes não compram produtos e serviços, compram "performance".

Com o crescimento da classe média, mais pessoas têm acesso à internet, aumento de crédito para fazer compras. Hoje, os consumidores mudaram, eles pesquisam mais antes de adquirir algo, estão mais exigentes. Por isso, atender ao que o consumidor deseja torna-se cada vez mais difícil, e estar sempre conectado a ele analisando suas vontades na internet é um diferencial que facilitará encontrar formas de agradá-lo.

Segundo Kotler e Armstrong (2007), o cenário mercadológico mudou, a internet conectou o mundo inteiro, diversos usuários de diferentes lugares, culturas e idades. A cada dia mais pessoas utilizam a ferramenta da internet, e, comparado há alguns anos, atualmente é difícil encontrar uma empresa que não tenha canais de comunicação na internet e vendas *on-line.*

7.20.1 Domínios do marketing *on-line*

São quatro os principais domínios do marketing *on-line*: B2C (*business-to-consumer* – empresa–consumidor), B2B (*business-to-business* – empresa–empresa), C2C (*consumer-to-consumer* – consumidor–consumidor) e C2B (*consumer-to--business* – consumidor–empresa).

7.20.2 B2C

Conforme Kotler e Armstrong (2007), o foco da imprensa é o B2C, a venda *on--line* de produtos e serviços aos consumidores finais. Hoje, as pessoas podem comprar de tudo *on-line*, de roupas a carros, passagens aéreas etc.

Atualmente existe uma variedade de consumidores de diferentes gostos, que buscam diferentes coisas, e o marketing precisa mudar sua abordagem. A internet permite ao consumidor pesquisar facilmente, escolher, com um clique, qual o melhor preço, o melhor produto, o melhor atendimento etc.

Atualmente tudo é comercializado pela internet, e a tendência é que isso aumente cada vez mais, diminuindo a procura por lojas físicas.

7.20.3 B2B

Para Kotler e Armstrong (2007), as empresas utilizam os sites para propaganda de catálogos *on-line* de produtos, redes de negociações *on-line*, atendimento ao cliente. Além de vender e comprar pela internet, ela pode também auxiliar a melhorar o relacionamento entre a empresa e potenciais clientes organizacionais.

7.20.4 C2C

Kotler e Armstrong (2007) definem C2C como um meio de troca de informações e bens pela internet entre pessoas interessadas em uma mesma coisa, uma conexão entre consumidores.

Os consumidores *on-line* não se limitam a consumir informações sobre os produtos, eles estão também gerando essas informações, a chamada propaganda "boca a boca".

7.20.5 C2B

Kotler e Armstrong (2007) afirmam que, com a crescente tecnologia e a facilidade cada dia maior em acessar a internet, os consumidores estão cada vez mais próximos das empresas. O consumidor pode dar sempre um *feedback* à empresa, avaliar sua satisfação, reclamar, e as empresas têm se adaptado a esse comportamento. A resposta é quase imediata em muitos casos. A empresa se preocupa com o retorno que o cliente dá ao seu atendimento e produto.

7.21 O Facebook e o marketing colaborativo

No último século, o avanço da tecnologia transformou os produtos e as pessoas. O marketing 1.0 surgiu logo no desenvolvimento da tecnologia de produção em massa, durante a Revolução Industrial. O marketing 2.0 formou-se a partir da tecnologia da informação e da difusão da internet. Já o marketing 3.0 nasceu devido a novas plataformas virtuais e mídias sociais. Atualmente vivemos o marketing 4.0, modelo VUCA, volátil, incerto, completo e ambíguo.

Com a popularização da internet, advinda de celulares com acesso remoto à rede e com baixo custo, os consumidores atualmente têm acesso a uma gama infinita de produtos e informações em qualquer lugar. Muitas dessas informações são trocadas entre eles, tornando essa participação colaborativa e ativa e sendo, desse modo, bom para o mercado e para os clientes. À medida que as pessoas foram trocando informações e preferências pela rede, as empresas passaram a ver a internet como uma fonte de informações para benefício próprio e, assim, aumentaram sua participação no mercado e conquistaram outros nichos por meio da participação colaborativa de potenciais consumidores de seus produtos. Criaram produtos diferenciados, além de propagandas que atingem esse público específico por intermédio também das mídias sociais.

Ainda segundo Kotler e Armstrong (2007), como as mídias sociais são de baixo custo e de fácil acesso, o futuro da comunicação de marketing será das mídias sociais, ou a junção com as mídias convencionais, o que já vem acontecendo. Muitas empresas criam campanhas para mídias comuns, como virais e promoções para as mídias sociais, portanto, cabe aos profissionais de marketing estreitar os laços de comunicação com essa gama de consumidores, pois são eles que fornecem *insights* sobre o mercado, a abordagem, ou até mesmo sobre os produtos, e é uma ótima fonte de pesquisa e informação.

Empresas do ramo de tecnologia, como a Microsoft e o Linux, já utilizam essas informações para desenvolver produtos e melhorar sua abordagem para seus clientes.

Com o crescimento das mídias colaborativas, como blogs, Twitter, Facebook, e de sites de informações compartilhadas, como o Wikipedia, a abordagem em marketing precisou ser redefinida para atender a esses consumidores exigentes e com voz ativa, e essa voz deixou de ser somente das empresas e dos profissionais de marketing.

O que poderia transformar-se em uma ameaça aos canais de comunicação das organizações tornou-se um verdadeiro aliado até no momento da criação de novos produtos com base na opinião pública.

O Facebook foi criado por Mark Elliot Zuckerberg, em Harvard, com a ajuda de seu amigo Eduardo Saverin. A ideia do site era conectar os alunos de Harvard, já que só poderiam ingressar na rede alunos da instituição. Com o sucesso da rede social, ele resolveu expandir para outras universidades, e assim sucessivamente, até que todos pudessem se inscrever. O Facebook cresceu de 10 milhões de usuários ativos para 50 milhões e continua crescendo e duplicando a cada seis meses. Em 2020, chegou aos 2,3 bilhões de usuários.

Com cerca de 67% dos cadastrados utilizando o site diariamente e permanecendo mais tempo *on-line* do que em outros sites, começaram a busca por publicidade, o que geraria lucros. Com o sucesso da rede e na busca de patrocínios para mantê-lo funcionando, houve a chegada de Sean Parker no Facebook. Sean, criador do Napster, a maior revolução da internet, o programa que possibilitava que fossem baixadas músicas *on-line*, já era conhecido, facilitando o encontro com potenciais investidores.

A rede social focada no mercado universitário, com a ideia principal de conhecer mulheres, cresce cada dia mais.

A ambição de Mark nada mais era do que criar um serviço que capturasse a totalidade da conectividade humana, criar a máquina definitiva de relacionamentos, mapear todas as relações, todos ligados a todos.

Ele não queria apenas criar uma rede social, mas também a possibilidade de divulgação de empresas. Criar aplicativos para tornar o site útil, desenvolvendo um novo modelo de propaganda.

Pesquisas indicam que a rede social cresce a cada dia, principalmente no Brasil, com muitos usuários ativos que acessam pela web e por dispositivos móveis.

Atualmente, há mais de 4,5 bilhões de pessoas que acessam a internet no planeta, e o uso do dispositivo móvel é predominante. Contudo, isso interfere na ação do marketing, já que o Facebook para dispositivo móvel possui menos espaço para publicidade. Cerca de 60% do acesso é feito via celular e *smartphones*.

O objetivo do Facebook é conquistar o maior número de usuários possível. Mais usuários produzem mais conteúdo, o que permite criar novas formas de gerar receita. No entanto, com a aquisição do Whatsapp e do Instagram, ocorreu uma mudança gradual no comportamento dos usuários das redes e uma estabilidade no uso do Facebook.

7.21.1 O marketing no Facebook

Com base em dados da internet, Olivan afirma que o Facebook utiliza nossas informações pessoais como moeda de troca para vender publicidade, o que é sua principal fonte de renda. Trinta por cento do valor de cada compra de bens virtuais feita pela plataforma ficam no Facebook.

Os anunciantes escolhem o público-alvo por meio de informações que descrevam seus gostos e categorias de interesse. A partir disso, são disponibilizadas nas páginas propagandas, anúncios de páginas no próprio Facebook, inclusive mostrando quais amigos já curtiram.

Figura 7.15 Perfil da rede social Instagram.

Quanto mais a empresa paga, mais aparece em nossas páginas. Desta forma, as chances são maiores de aparecer em anúncios para seus usuários-alvo.

A empresa pode pagar por cada clique que dermos, o Facebook lucra, ou então a cada mil visualizações no Facebook.

As informações vêm também das nossas atualizações, temas de interesse, produtos comentados, links, lugares visitados, links compartilhados.

O Facebook não vende nossas informações, ele encaminha os anúncios para os usuários de acordo com o perfil que o anunciante deseja.

Assim, o Facebook acaba se tornando fonte extremamente importante para o marketing. As empresas buscam o Facebook para anunciar, porque sabem que permanecemos muito tempo conectados e que se trata de temas que nos interessam.

Após toda a abordagem sobre a internet e os aspectos de marketing inclusos nela, no próximo capítulo serão apresentados dados comprobatórios sobre o fato analisado: a influência do marketing digital no consumo.

1960	1980	1990	2000
Jerome McCarty – 4Ps	Raimar Richers – 4As	Robert Lauterborn – 4Cs	Diversos autores – 4Cs
Preço	Análise	Cliente	Participação
Produto	Adaptação	Custo	Personalização
Praça	Ativação	Conveniência	Ponto a ponto
Promoção	Avaliação	Comunicação	Parcerias
2010	2014	2016	2019
Diversos autores – 8PDIG	Diversos autores – 5P MC	Diversos autores – 5Ms	Diversos autores – 5Rs
Pesquisa	Proposta	Missão	Relacionamento
Precisão	Permanência	Moeda	Retenção
Profissionalização	Permissão	Mensagem	Recuperação
Propagação	Pertinência	Mídia	Referências
Percepção	Pessoas	Mensuração	Reputação
Publicação			
Produção			
Projeto	Comunicação mercadológica integrada: composto de marketing		

Figura 7.16 Composto de marketing.

A Figura 7.17 retrata todo o processo de marketing nos nossos perfis do Facebook, como as empresas utilizam o marketing a partir de nossos dados e como isso é lucrativo para o Facebook, enquanto acessarmos as propagandas veiculadas em nossas páginas.

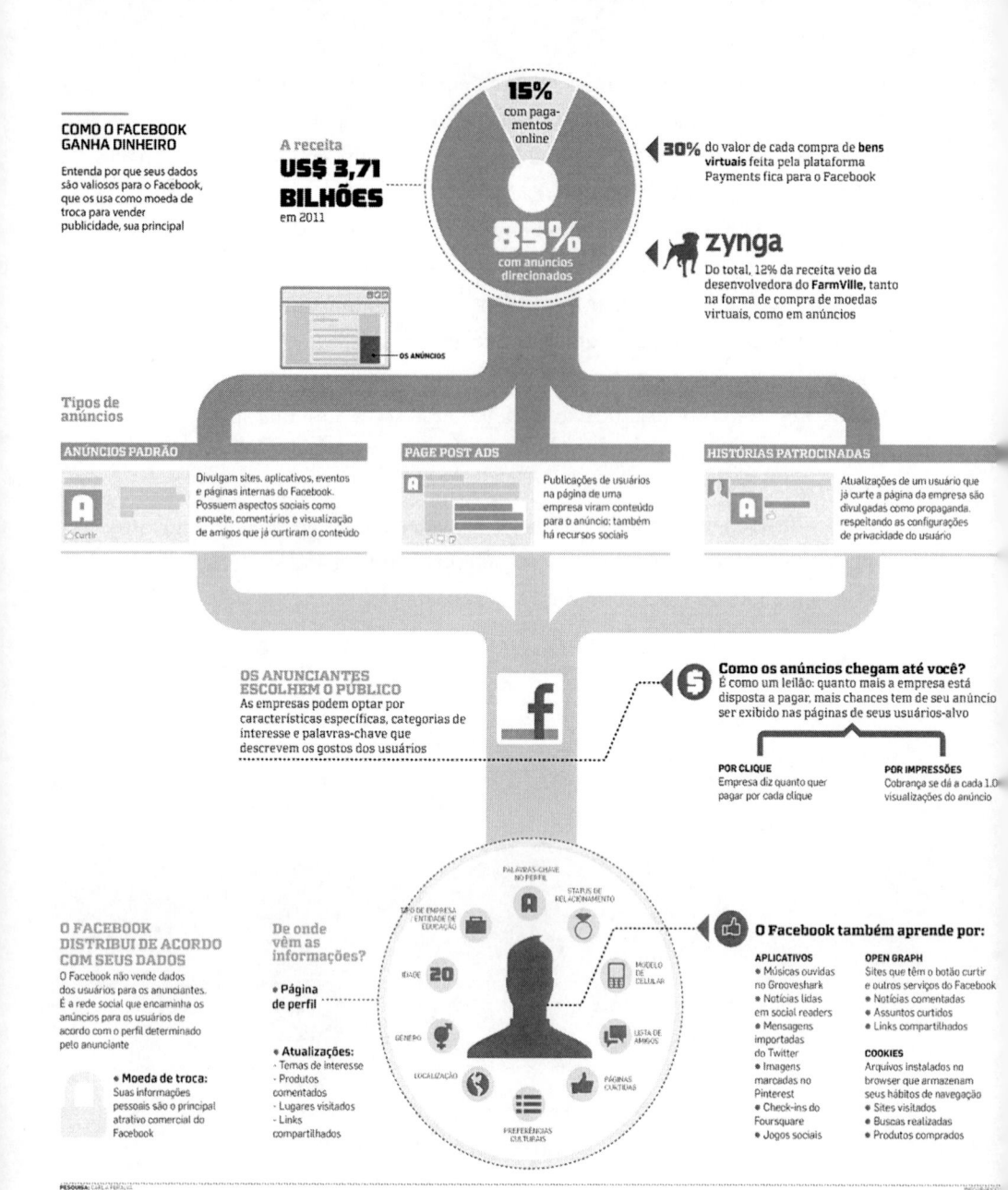

Figura 7.17 Marketing no Facebook.

Fonte: Arte Estado/Estadão Conteúdo/AE.

capítulo 8

Inteligência em vendas

8.1 Introdução

Um dos principais gatilhos de uma empresa é o setor de vendas. O foco é vender. Se houvesse *market share* e metas atingidas, toda e qualquer equipe comercial sobreviveria. Observamos que, muitas vezes, aumentamos nossas vendas, no entanto, as margens ficam cada vez menores, e equipes comerciais são postas em xeque acerca de suas abordagens simplistas e tradicionais.

Com o crescimento dos negócios.com e o cliente mais informado e interativo, o futuro do vendedor é incerto. Consultores de vendas, especialistas em produtividade de clientes, gestores de relacionamento com *key accounts* são unânimes em afirmar que o vendedor moderno deve investir em conhecimentos específicos de sua atividade. Entender que uma venda *turn key* é diferente de uma venda "engenheirada", que por sua vez é diferente de uma venda por projetos, que também difere de uma venda direta, ou da venda.com. Para cada tipo de abordagem, há conhecimento e metodologia específicos. Assim, as equipes comerciais devem trabalhar em cima de *clusters, value,* LFT, entre outros quesitos, para que possam diagnosticar os valores e percepções individuais de cada grupo de clientes, mantendo uma relação salutar entre a empresa e o mercado.

8.2 As diversas modalidades em vendas

8.2.1 Vendas consultivas

O que é venda consultiva? A venda consultiva visa dar suporte, entender e atender ao consumidor, antecipando-se às possíveis necessidades. Ao estudarmos o papel das vendas consultivas, observaremos que o vendedor atua como aliado do consumidor e quer ajudá-lo. O cliente, por sua vez, deve ter a percepção de que está recebendo uma consultoria, que vai ajudá-lo de forma sincera e íntegra.

De modo geral, a maior parte das técnicas de vendas tem por objetivo aumentar o tíquete médio (maior valor de compra por cliente), quer seja pela maior quantidade do mesmo produto (*up selling*), quer seja pela compra de outros itens (*cross selling*).

O consultor em vendas deve desenvolver conhecimentos diversos e apresentar o seu produto ou serviço como solução para as necessidades do mercado consumidor. Vale ressaltar que o consumidor sempre estará disposto a pagar mais quando houver maior valor agregado em produtos ou serviços de maior complexidade. Então, a ação comercial estará baseada em raciocínio lógico – relação custo × benefício.

8.2.2 Modelo VRIO aplicado a vendas

Ao nos deparar com vendas, torna-se vital entender o que é percepção de valor e como transformar isso em resultados. Para tal, abordaremos o modelo baseado em recursos VRIO de Barney, 2007 (RBV – Resource Based View).

Analisando o modelo em questão, parte-se da prerrogativa de que toda e qualquer empresa para ser eficaz deve ter efetividade na utilização dos seus recursos. Estes se traduzem em ativos, capacidades, processos, atributos, informações, conhecimentos que permitam adotar metodologias visando a maximização de desempenho.

Em artigo, Barney (1991) estabeleceu correlação entre os recursos das empresas e a geração de vantagens competitivas sustentáveis. Sua análise está pautada em quatro vetores de recursos de uma organização, que correspondem à sigla VRIO: Valor (V), Raridade (R), Imitabilidade (I) e Organização (O). De acordo com o modelo apresentado, observa-se que o profissional de vendas conseguirá uma posição favorável, na medida em que criar vantagem competitiva e se sobressair aos concorrentes e conseguir gerar algo sustentável e de longo prazo, visando o paradigma ganha-ganha.

Recursos de Valor (V) remetem a capacidades da organização em estabelecer análises, internas e externas, que permitam capitalizar oportunidades e gerar desempenho de vanguarda.

Entende-se Raridade (R) por algo de extrema complexidade, que seus rivais terão dificuldade para adquirir, em curto prazo, proporcionando posicionamento de vanguarda à organização.

Imitabilidade (I): mesmo que alguém copie algo jamais estará posicionado com a mesma consistência e apelo que o franqueador desenvolveu.

Já a Organização (O) é o indicador que vai sustentar toda e qualquer atividade da companhia. Não adianta ter valor, ser raro, difícil de imitar, se, na prática, não houver níveis básicos de organização que permitam garantir os postulados anteriores.

Na prática o vendedor/consultor deverá dispor da composição de tais elementos para estabelecer vantagens sustentáveis sobre outros postulantes de mercado.

Nota-se que é imprescindível que o vendedor/consultor dedique tempo e energia para aprofundar-se no universo do consumidor, pesquisar suas principais necessidades, soluções esperadas e como os seus concorrentes atuam. O profissional de vendas consultivas deve se posicionar como um aliado do consumidor na pesquisa sobre a melhor solução para o problema. No atual cenário, relacionar-se com excelência, utilizando um processo informatizado e eficaz, gera encantamento, ou aquilo que chamamos de momentos mágicos.

8.2.3 Vendas engenheiradas

8.2.3.1 O que é venda engenheirada?

A venda engenheirada deve formalizar a colaboração entre todos os *stakeholders* para a obtenção dos objetivos formulados, estabelecendo responsabilidades, procedimentos e controles específicos, além de prover meios para a sua gestão, de forma que maximize a qualidade das soluções e seu resultado medido em termos da satisfação dos clientes. Sua introdução pode ainda abrir caminho para a evolução das práticas de projeto e execução por meio da aplicação de conceitos como a engenharia simultânea.

A figura do engenheiro de vendas é por caso. Na verdade, as métricas, praticidade, entendimento, continuidade nos acordos têm feito com que o profissional de engenharia de vendas ou de engenharia simultânea venha a ocupar posição de destaque. Eles conseguem organizar práticas de construção de projetos e entregas, criando oportunidades de ganhos de escala pautados na simultaneidade. Essa prática dá lisura ao processo e ausência de erros, pois, quando existe a estratégia de reciprocidade, os processos se organizam melhor, garantindo desempenho superior.

Conforme Fabricio e Melhado (1999), "o conceito de simultaneidade inclui a visão antecipada e global das repercussões das decisões de projeto diante da eficiência dos processos produtivos e da qualidade dos produtos gerados, levando em conta aspectos como construtibilidade, habitabilidade, manutenibilidade e sustentabilidade dos processos".

8.2.4 Vendas complexas

8.2.4.1 O que é uma venda complexa?

O ambiente empresarial está repleto de inovações e diversidades, tornando a atividade comercial mais complexa, determinando maior envolvimento entre comprador e vendedor. A oferta passou a ser conceitual e intangível, e uma parametrização comercial lenta, o que remete a um nível de aprendizado permanente e alto grau de resiliência para suplantar as barreiras cotidianas.

Levando-se em conta esse ambiente, o comprador passa a agir sobre critérios técnicos. O avaliador técnico toma decisões com maior grau de envolvimento, fazendo com que o profissional da área comercial se depare com desafios permanentes, que gerem opções de produtos/serviços, com critérios racionais de seleção de fornecedores/parceiros, buscando, assim, conciliar interesses diversos com avaliadores, tomadores de decisões, financistas, técnicos e beneficiários. Dessa forma, a venda complexa caracteriza-se por um processo lógico de aquisição, com ferramentas de vendas que atendam aos interesses dos profissionais-chave, não negligenciando os beneficiários e avaliadores.

Venda complexa envolve problemas específicos de marketing e vendas, que exigirão mudanças nos modelos mentais tradicionais, gerando métodos pautados em geração de *leads* e princípios descritos a seguir:

- Geração de *leads* é uma conversa, não uma série de campanhas desarticuladas. A geração de *leads* que utiliza múltiplos contatos via múltiplos meios sempre vai superar as táticas de marketing isoladas.
- Relacionamentos com as pessoas certas, duradouros, independentemente do seu *timing* para comprar.
- Engajamento de pessoas o mais cedo possível em seu ciclo de compra, de modo que você possa influenciá-las em sua visão.
- A primeira impressão é a que fica. Consistência é a palavra-chave.

Vendas e marketing devem atuar com sinergia, pois são corresponsáveis pelos resultados. Neste cenário, deve-se ter compreensão unificada e consenso sobre a definição do que seja um *lead* de vendas. O propósito do marketing é ajudar a equipe de vendas a "vender". Se você adotar os processos corretos, tudo ficará mais fácil utilizando um sistema de automação de marketing e gerenciamento de *leads*:

- Tenha um conjunto claro de métricas relevantes, que possam ajudar a medir o retorno sobre seu investimento na geração de *leads*. A concordância entre vendas e marketing, bem como da liderança executiva, é fundamental para o sucesso de qualquer programa de geração de *leads*.
- Esteja disposto e preparado para fechar o ciclo em todas as oportunidades que sejam identificadas.
- Consultores de confiança ganham mais vendas do que as marcas sem personalidade.
- Empresas não compram – as pessoas é que compram. Muitas vezes, as pessoas compram na emoção e se justificam com a lógica.

8.2.5 Forecast e pipeline

A *pipeline* (ou funil de vendas) contém todas as oportunidades que estamos trabalhando em um momento específico. Oportunidades que decidimos operar, com previsibilidade, como dono da conta, com nome e sobrenome: o vendedor que as opera. Já o *forecast* (ou previsão de vendas) contém aquilo que antecipamos vender em prazos determinados. Vale ressaltar que uma oportunidade de *pipeline* pode ter diferentes *forecasts*, para os diversos níveis hierárquicos de vendas.

Na prática, um vendedor inclui uma oportunidade "X" em sua *pipeline* e começa a trabalhá-la. Em determinado momento, ele resolve incluí-la em seu *forecast*. Então, ele necessariamente antecipa "quanto" ($) e "quando" (data de fechamento).

Pode também colocar uma probabilidade de fechamento, embora isso não seja mandatório. O *forecast* do vendedor é enviado para seu gerente, que olha a previsão para a oportunidade "X" e decide mudá-la antes de enviar para o diretor. Ele pode mudar o valor estimado e a data de fechamento. O diretor, por sua vez, pode fazer a mesma coisa antes de enviar para o presidente. Assim, podemos dizer que uma só oportunidade da *pipeline* deu origem a três previsões distintas de vendas. Importante: o *forecast* do nível de cima não invalida o do nível de baixo.

8.2.6 Vendas eletrônicas

Não poderia deixar de explorar o conceito de comércio eletrônico, ou vendas eletrônicas. Com a dinâmica do mundo dos negócios, incluímos um novo capítulo apenas com o tema vendas eletrônicas.

8.2.6.1 Definindo comércio eletrônico

O comércio eletrônico é definido de várias formas, mas sempre tem como meta a comercialização de algo por meio eletrônico, utilizando as tecnologias existentes de comunicação e informação. Atualmente, a internet tem sido a grande propulsora do comércio eletrônico, pois a localização geográfica é irrelevante neste caso. Portanto, há uma contribuição para o comércio mundial, assim como é um novo caminho para a globalização.

Os termos *e-business* e comércio eletrônico são diferentes. No comércio eletrônico há a venda da empresa para o consumidor final, e no *e-business* não existe necessariamente venda, mas sim adequação dos sistemas da empresa por conveniência e disponibilidade, a fim de aumentar os negócios existentes ou criar novos negócios virtuais.

O comércio eletrônico pode ser feito dentro da própria empresa; de empresa para empresa; de empresas para clientes; de empresas para o governo; de clientes para clientes. Portanto, pode ser dividido em três áreas: intranet – onde existem trocas de informações dentro da própria empresa; extranet – onde a troca de informações é feita entre empresas diferentes; e internet – onde a troca de informações é feita entre consumidores e empresas.

O objetivo de utilizar a intranet é ter um negócio intrabusiness, o que é caracterizado por integrar as várias funções da empresa, a fim de facilitar as aplicações do negócio. Na utilização da extranet, o tipo de negócio é denominado *business-to-business* (B2B), em que empresas diferentes negociam. Não existe venda direta ao consumidor, mas existem negociações entre empresas, clientes e fornecedoras de um produto. Na utilização da internet, o tipo de negócio é denominado *business-to-customer* (B2C), isso significa que as empresas têm como objetivo vender diretamente ao usuário ou ao consumidor final, como observaremos adiante.

Para que o potencial do comércio eletrônico seja aproveitado corretamente, é necessário que a solução envolva diversas áreas, tais como: processo de compra e venda, marketing, logística e integração de sistemas de informação, além da área ligada à tecnologia. É necessário saber também a razão pela qual a empresa está querendo se tornar *on-line*. Somente o fato de os concorrentes da empresa estarem *on-line* não é um motivo forte, pois o investimento é alto e exige que a empresa defina o escopo que deseja atender com o negócio digital. Para entendermos o comércio eletrônico, verificaremos agora seus principais componentes e aplicabilidades.

8.2.6.1.1 B2C – business-to-customer

É uma modalidade de comércio eletrônico para desenvolvimento de vendas direcionadas ou cruzadas e para a formação de comunidades de interesses comuns. Estas são especialmente grandes para empresas pontocom e também para o desenvolvimento de negócios baseados na internet. Dispõem de capacidade para integrar suas operações de venda e prover serviços ágeis e personalizados de atendimento e suporte ao consumidor.

Esta modalidade equivale em grande parte ao varejo eletrônico e tem tido grande crescimento com o aparecimento da World Wide Web – WWW (Batista, 2006).

O *boom* começa com a grande ilusão do B2C (*business-to-customer*), a negociação direta da empresa com o cliente. Isso ocorre nos Estados Unidos e arrasta o mundo para uma corrida desenfreada de valorização das empresas.com, que iniciavam vendendo qualquer coisa.

Os pressupostos eram simples e, aparentemente, corretos:

- Milhões de pessoas tinham acesso a net, o que se demonstrou correto.
- O crescimento de acessos seria vertiginoso, o que também se demonstrou correto.
- Todas essas pessoas, por comodismo ou praticidade, iriam comprar de tudo via internet, o que se demonstrou não estar correto.

O último pressuposto não levava em consideração aspectos sociais, antropológicos e econômicos, e, com raras exceções, o B2C quase naufragou. De fato, não naufragou. Amadureceu, pois somente os B2C adequados é que sobreviveram. Isto é, a "server" é para vender flores, pizza, joias, mas vende muito bem DVDs, livros, eletroeletrônicos, cosméticos, roupas, ensino a distância e venda de alguns conteúdos especializados.

O maior exemplo de sobrevivência do B2C, por sua adequação à net e às características dos clientes, é a www.amazon.com, que amadureceu e conquistou seu espaço no mercado consumidor, inicialmente vendendo livros novos, tablets e *smartfones* e, agora, misturando um C2C ao B2C quando vende livros usados de sebos.

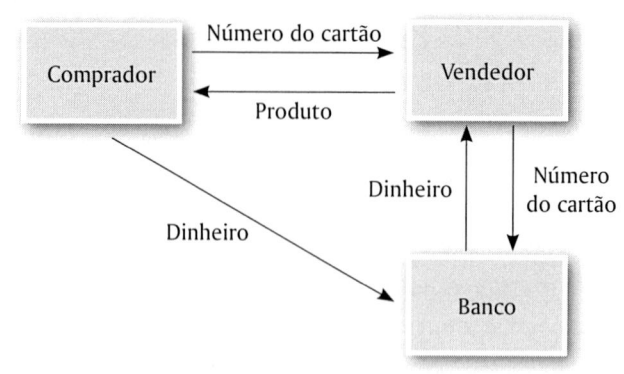

Figura 8.1 Modelo de transação eletrônica.

Fonte: Adaptado de Batista (2006).

Os portais B2C muitas vezes são sites que centralizam produtos de diversos fornecedores. De forma operacional, quando um pedido é feito, um banco ou um sistema financeiro vinculado ao portal verifica o crédito pelo cartão de crédito ou outra forma eletrônica, havendo até a opção de boleto bancário via internet. Em caso de crédito positivo ou confirmação de boleto, o pedido é enviado para o fornecedor, que entrega o produto final no local definido pelo consumidor, conforme a Figura 8.1. Uma das grandes vantagens do comércio eletrônico é que o modelo B2C permite que a organização diminua a quantidade de intermediários, possibilitando diminuir os custos envolvidos na operação.

8.2.6.1.2 C2C – *consumer-to-customer*

O C2C, consumidor para consumidor, engloba sites que fazem a intermediação das transações entre duas pessoas físicas. Um exemplo típico desses sites são os leilões *on-line*, em que qualquer pessoa interessada em negociar um bem ou disponibilizar informações, como preço inicial para os possíveis compradores, deve dar lances iguais ou maiores que o inicial proposto para efetuar a aquisição.

Atualmente a internet é vista como uma forma de expressão e portal de um novo mundo, uma nova forma de relacionamento entre as pessoas e de fazer negócios. O uso da internet se amplia enormemente a cada dia, devido a suas características de fácil utilização, potencial de comunicação oferecido e nova modalidade de comércio.

Se comparada a outros meios de comunicação, a internet levou apenas cinco anos para atingir 50 milhões de pessoas. Vale ressaltar que a Apple gerou 1 bilhão de *downloads* em nove meses, o Facebook conseguiu mais de 2 bilhões de adeptos em pouco mais de 12 meses, enquanto a TV a cabo demorou dez anos para atingir esse mesmo público, a TV aberta levou 16 anos e o rádio, 38 anos. Com base nessas informações, deve-se realmente dar atenção especial à internet e analisar a nova forma de comércio que surgiu por meio dela.

O C2C é um fenômeno que ocorre quase simultaneamente com o B2C. Seu maior representante mundial é o e-Bay, que comanda os leilões via internet e ganha na intermediação de negócios. No Brasil, o maior representante dessa categoria é o site <www.mercadolivre.com.br>.

A melhor definição para C2C é: um gigantesco "mercado de pulgas" eletrônico. Um verdadeiro classificado *on-line* com intermediação. Em nenhuma parte do mundo houve outro fenômeno tão grande quanto o e-Bay.

8.2.6.1.3 B2B – *business-to-business*

O B2B aparece depois do B2C e já nasce mais adequado às características da net. O B2B espera as soluções de segurança para se consolidar. Seu grande salto ocorre com a adequação à metodologia de SCM (Supply Chain Management), gestão da cadeia de suprimentos.

A grande inovação do SCM é respeitar as restrições de transporte, estocagem, produção etc. O que permite, inicialmente, a identificação dos chamados "gargalos" operacionais e um planejamento para readequá-los à demanda.

Fica fácil perceber a grande utilidade da net para o SCM, pois conecta diretamente a demanda dos clientes com as necessidades da organização e com as restrições de sua operação e de seus fornecedores. O SCM torna-se o grande impulsionador dos sistemas tipo ERP (Enterprise Resource Planning), sistemas de planejamento de recursos da empresa, que promovem o planejamento e a gestão integrada de todos os recursos do empreendimento.

Esse tipo de modalidade de negócio eletrônico compreende um mercado (*marketplace*) seguro, também conhecido como portal B2B, em circuito fechado, que possibilita o desenvolvimento de transações comerciais entre parceiros verticais ou transversais de uma indústria ou negócio de um ou mais mercados (Batista, 2006).

O portal tipo B2B tem como principal objetivo ser facilitador de transações que buscam produtos, bens ou serviços em diversos fornecedores participantes, viabilizando o financiamento da operação, providenciando a melhor logística para que a mercadoria chegue a seu destino, no tempo contratado, dentro da qualidade esperada e sem avarias no seu transporte. Assim sendo, o principal objetivo do portal é minimizar os custos para o comprador.

Um exemplo clássico dessa modalidade de negócio eletrônico seria uma organização que usa a sua rede para solicitar produtos a seus fornecedores, recebendo pedidos de seus vendedores e efetuando os pagamentos necessários. Além de integrar todos os participantes da cadeia comercial e disponibilizar informações atualizadas sobre os produtos, a importância do B2B provém da colaboração *on-line*, da integração e da automação dos processos operacionais do negócio (Batista, 2006).

A utilização do portal B2B por uma empresa permite:

- integração com outras comunidades de negócios;
- criação de um ambiente de relacionamento e troca de informações;
- dividir os custos do pioneirismo, buscando ratear os riscos estabelecidos pela responsabilidade de ter um portal próprio.

Como vantagens para uma organização que utiliza um portal B2B, podemos destacar algumas:

- menores custos de compra e estoques;
- acesso instantâneo a grande quantidade de produtos e serviços oferecidos por uma gama enorme de fornecedores;
- flexibilidade na comparação de preços, nas condições de pagamento (forma), no prazo de entrega e na variedade de fornecedores;
- acesso imediato a informações técnicas do produto, assistência técnica etc.

Existem várias modalidades de portais B2B, como se verifica no Quadro 8.1 (Batista, 2006).

Quadro 8.1 Modalidade de B2B

B2B público	Vários fornecedores disponibilizam produtos para venda a outras empresas dentro de um determinado segmento de mercado.
B2B particular	Um único fornecedor vende seus produtos para seus representantes, revendedores e lojistas.
B2B compras	Solução para grandes compradores. Neste caso, os diversos fornecedores divulgam seus produtos para a empresa compradora.

Fonte: Batista (2006).

A evolução continuou em uma velocidade sem precedentes. Bancos, fundos de investimentos, fundos de pensão, grandes magazines, lojas de varejo e até o governo investiram bilhões de dólares em projetos baseados na web, dando origem à crença de que a organização que não estivesse representada na internet estaria fadada a desaparecer. Surgiram outros modelos de negócios de empresas totalmente fundamentados na internet, ganhando denominações específicas de acordo com a área de atuação. A denominação dos portais passou a ser vinculada ao escopo de atuação da empresa em sua cadeia de suprimentos, podendo ser designada dentro do modelo mais amplo, chamado comércio eletrônico ou em inglês *e-commerce*.

8.2.6.1.4 B2E – business-to-employee

Comércio entre empresa e empregado. Quando se estabelece a relação de colaboração e compartilhamento de informações entre organizações e seus próprios funcionários. Como o mais recente representante da família B2, aparece o *business-to-employee* (B2E), que define a relação entre a organização e o empregado, descoberto pelas grandes organizações. O seu uso ainda é inadequado pela grande maioria delas. Contudo, tem sido utilizado basicamente para "mensagens motivacionais" ou disseminação de práticas e políticas organizacionais.

Organizações mais sérias, com uma área de Recursos Humanos estratégica, têm desenvolvido portais com diversas aplicações, tais como:

- pesquisa de clima organizacional;
- avaliação 360°;
- universidades corporativas que fazem a gestão de todo o programa de educação e treinamento alinhado a políticas, estratégias e necessidades identificadas no mercado atual e futuro;
- disseminação e acompanhamento do plano de cargos e salários individualmente;
- disseminação de práticas de qualidade de vida pessoal e no trabalho.

O B2E tende a crescer junto com B2B, pois as soluções ERP disponíveis no mercado estão agregando suas características rapidamente.

8.2.6.1.5 B2G – business-to-government

Modalidade que cobre todas as transações entre empresas e organizações governamentais. Essa categoria é muito recente, mas está se expandindo rapidamente devido à perspectiva do governo de usar suas operações para despertar o crescimento do comércio eletrônico. A transação se dá por meio do cadastramento de produtos e serviços no portal do governo pelo fornecedor, quando participa de licitações eletrônicas, e todo o processo de compra é efetuado no formato eletrônico. Vale a pena ler as Leis nos 8.666[1] e 10.520[2] e o Decreto nº 9.412.[3]

8.2.7 Estatísticas do e-commerce no Brasil

Segundo Miceli e Maróstica (2019), pode-se perceber o crescimento em 2019 em relação ao ano anterior em relação aos pedidos efetuados. Houve uma redução no ticket médio comparado ao ano anterior, conforme apresentado na figura a seguir.

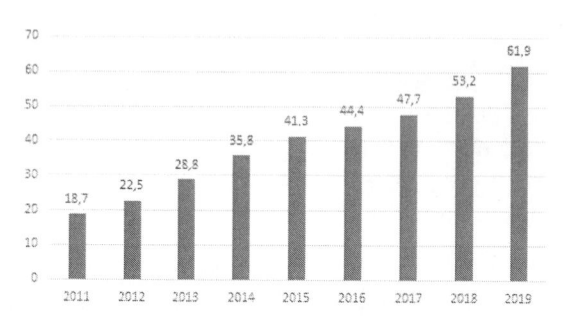

Figura 8.2 A evolução do faturamento no varejo *on-line* no mercado brasileiro (em bilhões).
Fonte: Miceli e Maróstica, 2019.

Ainda considerando a estatística no modelo de comércio eletrônico, os gráficos das Figuras 8.3 e 8.4 relatam, de forma sucinta, os principais nichos de mercado e seus números, que representam o negócio do B2B.

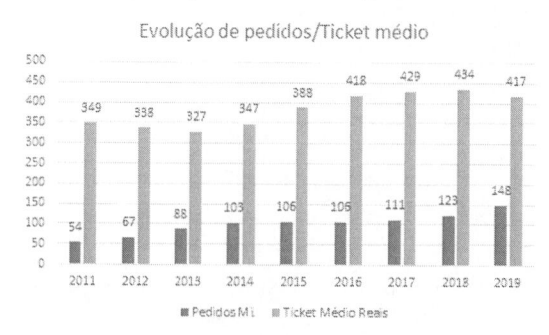

Figura 8.3 A evolução do faturamento do *e-commerce*.
Fonte: Miceli e Maróstica, 2019.

---

[1] Disponível em: <http://www.planalto.gov.br/ccivil_03/leis/l8666cons.htm>. Acesso em: 25 ago. 2020.
[2] Disponível em: <http://www.planalto.gov.br/ccivil_03/LEIS/2002/L10520.htm>. Acesso em: 25 ago. 2020.
[3] Disponível em: <http://www.planalto.gov.br/ccivil_03/_ato2015-2018/2018/decreto/D9412.htm>. Acesso em 4 nov. 2020.

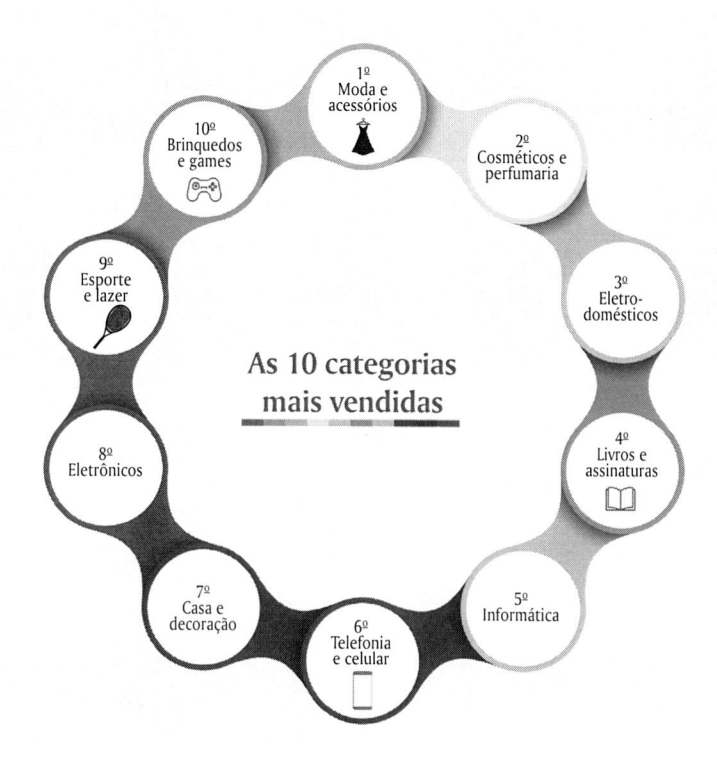

Figura 8.4 Top 10 categorias mais vendidas (em volume de pedidos).

Fonte: Miceli e Maróstica, 2019.

8.2.8 Vantagens e desvantagens do comércio eletrônico

Algumas vantagens do comércio eletrônico estão associadas à infraestrutura disponível na internet (que é a modalidade mais utilizada atualmente para esse tipo de comércio):

- **Acessibilidade global e alcance de vendas:** as empresas podem expandir sua base de clientes e sua linha de produtos, visto que a internet pode ser acessada de qualquer lugar do mundo.
- **Relacionamento mais próximo entre empresa e fornecedores:** transações B2B podem gerar relacionamentos mais próximos pela facilidade existente no novo canal de comunicação.

- **Testes gratuitos:** produtos podem ser testados na web de forma rápida, fácil e sem custos.
- **Redução de custos:** empresas podem reduzir seus custos de produção adequando dinamicamente seus preços.
- **Tempo para comercialização:** a internet está 24 horas *on-line*, 7 dias da semana, leva-se um tempo menor para comercializar e há também um ganho no tempo de resposta em relação às mudanças da demanda do mercado.

Como toda tecnologia, há prós e contras; a internet não é diferente, algumas desvantagens podem surgir até mesmo contradizendo as vantagens citadas. Neste caso, é necessário analisar qual a meta da empresa e avaliar todos os pontos existentes a favor e contra, para, então, decidir qual a melhor solução a ser tomada.

A seguir são descritas algumas desvantagens que devem ser consideradas:

- **Conflito de canal:** revendedores e comerciantes temem que, com o contato direto entre empresa e consumidor, haja prejuízo para as partes envolvidas na negociação; este fator deve ser analisado de modo que se preveja tal conflito, ou, à medida que o conflito aconteça, é preciso existir um plano de ação a ser tomado, para que a situação seja amenizada de forma que não traga prejuízos a empresa e/ou parceiros envolvidos.
- **Competição:** do mesmo modo que se tem a vantagem de comercializar em qualquer lugar do mundo, a competição, que até então era local, agora se torna mundial.
- **Direitos autorais:** uma vez publicada a informação na internet, torna-se fácil sua cópia.
- **Aceitação do cliente:** as empresas têm receio se os consumidores vão aceitar essa nova modalidade de negócio.
- **Direitos autorais:** uma vez publicada a informação na internet, torna-se fácil sua cópia. Um exemplo típico para este caso é a duplicação de CDs de áudio (a quantidade de arquivos MP3 disponíveis na internet é alta).
- **Aceitação do cliente:** as empresas têm receio se os consumidores vão aceitar esse novo modelo de negócio. Neste caso é necessário saber se os consumidores já estão conectados à internet e, além disso, oferecer serviços adicionais para que eles sejam atraídos para a utilização do novo canal de comunicação.

- **Aspectos legais:** não existe uma estrutura legal mundialmente.
- **Lealdade:** pelo fato de a procura de produtos ser mais rápida e fácil, os consumidores não garantem lealdade a seu vendedor.
- **Preço:** os preços podem diminuir, visto que o custo pode ser reduzido, mas o diferencial são os serviços prestados aos consumidores.
- **Segurança:** a segurança é algo muito importante e pode se tornar uma barreira tanto para consumidores quanto para parceiros. É necessário garantir, por meio de certificados, que as informações estejam trafegando pela rede sem adulteração dos dados.
- **Serviço:** é muito mais fácil e rápido comparar os produtos de uma empresa com os de outra. O serviço prestado pela empresa pode ser o grande diferencial, e é necessário investir neste ponto.
- **Viabilidade:** muitas empresas estão inseguras com o investimento que deve ser feito para a concretização do comércio eletrônico, em virtude das consequências que esse tipo de negócio possa acarretar para elas.
- **Barreiras do usuário:** o lado do consumidor deve ser considerado, pois terá custo de acesso a essa nova forma de negócio. A tecnologia está em constante avanço – haverá sempre a aquisição de novas máquinas e a incerteza sobre a nova economia, além do tempo necessário para o aprendizado da nova forma de negócio.

Apesar das dificuldades que se têm no comércio eletrônico, muitas empresas estão investindo nessa nova forma de negócio, driblando tais oposições, visto que algumas delas são conhecidas e podem contar com planos preventivos.

8.2.9 Intercâmbio Eletrônico de Dados

O Intercâmbio Eletrônico de Dados (EDI, do inglês Eletrônic Data Interchange) envolve a troca eletrônica de documentos de transações comerciais pela internet e por outras redes entre parceiros comerciais da cadeia de suprimentos (organizações e seus clientes e fornecedores). Dados representando uma multiplicidade de documentos de transações comerciais são trocados entre computadores que utilizam formatos padronizados em documentos de mensagem.

As características do software de EDI incluem:

- O uso dele para converter os formatos de documentos de uma companhia em formatos padronizados de EDI especificados por vários setores e protocolos internacionais.

- Os dados de transações em um mesmo formato são transmitidos pelas conexões de rede diretamente entre os computadores, sem documentos de papel ou intervenção humana.
- Além das conexões diretas de rede entre os computadores de parceiros comerciais, são extensamente utilizados serviços de terceiros.
- O EDI elimina a impressão, o envio, a conferência e o manuseio por funcionários de numerosos formulários com várias cópias de documentos comerciais.

Entre os benefícios de utilizar o EDI, destacam-se:

- Redução de papel, remessas e custos de mão de obra.
- Fluxo mais rápido de transações, pois os dados formatados das transações são transmitidos em conexões de redes diretamente entre computadores, sem papéis e sem a intervenção humana.
- Reduções nos erros.
- Aumento na produtividade.
- Suporte às estratégias de estoque *just in time* (JIT).
- Reduções nos níveis de estoques.
- Empresas em rede de valor agregado oferecem múltiplos serviços de EDI, seguros e de baixo custo na internet.
- As empresas menores podem agora arcar com os custos dos serviços de EDI.

Muitas empresas têm optado por estratégias virtuais e materiais integrados, de modo que suas operações de *e-business* se integrem de várias formas importantes às operações tradicionais da empresa.

A razão para tais estratégias baseia-se em:

- Destacar uma capacidade estratégica qualquer, existente nas operações tradicionais de uma empresa, que possa ser utilizada para apoiar uma empresa de *e-commerce*.
- Ganhar vários benefícios estratégicos pela integração do *e-commerce* ao negócio tradicional da empresa, como o compartilhamento de marcas estabelecidas e informações-chave, além da articulação do poder de compra e capacidade de distribuição.

8.2.10 Internet móvel

Os telefones celulares crescem continuamente no mercado, permitindo maior conectividade entre as pessoas. Porém, ao contrário dos computadores *desktops* ou *notebooks*, estes aparelhos alcançam diversas camadas da população. O número crescente de celulares vendidos anualmente está superando o número de telefones fixos instalados no Brasil.

Essa característica de crescimento do mercado brasileiro mostra a nítida tendência dos consumidores brasileiros pelo telefone móvel em detrimento do telefone fixo. Muitas podem ser as razões para este fato, uma delas é a necessidade de as pessoas estarem fora de casa, seja pelo aumento da carga de trabalho, seja pelas dificuldades de deslocamento nos grandes centros urbanos brasileiros.

A telefonia móvel traz alguns valores agregados embutidos, como, por exemplo, máquinas fotográficas, internet e comunicação por mensagens, entre outros, que modificaram o padrão de uso e de percepção das reais finalidades desses equipamentos.

Outras empresas, que outrora estavam à margem desse segmento, estão investindo alto nesta corrida, como, por exemplo, a Microsoft, que já possui um sistema operacional dedicado aos *smartphones*, no qual o Windows foi redimensionado, adequando-se às funcionalidades de um celular.

Tal opção permite aos usuários sincronizarem os *desktops* com os celulares, atualizando, por exemplo, mensagens de e-mail, contatos e tarefas de outros softwares, como o Microsoft Outlook contido em ambos os equipamentos.

Essas possibilidades vêm sendo inseridas por todas as empresas desenvolvedoras de celulares. Ao imprimir uma corrida inovadora sem-fim, modificando continuamente funcionalidades e *design*, um dos principais elementos de decisão de compra por parte dos usuários. No mês de setembro, a própria Microsoft adquiriu a Nokia visando integrar inteligência e mobilidade.

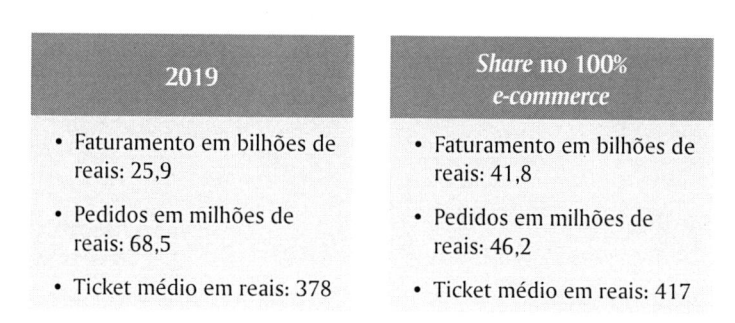

2019	*Share* no 100% *e-commerce*
• Faturamento em bilhões de reais: 25,9	• Faturamento em bilhões de reais: 41,8
• Pedidos em milhões de reais: 68,5	• Pedidos em milhões de reais: 46,2
• Ticket médio em reais: 378	• Ticket médio em reais: 417

Figura 8.5 *M-commerce* e sua importância.

Fonte: Com base nos dados de Ebit/WebShoppers 41.

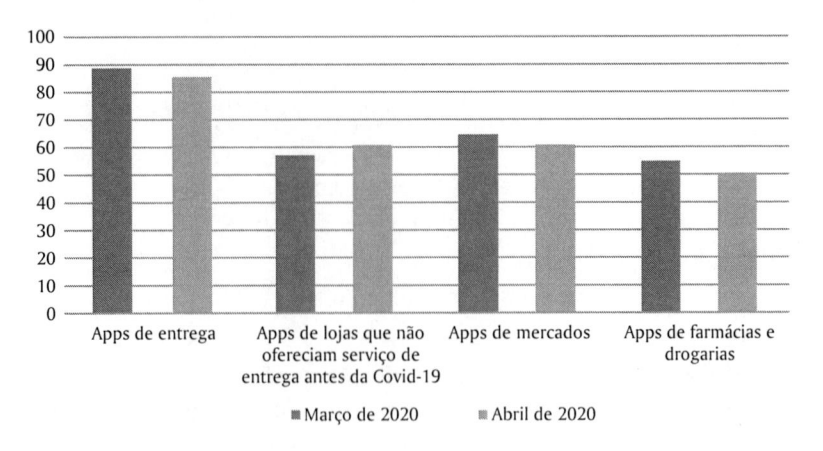

Figura 8.6 Os Apps estão na moda.

Fonte: Com base nos dados de Ebit/WebShoppers 41.

Torres (2009) afirma que o *e-commerce* (comércio eletrônico) tem crescido muito, porém, ainda hoje, muitos concorrentes não abrangem o mercado achando que não é possível obter vantagem competitiva, até que um concorrente do ramo entre no mercado virtual e dê certo.

As pessoas têm usado mais os celulares para acessar a internet, pagar contas e até mesmo efetuar compras.

A empresa Gol é um grande exemplo. Ela abriu portas utilizando-a para a venda de passagens *on-line* (www.voegol.com.br). Hoje, todas as empresas aéreas vendem passagens pela internet, mas quem inovou foi a Gol.

Além de ganhar mercado, a Gol também diminuiu gastos operacionais que eram utilizados com a venda de passagens e emissão de tíquetes. Até mesmo a reserva de poltronas pode ser feita via internet. Para embarcar, você somente precisa do documento de identidade ou um *QRcode*. Assim, diminuiu custos para a empresa, facilitou para o consumidor, que faz tudo em casa, sem perda de tempo e com maior praticidade. Ele só precisa ir ao aeroporto para viajar.

Kotler, Kartwyaya e Setiawan (2010), em seu conceito de marketing de experiência, afirmam que, no século XXI, os atacadistas e varejistas vão ter de se adaptar à concorrência do comércio eletrônico. Atualmente, tudo está disponível na internet – sem nenhum esforço –, o cliente pode acessar imagens, ler especificações, pesquisar os menores preços, as melhores formas de parcelamento. Todo o processo via internet, pesquisa-se, faz-se o pagamento e, em um prazo mínimo, o produto está em casa.

Ainda segundo Kotler, Kartwyaya e Setiawan (2010), a compra empresa-empresa (B2B) aumentou ainda mais que a compra por consumidor individual, empresa-consumidor (B2C). Os compradores preferem estar à frente do computador/celulares a estar pessoalmente em um escritório. A internet tem aproximado as pessoas. Viagens de negócios têm sido abolidas e as "pessoas estão entendendo, cada vez mais, os conceitos de *e-learning*". Um dos casos é o da escola virtual de idiomas livemocha.com, ou os Massive Open Online Courses (MOOCs – em português, Cursos *On-line* Abertos e Massivos), ofertados pelas melhores universidades do mundo gratuitamente.

8.2.11 Vendas por projetos

Quando falamos em projetos, vale destacar a metodologia proposta logo no primeiro capítulo deste livro, em que citamos práticas do PMBOK. Aqui ressaltaremos a importância de realizar vendas projetadas. O profissional de vendas deve entender seu cliente: quanto tempo em média ele fica e gasta com você. Esses são dados simples de serem calculados, fundamentais para manter como Key Performance Indicator (KPIs) na sua operação. LifeTime Value (LTV) significa Valor do Tempo de Vida (VTV). Basicamente indica quanto, durante a vida dele, ele gasta com o seu produto. Esse cálculo é realizado da seguinte maneira: primeiro é preciso obter o valor de quatro variáveis:

1. **Tempo de Vida (TV):** em média, por quanto tempo um cliente permanece com uma conta ativa com você? Normalmente esse dado é apresentado em número de meses ou anos (72 meses, 5 anos etc.). Quanto maior for esse número, mais interessante sua startup se torna.
2. **Ticket Médio (TM):** quanto, em média, um cliente gasta com a sua empresa por compra? É só somar o total de vendas no período e dividir pela quantidade de vendas. Esse é seu ticket médio. Exemplo: Receita bruta (RB) em 2013: R$ 220.540,00. Quantidade de vendas (QV) em 2013: 2.359 TM = RB/QV ou R$ 220.540,00/2.359 = R$ 93,43, o ticket médio de 2013.
3. Quantidade Média de Vendas por Cliente (QMVC) (por mês): O valor que buscamos aqui é para entender quantas vezes um cliente vai comprar conosco, em média. Quanto mais dados históricos você tiver, mais preciso esse número será. Digamos que tenha somente um ano de dados históricos. Basta então dividir a quantidade de vendas em 2013, que foi de 2.359, pela quantidade de clientes únicos. Por hipótese, vamos con-

siderar que, em 2013, 1.200 clientes únicos compraram na empresa. Dividimos então 2.359 vendas por 1.200 clientes, que dá um total de 1,97. Em média, em 2013, cada cliente fez 1,97 compras na empresa.

4. Tamanho Médio de Contas: com essas duas últimas variáveis, você já consegue identificar o tamanho médio de uma conta. Pode dizer que, em 2013, a sua conta média por cliente foi de R$ 184,18. Esse cálculo é feito multiplicando a quantidade de vendas (1,97) pelo ticket médio (R$ 93,49).

8.2.12 LifeTime Value

A combinação das variáveis anteriores possibilitará uma perfeita convergência do LTV da empresa, visto no exemplo a seguir:

$$LTV=QMVC*TM*TV$$

Os clientes da empresa gastam, em média, R$ X por compra e compram duas vezes por ano, exatamente R$. Eles mantêm, em média, um relacionamento de dez anos, sendo assim, cada cliente gastará com a empresa R$ Y, em média. Quanto maior for esse número, mais vantajoso será. Ter essa informação salvaguarda uma estratégia perfeita na adequação de oferta e demanda, mitigando os riscos e maximizando o desempenho operacional. É questão vital que executivos entendam o LTV do seu cliente para não gastar mais do que deve. Seu investimento para aquisição de cada cliente deve ser sempre inferior ao LTV. O dia em que estiver gastando mais que o LTV, perde-se dinheiro. Esse é um dos conceitos mais importantes para qualquer executivo/empresário/empreendedor de sucesso, para elevar o grau de assertividade na empresa. Ao falarmos em projetos, jamais devemos desassociar projetos e valores, pois a simetria entre ambos é que irá salvaguardar resultados sustentáveis nas operações.

8.2.13 Turn key

Virada de chave refere-se a algo que está pronto para uso imediato, para a venda ou fornecimento de bens ou serviços. O termo *turn key* originalmente era utilizado no setor imobiliário para descrever uma casa pronta para morar, completa em estrutura, decoração e mobiliário. Do mesmo modo, esse termo pode ser usado pelo fornecedor de empresa para empresa, oferecendo pacotes completos de soluções e serviços. Também se aplica a empresas que oferecem soluções para um projeto em todas as etapas – consultoria, projeto, infraestrutura, implantação, treinamento, operação, manutenção, reformas e, sobretudo, a entrega do prometido. Podemos dar como exemplo a Copa do Mundo Fifa 2014 no Brasil – na construção dos estádios e arenas que foram utilizados no evento –, em que pagou-se pelo projeto, com a expectativa da entrega dentro do prazo estabelecido, contando com a utilização totalitária dos recursos do contratado, evitando com isso ruídos e dando fim a reclamações e confusões causadas por diversos prestadores em uma só obra. O cliente contrata os serviços de uma empresa que oferece soluções *turn key* e recebe o projeto após a sua conclusão, pronto e operacional.

8.2.14 Venda direta

Várias são as definições de autores e especialistas em relação à venda direta ou marketing direto. Mas existe um consenso entre eles na forma direta e planejada da abordagem das empresas, junto aos potenciais clientes, das estratégias de marketing direto.

Marketing direto é um processo orientado pela informação e gerenciado pela tecnologia de banco de dados, o que permite aos profissionais desenvolverem e implementarem programas e estratégias personalizadas de canal, que são conhecidos por diversos jargões na atualidade, como "um para um", entre outros (Shepard, 1993). "O foco está em aferir uma resposta mensurável e/ou uma transação comercial" (Cobra; Zwarg, 1986). É importante conhecer esse conceito para entender de que maneira a escolha por uma estratégia de Database marketing pode favorecer as ações diretas de uma empresa. Ainda sobre a implementação de uma estratégia direta, Kobs (1993) e Shepard (1993) afirmam ser importante saber:

- Identificar e coletar dados relevantes dos clientes e *prospects*, direcionando suas ações para futuro próximo e distante.
- Usar tecnologia de banco de dados e ferramentas associadas para transformar dados brutos em informações de marketing poderosas e acessíveis. Ser ágil na obtenção de dados e informações, inclusive recorrendo a terceiros para o cruzamento e seleção destas quando necessário.
- Aplicar técnicas estatísticas aos bancos de dados de clientes e *prospects*, a fim de analisar o comportamento e isolar segmentos de mercado relativamente homogêneos. Avaliar e classificar os indivíduos no que se refere a probabilidade de se comportarem de acordo com diversos modos

previsíveis (respondendo, comprando, devolvendo, pagando, permanecendo ou saindo, entre outros). Avaliar a economia da coleta, da manipulação e da análise de dados e capitalizar a economia do desenvolvimento e da implementação da propaganda do marketing orientado pelos dados.

- Agir criativamente nas oportunidades de marketing que surgem desses processos para desenvolver relacionamentos com clientes individuais e construir negócios.

A identificação da potencialidade do marketing direto é simples. Basta imaginar a quantidade de ações de marketing em massa que se recebe diariamente, sem participar da meta (*target*) a que elas se destinavam. Quantas vezes você ouviu apelos para que comprasse um CD de certo gênero musical, quando detesta tal estilo? Ou quantas propagandas o incitam a consumir cerveja, quando você é avesso a bebidas alcoólicas? Este é o grande motivo pelo qual o marketing direto vem obtendo sucesso e crescimento no Brasil e no mundo, nos últimos anos. Identifica quem devemos atingir e direciona a estratégia de marketing para essas pessoas.

As ferramentas mais usuais do marketing direto são: mala direta, telemarketing, catálogo, cuponagem e internet.

8.2.15 Vendas cruzadas

O conceito de venda *cross-selling* (vendas cruzadas) visa otimizar receitas e custos em um contexto de concorrência muito forte, em mercados maduros. Vender produtos ou serviços a um cliente já em carteira é até quatro vezes menos dispendioso do que fazê-lo a um cliente novo. Uma boa estratégia de *cross-selling* deve estar baseada em uma boa estratégia de segmentação, como aponta este exemplo: Deseja um *sunday* como sobremesa?

Sabe-se que uma boa estratégia de *cross-selling* pode maximizar os resultados, entretanto, faz-se necessário lançar a estratégia no momento oportuno. Basicamente, são três tipos de atividades comerciais:

1. Vendas de múltiplos produtos e serviços para um mesmo cliente.
2. Vendas de produtos ou serviços a distintas unidades de negócio de uma mesma empresa.
3. Vendas de produtos ou serviços à mesma empresa em diferentes pontos geográficos.

Associadas naturalmente à venda cruzada, as estratégias de *up-selling* apontam mais a venda de maior quantidade do mesmo serviço ou produto; ou a venda de produtos/serviços de uma mesma família, associados naturalmente aos produtos e serviços comercializados em uma venda anterior.

O conceito de vendas aumentadas, *up-selling*, prevê incremento em uma mesma oportunidade, ou seja, aproveitar o ponto de contato e otimizar uma ação comercial, como por exemplo: Que tal mais R$ 1,00 por uma batata grande? No Quadro 8.2 demonstramos cada uma das metodologias.

Quadro 8.2 *Cross-selling* e *up-selling*

	Cross-selling	Up-selling
Definição	Crescimento da relação com o cliente mediante a venda de maior número de produtos ou serviços.	Crescimento da relação com o cliente mediante maior venda do mesmo produto ou serviço, ou de versões mais avançadas.
Fator-chave	Maior número de relações.	Maior número de soluções.
Requisitos e rendimento	Maior número de novos produtos e serviços. Maior rentabilidade e menor custo por venda.	Maior número de produtos e serviços já disponíveis, e de soluções *premium*. Maior rentabilidade e menor custo por venda.
Benefícios	Conhecer melhor as necessidades do cliente, as suas exigências de entregas e *timing*. Descobrir novas aplicações de determinados produtos e serviços. Aumentar a quota de cliente. Realizar "vendas defensivas" ante à concorrência. Aumentar o número de profissionais envolvidos nas contas-chave.	Encurtar o ciclo de vendas e otimizar o ritmo de pedidos. Obter no momento compromissos de compra no futuro. Descobrir novas aplicações de determinados produtos ou serviços. Aumentar a penetração por cliente. Consolidar a posição da empresa em médio e longo prazos.

Fonte: SDR (2014).

capítulo 9

Inteligência de mercado aplicada em meios digitais – As influências das mídias sociais no mercado

É inegável no atual momento que vivemos que existe uma transformação digital, ou seja, cada vez mais notamos que a tecnologia faz parte da vida das pessoas e, com uma volatilidade cada vez maior, o mundo muda em uma rolagem de página ou em apenas um clique. Se, por um lado, as pessoas mudaram, por outro, nota-se a ausência de uma inteligência digital nas empresas. A maior parte das organizações acredita que o ambiente digital é um modismo e confundem redes sociais com inteligência em ambiente digital, não criando metodologias que surpreendam e retenham a audiência de um público que se torna cada vez mais exigente e que procura inovação constante que gere entretenimento constante, neste ambiente altamente disruptivo.

Em linhas gerais, criar uma cultura digital em uma organização deriva basicamente de uma boa condução estratégica que envolve o conhecimento do seu ambiente, seu público, sua concorrência e todo o conjunto de *stakeholders* que possam impactar e gerar influência em uma marca e procurar, de maneira constante, entretê-la e educá-la com ferramentas ágeis que possibilitem tal engajamento. Entretanto, quais seriam as ferramentas que possibilitarão às empresas esse posicionamento digital e que gerem oportunidades para maximização dos resultados das empresas em um ambiente altamente competitivo? Nas seções a seguir, destacaremos toda integração digital necessária para um planejamento eficaz, identificando quais tipos de competências e profissionais que comporão esta nova filosofia no meio corporativo.

9.1 Usabilidade e indicadores de mídias sociais

Ao iniciar o planejamento de mídias sociais em uma empresa, uma das bases essenciais é a aferição do retorno ofertado pelo ambiente digital. Seja qual for a mídia utilizada, dentro da inteligência digital, um mandamento crucial é o volume gerado em torno da marca que é dado por número de *posts*, volume de tráfego, de interações, quantidade de visualizações, compartilhamentos, curtidas, impressões, retenção da audiência, Google Analytics, para identificar picos de cliques ou melhores horas do dia para postagens e sazonalidade do público. Outro vetor importante é saber qual a melhor forma de gerar atratividade para sua comunicação (sites, fóruns, redes sociais, blogs ou Twitter, por exemplo); na dúvida, sempre é importante utilizar o conceito de *Cross Media*, justamente para entender qual é a melhor forma de gerar sinergia entre uma empresa e seu respectivo público. As mais efetivas atualmente utilizadas, destaca-se o CPM (custo por mil impressões), que, sem dúvida, é um mecanismo altamente eficaz para saber a relação custo × benefício gerada na interação com os usuários.

Também torna-se cada vez mais comum no mundo digital a usabilidade do SEO (*search engine optimization*), *otimização de mecanismos de busca*, que é uma técnica de otimização para conteúdo de sites, blogs e páginas da internet. De posse dessas técnicas, o volume de tráfego em sites e mídias sociais aumenta exponencialmente, aumentando o *ranking* orgânico e, por conseguinte, aumentando também o número de usuários, gerando visibilidade e, em consequência, lucratividade.

Outras metodologias que podem ser utilizadas e que trazem resultados e indicadores muito satisfatórios para as empresas é o conjunto chamado *on-page*, se caracteriza por técnicas que alteram ou melhoram aspectos internos no site. Já os *off-page* são aspectos externos, como os links, por exemplo. Alguns elementos que podem ser utilizados na otimização *on* e *off-page* são:

Otimização *on-page*:
- title tags;
- meta tags;

- ALT tags;
- header (H1, H2,...) tags;
- estrutura de URL (domínio);
- links internos;
- palavras-chave relevantes próximas ao seu *inbound link*;
- conteúdo;
- densidade de palavras-chave;
- mapa do site;
- usabilidade.

Otimização *off-page*:

- quais websites se conectam à empresa;
- quantos websites se conectam à empresa;
- o *pagerank* dos websites que se conectam à empresa;
- o título das páginas dos websites que se conectam à empresa;
- o texto-âncora usado no link que se conecta à empresa;
- o número e o tipo de links que se conectam no website que se conecta à empresa;
- o número de links externos no website que se conecta à empresa;
- o número total de links do website que se conecta à empresa;
- se os sites que se conectam à empresa são considerados pelo Google como sites de autoridade no conteúdo a que se destinam.

Dada a Inteligência alocada com essas ferramentas, podemos afirmar que as empresas que organizam esses processos serão favoritadas e, assim, se firmarão como referência no assunto por outros websites, sendo ainda mais bem ranqueadas nas pesquisas.

9.2 Perfil de busca

O público que trafega nas redes tem objetivos similares, porém apresentam-se características comuns nessa tipicidade de internauta. Dos motivos que levam as pessoas a trafegar pelo ambiente digital destacam-se estudos acadêmicos, curiosidade, realizar compras ou comparar produtos.

Para gerar convergência, as empresas direcionam os usuários por meio de algoritmos que favoreçem a encontrabilidade, o que otimiza, assim, a possibilidade de convergência. A Amazon, por exemplo, trabalha com o modelo Cauda

Longa, que tem como estratégia o direcionamento ou distribuição da preferência do consumidor para o mercado de nichos. Assim, o usuário é direcionado mais facilmente à pesquisa pelo termo de busca.

9.3 Inbound marketing

O *Inbound* marketing tem como estratégia criar relacionamentos e promover engajamento com a adequada usabilidade dos ambientes digitais. A Inteligência Digital tem como papel preponderante criar metodologias que otimizem atratividade para quem navega na internet e, por conseguinte, organizar um conteúdo relevante, com o objetivo de levar o *lead* para aquilo que é conhecido como funil de conversões, como notamos na Figura 9.1.

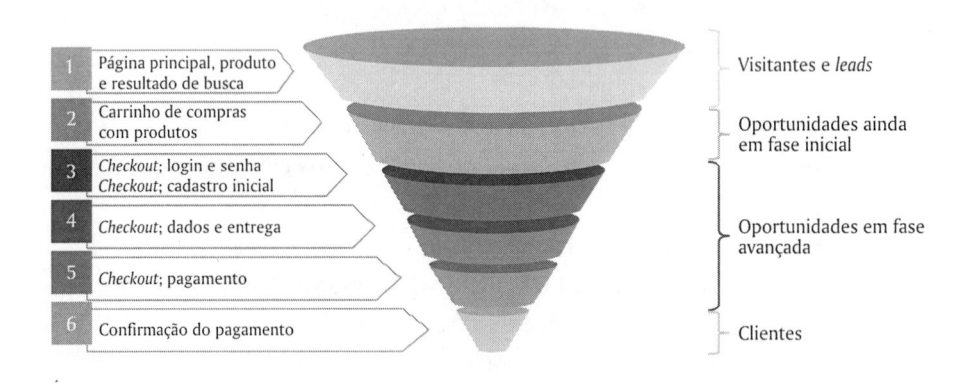

1. Página principal, produto e resultado de busca — Visitantes e *leads*
2. Carrinho de compras com produtos — Oportunidades ainda em fase inicial
3. *Checkout*; login e senha / *Checkout*; cadastro inicial
4. *Checkout*; dados e entrega — Oportunidades em fase avançada
5. *Checkout*; pagamento
6. Confirmação do pagamento — Clientes

Figura 9.1 Funil de navegação e vendas.

A Figura 9.1, determinada ou conhecida como funil, é uma forma de representar o desenho da jornada do consumidor e descrever, de maneira simplificada como podem ser geradas interações com objetivo final de converter um *lead* em um consumidor. O objetivo é aumentar a escalabilidade e o fechamento dos negócios e transformar o negócio em uma máquina de vendas.

O funil pode ser dividido em quatro fases:

Visitantes –> *Leads* –> Oportunidade –> Clientes

De acordo com a WSI, no Brasil, a taxa média de conversão é de 1,65%, ou seja, de cada 1.000 visitantes de um *e-commerce*, em média 16,5 vão realizar uma compra. Desse modo, essa metodologia proporciona a oportunidade de as empresas melhorarem sua encontrabilidade no ambiente digital e, por conseguinte, aumentar o potencial de vendas.

Cada uma das quatro fases mencionadas aponta uma inteligência que deve ser utilizada:

Primeira fase: visitantes e páginas de navegação
Página principal (*home*) ou Categorias/Resultados de busca ⇨ Página de produto

Segunda fase: *leads*
Os *leads* são aqueles visitantes que deixaram de ser um número e ganharam nome.

Terceira fase: oportunidades
Oportunidades são os visitantes que já passaram pelas fases iniciais de navegação nas quais não foi possível identificar o interesse deles.

Quarta fase: clientes
Após passar pelas fases anteriores e fechar uma compra, o visitante finalmente se tornou um cliente. O que fazer em cada uma das etapas:

De maneira simples procuramos destacar que qualquer organização pode gerar oportunidades no ambiente digital, entretanto para isso, ela vai precisar de um posicionamento digital claro que gerará boas oportunidades e incrementos que criarão tráfego e, por essa razão, ótimas oportunidades de negócio na internet.

9.4 Oportunidades na internet – Desenvolvendo conhecimento e gerando personas para negócios digitais

Ao longo dos últimos anos, nota-se uma evidente e latente mudança no perfil de quem consome. O consumidor, outrora convencional, que para sanar suas dúvidas ou desejos no passado se deslocava até um ponto de venda físico, hoje mudou radicalmente seu comportamento, e, quando opta pela aquisição de um produto ou serviço, o primeiro lugar que vem à sua mente é uma busca na internet. De acordo o livro *Inteligência de mercado* (Maróstica, 2014), no decorrer das últimas duas décadas uma mudança clara no plano de marketing convencional, também conhecido como 4 Ps, praça, produto, preço e promoção, para um conceito mais digital, como se observa na Figura 9.2.

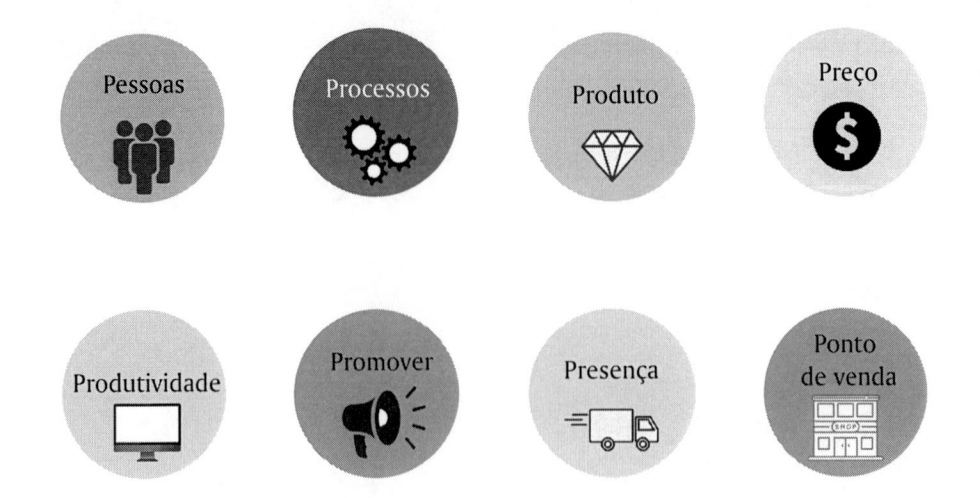

Figura 9.2 8 Ps do *e-commerce*.

De acordo com a Figura 9.2, atualmente o foco de quem adota uma estratégia digital é a correta identificação da persona que navega pelos ambientes digitais e a geração de ações que não sejam intrusivas e que procurem persuadir, entreter e educar o internauta com o objetivo de torná-lo um seguidor. Vejamos como organizar cada uma das etapas mencionadas na figura:

1 – Produto: o sucesso daquele que pretende atuar na internet está intimamente correlacionado a uma adequada estratégia. Ter o produto certo, para o cliente certo, na hora certa e com conhecimento do Empreendedor ou Empresário acerca das particularidades daquele mercado.

2 – Preço: quem atua no ambiente digital deve ter consciência e clareza de que a internet tem um custo menor do que os ambientes convencionais de varejo; por exemplo, isto posto, na formação do preço deve-se levar em consideração que, com um custo menor, o consumidor ou usuário desse ambiente sabe pesquisar e consumir na rede, logo quem vende deve estar muito atento a essa realidade, e esta é uma prática universal e aquele que atua nesse ambiente deve se atentar a tal particularidade.

3 – Ponto de vendas: negócios e oportunidades digitais são operacionalizados 24 horas por dia e 7 dias por semana. Quem navega ou opera nesse ambiente deve se preparar para gerar disponibilidade *full time* para atender possíveis demandas e incrementos necessários para ter efetividade na rede.

4 – *Place* ou local de operações: um dos maiores gargalos existentes no ambiente digital é a logística. A maior parte das empresas que tem problema na rede são aquelas que prometem um prazo e conseguem entregar dentro dele. Prometer um prazo maior e entregar no menor prazo possível é um incremento importante na rede. Uma tendência que ganha força é o conceito de *pick-up store*, ou seja, o cliente compra *on-line* e retira *off-line* isso diminui a ansiedade do recebimento e, por conseguinte, pode gerar uma melhor experiência aos clientes.

5 – Promoções e interações digitais: são regras e estratégias que podem ser utilizadas para interagir com os clientes e angariar oportunidades na rede. Cada vez mais as empresas utilizam campanhas interativas, uma comunicação adequada na rede potencializa negócios, captura de *leads*, geração de listas e naturalmente a criação de valor para aqueles que trafegam pela rede.

6 – Produtividade: um dos pilares para ter resultados na rede é a adequada escolha da tecnologia para otimizar o ambiente e potencializar os negócios na rede. Cada vez mais se torna necessário realizar parcerias com plataformas, meios de pagamento, servidores, segurança e todas as aplicações que deem disponibilidade integral para operações com nível de excelência e na velocidade dos usuários dos serviços disponibilizados por um site ou portal de negócios na web.

7 – Pessoas: aqui existe o principal gargalo e ao mesmo tempo a melhor oportunidade para negócios digitais vencedores. Se por um lado a escolha de ótimos profissionais garante conteúdo, incrementos e comunicações integradas com o canal, por outro, profissionais gabaritados são muito raros de encontrar e, quando encontrados, devem ser valorizados e muito bem remunerados. Esta equação é determinística e deve ser levada a cabo para excelência no ambiente digital.

8 – Processos: o chamado POP, procedimento operacional padrão, é o que garantirá que tudo aquilo que foi planejado possa ser cumprido e que se criem metodologias ágeis e inteligentes que facilitem o entendimento do ambiente e garantam disponibilidades e entregas planejadas, que minimizem os erros e potencializem os acertos na espera digital.

9.4.1 Conteúdo

O conteúdo é, sem sombra de dúvida, o principal incremento para aqueles que pretendem desenvolver inteligência digital. Por meio de conteúdos atrativos, relevantes e informativos, as empresas podem potencializar algo diferenciado e inovador, propiciando audiência e, em consequência, melhores oportunidades no ambiente digital. De acordo com o Content Marketing Institute (2018):

> O marketing de conteúdo é uma abordagem de marketing estratégico focada na criação e distribuição de conteúdo valioso, relevante e consistente para atrair e reter um público claramente definido – e, em última análise, para impulsionar a ação lucrativa do cliente.

Ter conteúdo, entretanto, é uma condição obrigatória, porém não fará com que uma empresa ou figura pública ganhe reputação ou notoriedade na internet, é preciso muito mais.

Toda empresa ou figura pública que anseia ter reputação e atratividade precisa definir quais são seus objetivos, entender seu público-alvo, quais são seus desejos, entender quem é a persona e, por fim, definir processos organizados e sistêmicos que envolvam o mercado-alvo.

Dada a tipificidade do público, o próximo passo é adequar assuntos que sejam relevantes para o público-alvo e, por fim, entender que tal estratégia deve estar conectada a propósito, missão e valores dos *stakeholders*. Dentro dessas premissas, começa-se a criar uma cultura digital para quem pretende ter efetividade no ambiente digital.

9.5 Social Media Marketing

As redes sociais a cada dia se tornam cada vez mais parte integrante da vida das pessoas. Mídias como Facebook, Twitter, Instagram, LinkedIn, Youtube, Pinterest são formas rápidas, inteligentes, mensuráveis e baratas de gerar engajamento com o público desejado. De todos os benefícios gerados pela correta usabilidade e abordagem das chamadas mídias sociais, nela também reside a oportunidade de gerar negócios para empresas de diversos portes e também para figuras públicas, que atualmente conseguem fazer de suas marcas, sejam elas pessoais ou corporativas, verdadeiras máquinas de gerar negócios.

Figura 9.3 Evento com participação de pessoas via rede social.

Crédito da imagem: Cabeca de Marmore/Shutterstock.

Mais do que conectar pessoas, as redes sociais se tornaram meios de comunicação que vão além do pessoal, um tipo de marketing direto. Nelas podemos vender, comprar, encontrar eventos, grupos direcionados às vagas, divulgação de negócio, empresas de pequeno, médio ou grande porte, notícias do cotidiano e do mundo, entre diversas outras vertentes que foram surgindo ao longo do tempo.

Assim, para que haja destaque, principalmente para as empresas e empreendedores, na hora de se tornarem referência e alcançarem o público-alvo nessas redes sociais, o SMM, ou Social Media Marketing, surgiu para auxiliar nas estratégias que garantam o destaque nessas plataformas, tornando-se essencial para garantir um conteúdo otimizado, de qualidade e que estimule o leitor a consumi-lo e, quem sabe, até a compartilhá-lo. Essas ações podem envolver a fixação da marca, planos de ação, relacionamento com o cliente e tantas outras estratégias que façam com que o seu público-alvo se relacione com sua marca.

Inicialmente chamado de *social media optimization* pelo autor e especialista em inovação e marketing Rohit Bhargava, o SMM são as ações direcionadas às redes sociais. Posteriormente, a última palavra (*optimization*) foi substituída por Marketing, visto que fazia mais sentido com o direcionamento proposto.

No escopo do Social Media Marketing, podemos incluir os serviços de criação de conteúdo, monitoramento de imagens, anúncios e planejamento e gerenciamento da marca na plataforma, trazendo assim um novo desafio para os empreendedores que desejam alcançar seus usuários e clientes nesse mundo intenso, promissor e amplo que são as redes sociais. Quando se opta pelo trabalho de mídias sociais, uma empresa ou negócio precisa marcar presença nessas plataformas, mas, ao mesmo tempo, saber como lidar com essas ferramentas e com os usuários que estão ainda mais exigentes. Para isso, são necessárias uma análise e uma estratégia que irão designar todo um planejamento de marketing para essas mídias; uma vez bem-sucedido, você colherá bons frutos e já terá um caminho traçado a seguir. Caso contrário, o estrago e impacto nessas plataformas podem ser ainda maiores, já que as propagações nas redes sociais são intensas, rápidas e altamente virais; em questão de minutos, sua empresa pode ter usuários comentando, compartilhando e avaliando de forma altamente negativa. Portanto, é importante que o profissional responsável pela área de Social Media Marketing faça uma análise minuciosa do seu público e dos seus objetivos, a fim de alcançá-los com eficiência.

9.5.1 Como inserir o Social Media Marketing no seu negócio

Com o intuito sempre de melhorar a experiência do usuário ou cliente com o seu negócio nas redes sociais, o Social Media Marketing consiste em estratégias que precisam ser implementadas com base em dados, estudos, análises e definições de KPIs. Assim, para que você apresente um trabalho de excelência e alcance seus objetivos enquanto empreendedor, alguns pontos são extremamente necessários na hora de implementar Social Media Marketing no seu dia a dia.

Entre esses pontos, como dito anteriormente, definir os objetivos é um dos primeiros passos para esse processo dentro da sua empresa. Seja gerar tráfego, aumentar o ROI, atrair mais clientes ou gerar *leads*, por exemplo, para cada uma dessas opções teremos uma estratégia diferente para trabalhar dentro das redes sociais, fazendo com que alcance seu objetivo mais assertivamente.

Antes de tomar qualquer atitude também é necessário avaliar o perfil da empresa na internet, mais precisamente nas redes sociais. Fazer uma pesquisa de competência, de engajamento, de opinião dos usuários, da reputação *on-line* e do conteúdo disponibilizado, fazendo com que o Social Media Marketing seja mais um modo de se firmar na plataforma e promover o reconhecimento da sua marca.

Após essa primeira fase de reconhecimento e análise dos processos, é hora de definir as estratégias que serão utilizadas para o planejamento de SMM. Nesse momento é necessário que o profissional tenha *expertise* para avaliar o cenário e decidir qual é o melhor caminho que a empresa deve seguir. Por isso, algumas perguntas podem ajudar na hora de definir as metas de mídias sociais. São elas:

- O que você espera conseguir por meio do marketing de mídia social?
- Quem é seu público-alvo?
- De onde seu público-alvo sairia e como eles usariam a mídia social?
- Qual mensagem você deseja enviar ao seu público com o marketing de mídia social?

Depois de respondidas as perguntas, é hora de definir o tempo desse plano de ação; afinal, nenhuma estratégia de marketing apresenta resultados da noite para o dia. É preciso estabelecer uma data de início e uma data para uma nova análise para que se possa acompanhar o que está funcionando ou não no SMM. Para isso, é interessante apresentar um relatório com dados comparativos ao período anterior, assim será possível notar por meio de métricas a efetividade do planejamento.

Como nem só de mídia orgânica se sustenta o SMM, é necessário investir na divulgação, principalmente no início do planejamento, em que é preciso firmar a sua marca e fidelizar os clientes, fazendo com que eles passem a buscar o seu conteúdo. Portanto, pode-se fazer um planejamento mensal com os valores que poderão ser direcionados para a mídia paga. Os anúncios pagos ajudam a atrair ainda mais curtidores, já que assim é possível alcançar potenciais curtidores e seguidores para a sua página.

A publicidade paga é uma maneira econômica de aumentar o seu alcance e atrair novos usuários. Isso porque cada uma das plataformas de redes sociais disponibiliza recursos de segmentação, permitindo que você concentre seu orçamento no público que realmente possui maior probabilidade de interesse no seu negócio.

Por fim, e talvez uma das fases mais interessantes para o planejamento, são os relatórios e controle das ações, nos quais é possível avaliar que tipo de conteúdo mais atrai o público e, assim, começar a segmentá-lo, sempre pensando lá na frente, para enfim conseguir fidelizar esse usuário e fazer com que ele passe a compartilhar o seu conteúdo e a indicar a sua marca como referência no determinado segmento.

9.5.2 As vantagens do Social Media Marketing

As redes sociais são destaque para qualquer tipo de segmento, porque é um dos meios mais rápidos de alcançar o seu público e obter uma resposta igualmente rápida, seja ela positiva ou negativa. Isso acontece porque as pessoas são cada vez mais atraídas pelas redes sociais no cotidiano e acabam se direcionando por elas para uma pesquisa de empresa, notícias ou até mesmo para dar um *feedback*.

É extremamente comum você entrar em uma página do Facebook de determinada empresa, por exemplo, e se deparar com avaliações sobre o serviço prestado. É aí que o SMM complementa esse processo; com um conteúdo otimizado e estratégicas alinhadas com o objetivo, é possível ter o retorno do seu público de modo rápido, tendo um posicionamento para repensar as estratégias, otimizá-las ou continuar investindo nelas.

As redes sociais também demandam respostas e interações rápidas com o seu público, por isso é importante estar atento às necessidades dos usuários para que a experiência seja sempre positiva e a empresa consiga assisti-lo, se assim for necessário.

O Social Media Marketing pode ajudá-lo em diversos aspectos da sua página, tais como:

- **Aumentar o reconhecimento da marca:** Para estabelecer um reconhecimento de marca autêntico e duradouro, é necessário mais do que anúncios e promoções. Torna-se necessário concentrar-se em conteúdo relevante e em uma personalidade de marca forte por meio de seus canais sociais.
- **Garantir uma maior qualidade de vendas:** É quase impossível mensurar seus canais sociais sem monitorar ou ouvir palavras-chave, frases ou *hashtags* específicas. Por meio de uma segmentação de mídia social mais eficiente, o SMM, você atinge seu público-alvo mais rapidamente e de maneira assertiva.
- **Vender pessoalmente também pode ser uma possibilidade:** Alguns empreendedores que possuem lojas físicas, por exemplo, confiam nas estratégias de marketing de mídia social para impulsionar as vendas nas lojas. Se você possui uma loja física, é importante levar em consideração se a sua marca está promovendo o suficiente no social para recompensar aqueles que vêm até você. Que tal promover campanhas e alertar os clientes para o que está acontecendo em suas lojas?

- **Aumentar o ROI:** Dificilmente uma marca nas redes sociais não deseja aumentar o retorno do investimento. No social, esse objetivo é específico, então é importante realizar uma auditoria completa de seus canais e garantir que o custo de mão de obra, anúncios e *design* permaneçam no caminho certo.
- **Criar uma base de clientes fiéis:** Fidelizar clientes e usuários demanda tempo, cuidado e bastante atenção ao que está sendo oferecido. Assim, o foco do seu planejamento será fazer com que os seus usuários passem a reagir positivamente sem nenhuma iniciação. Porém, chegar a este ponto requer tempo, dedicação e esforço com a criação de uma persona de marca positiva no social.
- **Conseguir credibilidade no mercado:** Toda estratégia antes de ser colocada em prática precisa ter uma análise do que seus concorrentes estão fazendo que parece estar funcionando. Descobrir quais são as estratégias que eles estão usando para gerar engajamento ou vendas vai ser importante para o seu plano de ação. Ter um pulso no mercado poderá ajudá-lo a melhorar seus esforços e tirar algumas dicas daqueles que estão há algum tempo na ativa e, aparentemente, indo bem.

9.5.3 Como utilizar Social Media Marketing de forma assertiva

Mais do que utilizar o SMM a seu favor, é preciso utilizá-lo com excelência e colher bons frutos desse trabalho. Como um bom planejamento de marketing digital demanda tempo e paciência, visto que não teremos resultados consideráveis em apenas uma semana, há também alguns segredos que podem facilitar esse processo e fazer com que o seu planejamento apresente sempre métricas positivas.

Uma produção de conteúdo relevante e de qualidade será o maior destaque para seu negócio, gerando uma repercussão daquilo que seja espontâneo. É importante ressaltar que o conteúdo deve ser atrativo e não apenas publicado para "cumprir protocolo". Portanto, invista em publicações curiosas, interativas e úteis. Além disso, tenha sempre em mente a inovação; nada de tradicionalismo, o maior destaque das redes sociais é o novo e atrativo.

Também é importante estar atento ao seu usuário, quais são as necessidades que ele apresenta e, principalmente, o *feedback* que disponibiliza na sua página. Com o Social Media Marketing é importante você estreitar o relacionamento com o seu cliente e estar disposto a ouvir o que ele tem a dizer. Essas opiniões também geram uma boa taxa de engajamento para sua página e faz com que novos usuários tenham boas recomendações dos seus serviços.

Outro ponto de destaque é a forma pela qual você vai alcançar os seus usuários. Alguns empreendedores que não são *heavy users* de redes sociais tendem a divulgar os seus serviços em grupos, fóruns e até comunidades, o que não é o mais viável. O ideal é que você entregue o seu conteúdo em lugares úteis para o seu usuário, fazendo com que ele não se sinta invadido em seus perfis ou grupos.

É preciso ainda levar em consideração a transparência com o seu usuário. Criar perfis falsos para avaliações, comprar opiniões ou enviar *spams* são facilmente detectados pelos usuários. Portanto, fazer um "trabalho de formiguinha", pouco a pouco, é mais vantajoso do que agir de má-fé.

Quando o assunto são as redes sociais, também é preciso levar em consideração a inovação e a autenticidade. Logo, deixe a mídia tradicional para a TV e pense à frente. Aproveite a tecnologia para criar algo inovador e promover o interesse dos seus usuários. A ideia é que ele seja sempre estimulado à interação com a página.

Por fim, o SMM tem como principal intuito estimular que o seu usuário promova uma repercussão espontânea do conteúdo disponibilizado. E, para isso, é necessário desenvolver um planejamento organizado, criativo e inovador que incite o "boca a boca" entre os usuários, para então se tornar uma referência nas plataformas e no empreendedorismo.

9.5.4 O que não fazer em um planejamento de Social Media Marketing

Errar é extremamente comum, porém, cuidados nunca são demais, visto que um erro técnico pode acabar com todo o planejamento, ainda mais nas redes sociais, em que todo conteúdo é disseminado com muita agilidade, fazendo com que você tenha que começar do zero para reconquistar seu público-alvo.

Assim, algumas dicas para não errar no seu planejamento podem ajudá-lo a seguir com excelência no seu negócio:

- Não planejar: há quem queira realizar sem planejamento, baseando-se apenas no *feeling* sem analisar dados, métricas e sem estudar a realidade do negócio. Esse é um grande erro! Todos os aspectos precisam ser discutidos, desde as ações que serão tomadas até a linguagem com a qual você vai dirigir-se ao seu público. Portanto, não adianta negar, planejamento é o segredo do sucesso.
- Não enxergar além dos números: os números dizem muito, porém, é preciso analisá-los com cautela e entendimento do que eles querem re-

presentar. Mais do que os números, basear-se no que diz os seus usuários é fundamental.
- Trabalhar na intuição: o dono conhece o próprio negócio, mas nem sempre conhece os tipos de usuários com que lida. Logo, o importante é olhar para ambos os lados, analisar as métricas e estatísticas que mostram todo o engajamento com o público e se basear em dados para seus próximos passos nas plataformas sociais.
- Indispor-se com *haters*: em toda plataforma *on-line* você vai se deparar com *haters*. Afinal, é disso que eles vivem, de falar mal da sua marca, do seu negócio. Porém, como você já sabe da existência desse tipo de usuário, não vale a pena se indispor e ficar discutindo nas redes sociais. Acredite, não é nada pessoal. Por isso, seja educado e ignore essas ações.
- Não mudar as estratégias dependendo da plataforma: é preciso ter em mente que nem todo conteúdo pode ser disseminado em todas as redes sociais. Por exemplo, um conteúdo divulgado no Facebook não precisa e, muitas vezes, nem se encaixa, nos direcionamentos do LinkedIn, que é uma plataforma mais profissional. Logo, analise o perfil de cada rede social e direcione os conteúdos certos para determinado tipo de usuário. Além disso, o seu usuário ficará satisfeito ao notar que você possui uma variedade de conteúdo nas plataformas e não somente "resposta".
- Deixar a sua rede de lado: atualmente, podemos encontrar diversas ferramentas de publicação e agendamento de conteúdo. São muito úteis e otimizam nosso tempo, porém, acompanhar a sua publicação de perto, estar atento às estatísticas e reações dos seus usuários e respondê-los é fundamental. Por isso, dê preferência a essas ferramentas somente quando necessário, como uma viagem, por exemplo, na qual você não estará 100% conectado e dedicado às redes sociais.

Em suma, o Social Media Marketing chegou para facilitar a vida de muitos empreendedores, otimizando e fazendo com que eles apresentem um conteúdo de qualidade e altamente planejado para seus usuários. Além disso, alcançar o seu público-alvo e tê-lo sempre perto, ouvindo-o e respondendo-lhe, torna possível humanizar e aproximar esses interesses nas redes sociais, fazendo com que seu negócio alcance todos os objetivos estabelecidos no início do planejamento e, principalmente, conseguindo o reconhecimento da marca.

Para apresentar um trabalho de excelência para os usuários, é importante que todas as estratégias, tanto *on-line* quanto *off-line*, estejam alinhadas. Portanto, ter uma singularidade na comunicação como um todo é importante para atrair novos usuários e se firmar como modelo de negócio.

9.6 Mercado Mobile

Com a evolução da tecnologia, a informação agora se encontra disponível na ponta dos dedos. Desse modo, o Mobile tornou-se um modo inteligente e prático de gerar oportunidades de negócio. Segundo dados do We Are Social 2019, a média diária de tempo gasto com *smartphones* é de 7h34 minutos. Desta forma, uma correta interação com dispositivos móveis e usuários, levando um conteúdo de qualidade, pode gerar oportunidades reais de ganhos.

Como veremos a seguir, um exemplo é a Black Friday, que tem um aumento substancial no número de *downloads*, o mesmo fenômeno ocorre em datas especiais como o dia das mães, dos pais, dias das crianças, Natal e outras datas importantes.

Cada vez mais as pessoas estão se deslocando, são os chamados nômades digitais. Empresas que conseguem criar ações que potencializem oportunidades por geolocalização, ou ofertas relevantes, conseguem estabelecer vantagem competitiva, pois com o crescente número de *smartphones* sofisticados e um vertiginoso ganho de infraestrutura e com maior disponibilidade de acesso, torna-se real a chance de engajar os consumidores e gerar negócios em um simples *pushing*.

Segundo o App Annie, o gasto na App Store foi, de pelo menos, $ 122 bilhões de dólares no ano de 2019. E não estamos falando do mercado de aplicativos como um todo, mas apenas do que foi arrecadado com a compra de aplicativos na loja da Apple – sem levar em conta outras lojas de apps (como a Play Store), a receita gerada por anúncios dentro dos aplicativos nem as vendas feitas em aplicativos de comércio e serviços (como Uber ou o app da Amazon). Um das razões por que isso ocorreu foi o crescente número de usuários de jogos e consumidores de conteúdos chamados *streaming*, como a Netflix, e responsáveis pelo crescimento do mercado de aplicativos.

De acordo com a pesquisa, os usuários de *smartphones* passam em média sete horas e meia por dia consumindo conteúdos de mídia, e essa atividade inclui ler livros, ouvir músicas, assistir à TV e até mesmo criar novas postagens nas redes sociais. Em 2019, a cada hora gasta em consumo de mídias, 10 minutos desse período foram dedicados ao *streaming* de vídeos em dispositivos móveis. Expandindo para o dia inteiro, isso quer dizer que, em média, passamos 75 minutos por dia assistindo a vídeos no celular em aplicativos como o da Netflix, valor equivalente a pouco mais de 15% de todo o consumo de mídia individual diário.

A Figura 9.4 demonstra o franco crescimento de consumo por meio de dispositivos móveis nos últimos anos, o que aponta uma oportunidade real e inteligente de buscar novas oportunidades.

Worldwide App Store Consumer Spend

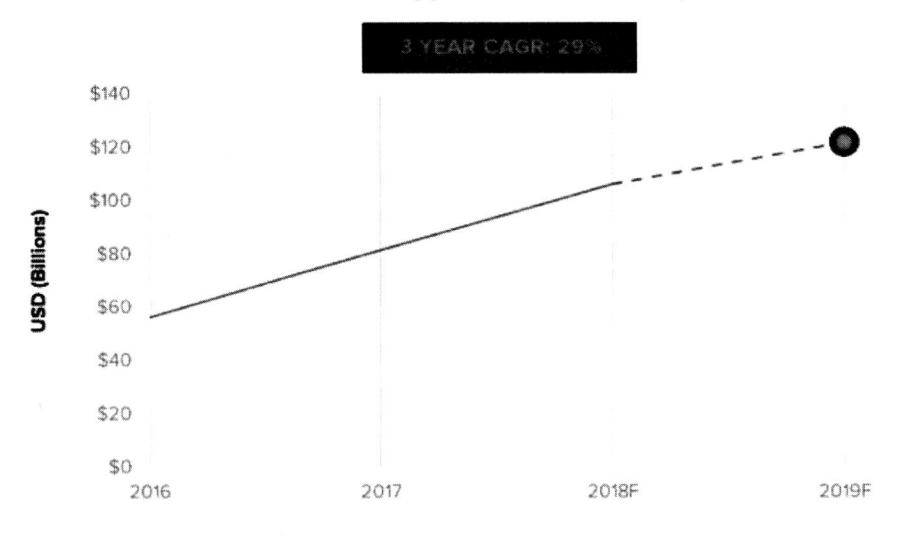

3 YEAR CAGR: 29%

*Spend is gross, the cut taken by app stores has not been removed; iOS and Google Play and Third-Party Android in China combined

Figura 9.4 Valor gasto mundialmente na App Store desde 2016 e previsão para 2019.

Fonte: (Imagem: App Annie)

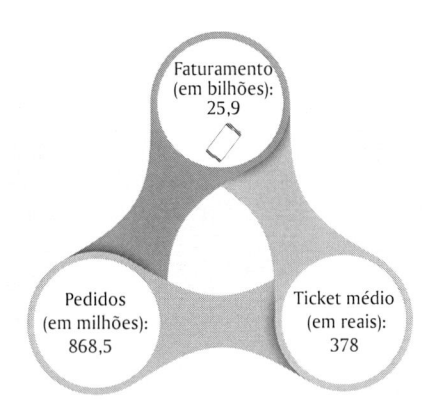

Faturamento (em bilhões): 25,9

Pedidos (em milhões): 868,5

Ticket médio (em reais): 378

Figura 9.5 Crescimento da venda por aplicativos no Brasil em 2019.

Fonte: Miceli e Maróstica, 2019.
Imagem: Shutterstock

Se, para o público, existe a necessidade de estar informado, para as empresas é essencial focar em conversão e fornecimento de conteúdo relevante. Para isso, é importante estar onde o público está: *on-line*. Ter um aplicativo para seu negócio, otimizar seu conteúdo para distribuição na internet, observar as informações geográficas que possui dos seus clientes e potenciais clientes, monitorar o engajamento e o que os leva a chegar até você. O Mobile Marketing, quando bem executado, é capaz de trazer ótimo Retorno sobre Investimento (ou ROI).

Logo, a correta usabilidade da Inteligência Digital possibilitará às organizações uma oportunidade real de engajamento, visibilidade e adequação das melhores práticas e, assim, gerar alternativas para que as organizações e empreendedores criem novas metodologias que saiam do lugar comum e consigam incrementar seus negócios além dos ambientes triviais.

No próximo capítulo apresentaremos o conceito de Inteligência Artificial e seu impacto nos ambientes de negócios e na natureza das empresas.

capítulo 10

Inteligência Artificial no Ambiente 4.0

O termo Inteligência Artificial (IA) refere-se ao aumento vertiginoso de robôs que substituem o trabalho que outrora era realizado por seres humanos em diversas atividades. Os exemplos de usabilidades dos robôs ocorrem em atividades cada vez mais elementares, tais como o corretor ortográfico do *smartphone*, ou o aplicativo de uso urbano que corrige automaticamente uma mudança de rota, ou um simples algoritmo que lista filmes, vídeos e músicas que combinem com seu estilo de vida e tipo de personalidade; tudo isso é IA. A máquina aprende com os hábitos do usuário e passa a entender quais as palavras mais utilizadas, fazendo sugestões, como, por exemplo, os *chatbots*, que podem sugerir uma pizza ou uma determinada passagem aérea para seu destino favorito.

Por definição, Inteligência Artificial é a capacidade dos dispositivos de raciocinar, decidir e solucionar problemas que envolvem o cotidiano dos humanos, tais quais veículos autônomos e máquinas de produção, que substituem milhares de pessoas em funções que no passado eram necessariamente realizadas por seres humanos. Exemplo recente foi um experimento realizado pelo Google que afirmou ser possível diagnosticar câncer de mama usando *deep learning* para analisar milhares de imagens de células cancerígenas e reconhecer os padrões. Um estudo recente realizado pela BCC Research apontou que os investimentos no setor de IA ultrapassaram $ 15,2 bilhões de dólares em 2019.

10.1 Chatbots

Os *chatbots* estão sendo cada vez mais utilizados no atendimento e suporte aos clientes, ajudando na resolução de problemas e favorecendo aos usuários tomar decisões mais acertadas, com agilidade e segurança, pois com a enorme capacidade de processar e analisar um grande volume de dados, otimiza processos e minimiza a burocracia, gerando assim resultados mais expressivos para quem adota tal metodologia.

No caso da Gol Linhas Aéreas, por exemplo, todo atendimento que outrora era realizado por *call center*, foi cedendo gradativamente espaço aos robôs, e hoje já não é mais possível fazer queixas e reclamações sem antes utilizar a chamada tecnologia ou IA. Outro caso bastante interessante é o BIA (Bradesco Inteligência Artificial), que, em parceria com a IBM, oferece uma integração sistêmica do usuário com o banco, com o mínimo de burocracia e o máximo de agilidade, e para isso são usados sistemas tecnológicos de integração chamados *outsourcings* para viabilizar essas tecnologias, tais como a www.sisconsultoria.com.br, que é especialista nesse tipo de solução.

10.2 Quarta Revolução Industrial

Chegamos em 2020 e muito se fala na quarta revolução industrial. Entretanto, que seria essa nova revolução? A quarta revolução industrial gera um nível enorme de convergência e une esforços de tecnologia digital, telefonia, televisores inteligentes com tudo vinculado ao Big Data e às redes sociais e algoritmos, que se uniram à inteligência artificial, em seu *smartphone*, permitindo uma volumetria de dados que até então não eram manipulados e utilizados no processo de decisão.

Cada vez mais, vemos isso acontecer em pequenos momentos de engajamento digital, em que o dispositivo mais próximo é usado para resolver uma necessidade específica naquele mesmo momento. A esses momentos chamamos de micromomentos. Citaremos alguns exemplos a seguir.

Primeiro micromomento é o "eu quero saber". Antes de tomar uma decisão, a maior parte da população busca informações e quer relevância sobre o assunto em pauta. Se nesse momento a experiência for bem desenhada, chega-se ao segundo micromomento, que é o "eu quero ir". Nesse momento o consumidor pode ser orientado para ir a um local sugerido e ter uma experiência próximo de onde ele se encontra naquele dado instante. Certo exemplo é adentrar a um shopping e ser direcionado para um local correspondente ao seu primeiro micromomento, isso pode viabilizar um senso de urgência e aproximar o usuário do fornecedor. Se as duas primeiras fases forem bem delineadas, conseguimos chegar ao terceiro, que é o "eu quero fazer". Nesse instante o consumidor já reune informações necessárias para a tomada de decisão e o desejo de se relacionar com a sua marca passa a ser muito maior. Chegamos ao quarto micromomento que é o "eu quero comprar". Se a experiência nas três primeiras etapas foi bem-sucedida, basta estimular o usuário para o *checkout*, pois ele nesse momento reunirá todos os atributos necessários para optar pela sua marca, serviço ou solução.

Na Figura 10.1 ilustramos as mudanças nesse tipo de ambiente, vejamos:

Figura 10.1 Mapa de empatia.

Crédito da imagem: Krakenimages.com/Shutterstock

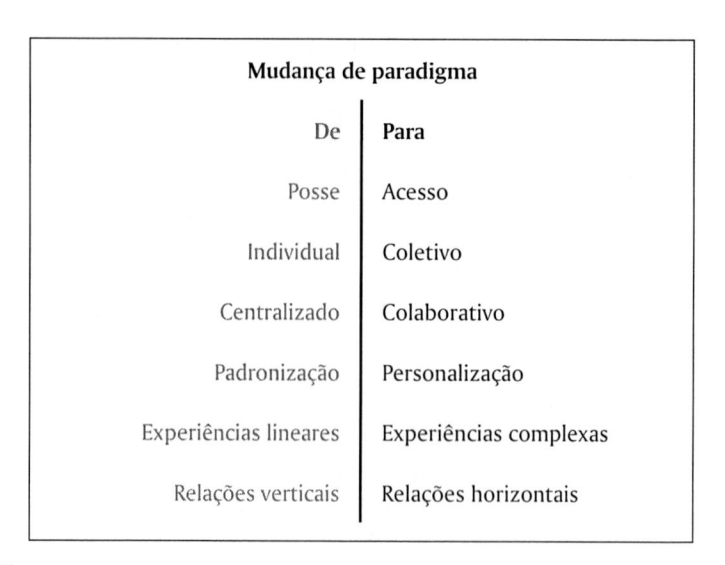

Mudança de paradigma	
De	Para
Posse	Acesso
Individual	Coletivo
Centralizado	Colaborativo
Padronização	Personalização
Experiências lineares	Experiências complexas
Relações verticais	Relações horizontais

Figura 10.2 Mudança de paradigmas do consumo.

Como pudemos observar nessas imagens, o ambiente 4.0 destaca-se pelo movimento da não propriedade, cada vez mais as empresas que quiserem se adaptar e sobreviver neste ambiente altamente turbulento, necessariamente, terão que ofertar, além de produtos ou serviços, novos formatos, pois o tempo é de conectar, colaborar, compreender, convergir, cocriar e coexistir.

Nesse contexto, entender esses novos movimentos sociais faz parte de um novo movimento. Uma sociedade com novas demandas e ideologias e o entendimento desses ciclos serão condições mandatórias para organizações nesses tempos de mudanças.

Outro aspecto que pode ser observado é movimento Jovens, Mulheres e Net-Citizens. De acordo com Kotler, cada vez mais os jovens têm estabelecido conexões entre marcas e estilos de vida. Um exemplo pontual é que marcas que não têm uma causa ou um propósito de valor são mais suscetíveis à não adesão do seu público. Por outro lado, empresas que trabalham com alguma atividade vinculada ao respeito e inclusão tendem a ter maior afinidade com esse público em questão. Exemplo interessante é a marca Reserva (www.usereserva.com.br), que tem no seu discurso práticas do respeito ao diverso e ao meio ambiente, e tem um engajamento muito maior por parte do seu público-alvo. Outro ponto destacado pelo autor fala sobre o impacto exercido pelas mulheres no atual cenário mercadológico. Segundo Kotler, as mulheres assumiram efetivamente o controle do mundo, sendo consideradas diretoras financeiras do planeta. Nesse cenário, as mulheres são decisoras ou influenciadoras e o real entendimento do seu comportamento consumidor influenciará para onde irá a decisão de compra. Por fim, os NetCitizens, aqueles que vivem na era da internet, gerando interações, conteúdos e entretenimento para milhões de pessoas. Este tipo de movimento faz com que *youtubers* possam adquirir maior atratividade do que meios de comunicações convencionais, impulsionando aquilo que se entende como veículo e comunicação, diminuindo o grau de atratividade da mídia convencional e influenciando diretamente nas decisões de consumo.

Dentro desse universo, afirmamos que conhecer, pertencer e se alinhar a esse novo modelo de tomada de decisão passa a ser um fator determinístico no universo dos negócios no século XXI.

10.3 Impressão 3D e realidade aumentada

A impressão 3D tem impelido um movimento altamente disruptivo no que tange aos aspectos sociais e mercadológicos. Ao analisar o modelo industrial que se consagrou no mundo ao longo do século XX, baseado na produtividade em larga escala e por conseguinte na maior penetração de mercado, hoje o modelo é inverso. O consumidor pode em qualquer parte do planeta produzir o que ele precisa, de acordo com a sua necessidade, sem necessariamente optar por um modelo convencional de consumo, pois, com uma maior disponibilidade de impressoras 3D, as pessoas podem produzir de roupas a artefatos sem depender das cadeias convencionais de produção. Ao nos depararmos com tal realidade, observamos que aquilo que no passado era quase impossível de ser adquirido, com a realidade aumentada e 3D, torna-se cada vez mais plausível.

Hoje é possível imprimir componentes e peças de máquinas e veículos, imprimir roupas e acessórios e até um prédio já foi impresso em 3D. Ao nos depararmos com isso, causa-nos muitas vezes inquietude acerca da veracidade de tais situações, entretanto basta observarmos empresas como a Apple, Tesla, Macy's, que já se posicionaram em favor da adoção de novas tecnologias, para entendermos que este é um caminho que leva ao inevitável, ou seja, quem não entender que tais características são reais e são para agora tecnicamente será excluído por parte dos consumidores, pois na era da sustentabilidade e com muito maior consciência social e de consumo, quem não estiver na mesma página do consumidor tende a ficar fora do mercado.

10.4 Machine learning

Entende-se por *machine learning* o quanto as máquinas têm de capacidade para simular aprendizagens e comportamentos humanos. *Machine learning* utiliza conceitos e ferramentas da inteligência artificial, com regras e premissas previamente estabelecidas pelo usuário. Na prática, a partir da definição dessas regras, os computadores respeitam premissas e as seguem de acordo com o nível de especificação previamente estabelecido.

Um exemplo bastante corriqueiro é o uso de *machine learning* em sites de *e-commerce*, mídias sociais e sites de relacionamento, capturando dados dos usuários e transformando-os em listas que geram comportamentos, traços similares, que favorecem que a procura por algo possa ocorrer com bastante facilidade, diminuindo o tempo de busca e otimizando o processo de conversão. Existem outras aplicações para *machine learning*:

- buscas em sites da internet;
- coleta, análise e disseminação de dados;
- prevenção e rastreamento de fraudes, entre outros.

Assim, parece inevitável que muitas empresas utilizem essas práticas, pois melhoram a velocidade da tomada de decisão, facilitam a interação com usuários e melhoram a vantagem competitiva das empresas.

Figura 10.3 As diversas gerações de consumo.

Crédito das imagens: 24cdesign/shutterstock; /Bowrann/shutterstock; notbad/shutterstock; linear_design/shutterstock; Vladvm/shutterstock; Maksim M/shutterstock

Quando observamos as múltiplas gerações, dos *baby boomers* até a chamada geração alpha, notamos que cada vez mais o público deste último grupo, alpha, tende a ser muito mais suscetível à utilização do modelo interativo com máquinas, pois já nasceu plugado neste contexto (Figura 10.3):

Nos traços de personalidade da geração alpha nota-se espontaneidade e autonomia, muito poder adaptativo, uso frequente da tecnologia, pois já nasceram conectados. Em face desse contexto, conhecer características do público segmentado e adaptá-las à tecnologia e usabilidade farão que empresas tecnológicas tenham vantagem e capilaridade que grandes impérios corporativos deixaram de ter.

Nesse cenário de constante mutação, vincular tecnologia, processos, inovação e novos modelos de operação fará com que este novo tempo que se apresenta seja um divisor de águas, pois se preconiza que o que acontecerá nos próximos cinco anos no que se refere à inovação disruptiva seja maior do que tudo que tenha sido desenvolvido desde a primeira revolução industrial. Entretanto um novo e complexo desafio se apresenta: onde armazenar e proteger todo este conjunto de protocolos e informações geradas?

É neste sentido que no próximo tópico descreveremos a importância da segurança da informação e os aspectos que envolvem a proteção de dados.

10.5 Segurança da informação, computação em nuvem e Lei Geral de Proteção de Dados

Mesmo que estejamos preconizando a mudança e as boas oportunidades geradas por ela, temos que nos atentar aos riscos provenientes desta rápida e voraz velocidade em que os dados são gerados a cada micromilésimo de segundos.

Com o avanço dos sistemas de vendas, tanto por dispositivos móveis quanto por meios convencionais e a frenética usabilidade das redes sociais, torna-se inevitável que os usuários em dados momentos sejam induzidos a compartilhar suas informações, localização e dados da vida privada de bilhões de pessoas em todo o planeta.

A grande questão dentro deste contexto é: para onde vai e quem salvaguarda todas as informações?

Temos observado vários casos recentes de vazamento de informações e dados sigilosos. Um dos casos é da rede hoteleira Marriot (<https://olhardigital.com.br/fique_seguro/noticia/vazamento-de-dados-atinge-500-milhoes-de-clientes-

-da-rede-de-hoteis-marriott/80274>), que deixou vazar mais de 500 milhões de cadastros dos seus clientes.

Outro caso recente foi da rede social Facebook (<https://olhardigital.com.br/fique_seguro/noticia/facebook-deixa-vazar-informacoes-sigilosas-sobre-apps-ligados-a-rede-social/77003>), mas, diferentemente do caso anterior, seu presidente confessou em audiência que comercializava dados dos seus usuários em em listas e pesquisas de mercado para favorecer empresas que pagavam para ter acesso à vida pessoal dos usuários da rede.

O grande ponto em questão é como se precaver e dirimir o risco de ter a vida privada e corporativa livre de invasões e fraudes de informações sigilosas e que podem ser usadas para prejudicar e gerar danos colaterais aos *stakeholders* envolvidos.

Notamos que, em relação ao caráter da armazenagem, existe a portabilidade de servidores convencionais para sistemas alocados em nuvem, chamados *cloud computing*.

Por *cloud computing* se entende todo e qualquer sistema de armazenagem que está vinculado a uma prestação de serviço, em que o requisitante, no caso o usuário, não é mais o proprietário da base de armazenagem, deixando tal função a cargo de empresas especialistas em segurança, criptografia e armazenagem da informação das organizações.

A grande vantagem da adoção da tecnologia em nuvem é o melhor direcionamento do foco das empresas e também um melhor uso do capital investido, deixando que as organizações foquem apenas naquilo que for essencialmente estratégico e deixando a cargo de empresas especialistas a conservação e a proteção dos dados estratégicos e operacionais que outrora eram salvaguardados em sistemas internos.

Exemplos que permeiam o nosso cotidiano são Icloud, Spotyfi, Dropbox, Google Drive, Outlook, entre outros tantos, que podem ser acessados de maneira remota, pois garantem aos usuários a portabilidade em qualquer lugar.

10.5.1 Lei Geral de Proteção de Dados – Lei Federal nº 13.709/2018

Ao falarmos de Inteligência Artificial e seus benefícios, também temos que abordar quais serão os impactos que tamanha mutação acarretará ao ambiente de negócios. Dentre as principais mudanças acarretadas pela lei, destacam-se:

> ▶ Proteção à privacidade que crie práticas transparentes e seguras, privilegiando os direitos fundamentais do cidadão.

- Garantia de transparência e regras claras na conservação e tratamento das informações e dados dos usuários.
- Desenvolvimento de novas tecnologias e fomento à economia.
- Padronização das normas, de tal sorte que toda coleta e controles sejam feitos de maneira preventiva.
- Fortalecimento das relações jurídicas, com livre iniciativa e transparência nas relações comerciais.
- Concorrência livre e portabilidade de dados.

De modo geral, a LGPD gerará uma regulação na utilização de dados nos ambientes digitais, dentro do ambiente nacional, salvaguardando números, informações pessoais, qualificação, tipicidade genética, entre outros.

Ao observarmos o teor sensível de determinadas informações, como etnia, religião, política, sexualidade, entre outras, também é importante observar crianças e adolescentes, pois são muito sensíveis aos impactos ocasionados por indevido gerenciamento dos dados. Em contraponto existe o – art. 5, III – que são dados anonimizados, fundamentais ao campo da internet das coisas, inteligência artificial, *machine learning*, *smart cities*.

Outros pontos de destaque que deverão ser observados referem-se a *due diligence*, auditoria sobre o tratamento, gestão do consentimento, segurança dos dados, governança do tratamento, incidente de segurança, certificação e *data protection*.

10.5.2 Plataformas

Outro ponto importante neste ambiente é referente às plataformas em que os projetos serão embarcados. O grande atributo das plataformas refere-se aos códigos abertos, pois eles são integradores importantes na viabilização de projetos virtuais, oferecendo funções e atributos, vendas e conservação dos dados dos usuários. Observa-se que neste ponto, se não houver atenção redobrada, algumas marcas podem se aliar a empresas que façam intermediação entre consumidores e vendedores, entretanto sem privilegiar a marca. Quando houver algum vazamento ou ataque virtual, a marca da empresa pode ficar arranhada e não seu provedor de acesso.

De acordo com a avaliação que temos sobre o mercado, as melhores plataformas hoje conhecidas são: Magento, OpenCart, PrestaShop, WooCommerce e Commerce.

A onda global mercadológica acelerou demasiadamente as comunicações instantâneas, e a volatilização do capital impõem novas configurações que remeterão as empresas que querem sobreviver em um futuro não muito distante a uma gestão do caos, que faça com que a sobrevivência dependa cada vez mais do conhecimento do imponderável, confuso e imprevisível. Isto vai requerer grande capacidade adaptativa, senso crítico, pois até então era algo não privilegiado pelos teóricos da área. Mas o que podemos afirmar com certeza é que o grande desafio será buscar alternativas para enfrentar a incerteza e os mais complexos desafios do mundo dos negócios.

Para entender a volatilidade apresentada por este mundo novo, com tantas inovações e mudanças sistêmicas, observaremos, no último capítulo deste livro, o tema Inteligência em Serviços; se de um lado o mundo apresenta novos desafios e interfaces, de outro trará uma gama enorme de oportunidades no mercado de serviços.

Podemos afirmar que surgirão, em um intervalo curto de tempo, milhares de *startups* e outros unicórnios que mudarão o modo de enxergarmos a sociedade, pois em pequenos espaços remotos poderemos ver o nascimento de empresas gigantes que gerarão bilhões de dólares em faturamento.

capítulo 11

Inteligência em serviços, marca, experiência de clientes e *customer success*

O serviço é o principal instrumento das organizações para reter clientes e até pode-se afirmar que a tradicional distinção entre empresas industriais e de serviços está perdendo a validade a cada dia.

Qualquer que seja o ramo da empresa, ela deve investir no fornecimento de serviços diferenciados a seus clientes e as que já adotam essa estratégia vêm obtendo resultados extremamente favoráveis. Diante disso, os administradores, gestores e estrategistas precisam encontrar mecanismos de transformação de uma empresa exclusivamente industrial em uma prestadora de serviços.

As teorias da administração podem contribuir com *insights* importantes e embasar as forças propulsoras desta mudança radical, mas necessária. Atualmente nenhuma empresa, mesmo tipicamente industrial, pode ignorar e deixar passar os benefícios potenciais e os custos de fazer a transição de simples fabricante de produtos para provedora de soluções completas aos seus clientes.

A companhia aérea norte-americana Southwest Airlines preocupa-se com o nível de serviços que deve ser levado ao seu usuário a fim de garantir uma experiência superior a ele.

A empresa descreve seis variações que podem gerar incidentes críticos, como destacado a seguir:

- evitar constrangimentos e situações que gerem desconforto aos clientes;
- prevenir conflitos e situações que gerem uma má experiência;
- autocurar de anomalias que são responsabilidades da empresa e jamais devem chegar aos clientes;
- alertar para que se trabalhe sempre no preventivo e não no corretivo;
- reagir de maneira tal que qualquer crise possa ser resolvida de forma proativa;
- ignorar, não dar importância quando algum cliente ou situação, por menor que seja, cause desconforto.

Ao construir tal narrativa, a empresa entende que estar alerta é uma premissa importante, pois em serviços um pequeno incidente crítico pode se transformar em um grave problema.

Essa transição pode ser feita com menos estresse e maior probabilidade de sucesso se as empresas forem entendidas e utilizadas como impulsionadoras de estratégias de prestação de serviços com valor agregado.

Assim, a proposta aqui é somar os tradicionais quatro Ps de Kotler – produto, preço, praça, promoção-adaptados aos oito Ps de Lovelock – **p**ropósito, **p**roduto, **p**onto, **p**rocessos, **p**rodutividade e qualidade, **p**essoas, **p**romoção e educação, **p**ercepção e evidências físicas e **p**reços – e avaliar, por meio das teorias apresentadas, qual a melhor maneira de integrar os distintos aspectos envolvendo a prestação de serviços.

Cada teoria, cada autor, tem suas peculiaridades, quando avaliados à luz da prestação de serviços, e, se bem conduzida essa integração, pode resultar em maior valor agregado ao cliente. Mas também são claros os ganhos que os empresários, quer sejam industriais ou comerciantes, já alcançaram com as teorias da administração: lucros crescentes, custos decrescentes, maior produtividade, elevação dos níveis de oferta e demanda, entre outros.

Também a sociedade vem usufruindo outras tantas benesses: produtos e serviços melhores, com maior qualidade, mais confiabilidade, menos danos ao meio ambiente etc. Aliás, desde a Revolução Industrial, a produtividade vem crescendo no mundo todo, garantindo uma democratização no acesso aos produtos industrializados, embora ainda estejamos longe da situação ideal querida por todos.

Não podemos deixar de mencionar ainda os ganhos para os empregados, pois foi graças à aplicação prática da Administração, por meio de suas teorias e das mais diversas técnicas administrativas e metodologias de gestão, que o salário real aumentou, as condições de trabalho melhoraram e as horas efetivamente empregadas na produção de bens e serviços diminuíram, mesmo com a produtividade crescendo. Esses ganhos de produtividade também trouxeram ganhos reais de salários e benefícios.

A era da experiência

	CONSUMO COLABORATIVO	EXPERIÊNCIA DO CLIENTE	PARTICIPAÇÃO E ENGAJAMENTO
SOCIEDADE	• possuir × acessar • economia do compartilhamento • realista, questionador e financeiramente mais consciente	• conveniência e humanização • personalização e customização • conectividade, velocidade e fluidez • experiências ricas: razão, emoção, sentido, comportamento e espírito	• colaboração • *crowdfunding* • *crowsourcing*
NEGÓCIOS	• sustentabilidade empresarial: redução de custo × maior rentabilidade • menos desperdício	• empresa, cultura e estratégia centrada no cliente • venda única × vendas múltiplas • diminuição do *gap* entre o analógico e o digital • melhorias contínuas em todos os pontos de contato • entreter, educar e inspirar	• conexão com o cliente: escuta ativa, colaboração, empatia, CNV • parcerias com produtos e serviços complementares • maior inovação em produtos e serviços • novos indicadores: mensuração dos impactos em termos de ROI e objetivos dos negócios

Figura 11.1 A era da experiência.

Ao longo dos últimos anos, várias transformações ocorreram na forma com que as empresas buscam oferecer e demonstrar seus produtos e serviços aos clientes atuais e potenciais. Não só novos canais de comunicação começaram a ser utilizados, como também o modo de se relacionar com o cliente passou a ter uma abordagem criativa, com o intuito de estabelecer relacionamentos e manter um canal aberto para o aumento do volume de vendas ao longo do tempo.

Independentemente da estratégia adotada, ouvir a voz do cliente é fundamental para aprimorar a qualidade de qualquer organização. A mensuração da satisfação do cliente é uma das mais importantes ferramentas de auxílio à gestão. No momento atual, em que as empresas não podem perder nenhum cliente, o conhecimento mais profundo do consumidor e suas atitudes torna-se uma grande vantagem competitiva.

Este capítulo apresenta diversos pontos a serem observados para a concepção de estratégias de marketing de relacionamento: a evolução e a importância do relacionamento no desenvolvimento e sustentabilidade das empresas.

CRM, ou melhor, Customer Relationship Management (gerenciamento do relacionamento com o cliente), estratégia mais utilizada no mercado, prevê o entendimento e as necessidades dos clientes, sejam eles atuais ou potenciais. Segundo a (Peppers Rogers Group, 2000), o CRM captura os dados do cliente ao longo de toda a empresa, os consolida interna e externamente em um banco de dados central, analisa os dados consolidados, distribui os resultados dessa análise aos vários pontos de contato com o cliente e usa essa informação ao interagir com o cliente por intermédio de qualquer ponto de contato com a empresa. Desta forma, é possível que toda e qualquer ação de relacionamento com os clientes seja planejada, analisada e adequada permanentemente para que os objetivos sejam atingidos.

As ações de marketing de relacionamento visam estreitar a ligação entre empresa e cliente, estimulando a fidelidade do cliente e buscando a rentabilidade a partir de uma série de negociações com o mesmo cliente ao longo do tempo.

A forma mais direta de você **vender mais** é fazer com que seus clientes comprem não só uma vez ou esporadicamente os seus produtos/serviços, mas que comprem **sempre** e tornem-se, inclusive, **garotos-propaganda** da sua empresa. Esta situação, ideal para qualquer empresa, torna-se realidade quando se busca estreitar o relacionamento com a base de clientes já existente. Este processo é geralmente chamado de **fidelização**, que significa levar seus clientes atuais a se tornar fiéis à sua empresa. Este argumento fundamenta-se no fato de que o custo de "conquista" de um novo cliente é várias vezes superior ao de "manutenção" de um cliente já existente.

Apresentaremos o CRM pelos conceitos e fundamentos, as diversas definições utilizadas pelos especialistas da área, além de pontos a serem observados para o sucesso das estratégias de relacionamento. A segunda parte destina-se a mostrar o diferencial obtido no gerenciamento da base de clientes, seu desenvolvimento e sua utilização nas estratégias de canal. Em um momento apresentaremos as diversas metodologias e benefícios que podem ser adquiridos por meio de uma boa utilização do CRM. A parte final destina-se a modelar o CRM e diferir cada uma de suas aplicabilidades, bem como os métodos recentemente criados das redes sociais, possibilitando relacionamentos em tempo real entre empresa e mercado consumidor.

11.1 CRM – Fundamentos e conceitos

Atualmente, quando se fala de marketing, refere-se aos instrumentos que contribuam para uma empresa, de forma filosófica ou prática, melhorar sua produtividade ou rentabilidade e, ainda assim, entender e atender com eficácia as demandas e necessidades do seu público-alvo, os clientes.

No entanto, para chegar a essa definição de marketing, é preciso entender que as empresas passam por várias etapas, que envolvem transformações na sua própria estratégia e público em sua evolução histórica, econômica, social e cultural.

Foi no final da Segunda Guerra Mundial que a expressão "marketing" foi criada. Nesse período havia um processo de reconstrução das economias dos países europeus, particularmente daqueles que tiveram os seus territórios mais afetados pelos conflitos armados (Kotler, 2010).

Como foi liderada pelos EUA, é evidente que a reconstrução trouxe muitos benefícios para as empresas norte-americanas, que puderam expandir suas atuações para aqueles países.

Além do crescimento dessas organizações, nesse período surge também um novo tipo de consumidor mais exigente, imediatista e com disposição para aproveitar o melhor da vida por meio de consumos e serviços. Esse consumidor é fruto das profundas transformações ocorridas na Europa no pós-guerra, o europeu torna-se consciente da futilidade da vida: a ameaça de uma possível guerra nuclear entre EUA e URSS o tornaria, por viver em um território intermediário, a principal vítima (Kotler, 2010).

Essa nova consciência, que levou a grandes mobilizações na sociedade civil, propiciou inclusive as movimentações culturais emergentes nos anos de 1950-1960, modificando padrões de vida e de consumo estabelecidos desde o começo do século XX, os quais privilegiavam projetos de vida em longo prazo, visando à acumulação de bens que seriam transmitidos aos seus herdeiros (Kotler, 2010).

O novo homem surgido no pós-guerra valoriza mais o conforto, o bem-estar e o gozo imediato da vida. E é nos produtos decorrentes do progresso tecnológico que ele encontra suporte para suas realizações.

Desse modo, as empresas passaram a querer conhecer melhor esse novo tipo de consumidor emergente, investigando suas motivações para compra. Por outro lado, as universidades, percebendo uma nova demanda, incorporaram nos seus cursos de negócios disciplinas que privilegiam pesquisa e análise dos clientes e consumidores.

Com isso, no início dos anos 1950, nascem as disciplinas empenhadas no estudo de mercado, que no seu conjunto formam uma nova especialidade: a mercadologia (Kotler, 2010).

Como a expressão "mercadologia" era muito limitada para significar o estudo de mercado, os acadêmicos passaram a usar o termo "marketing", que tinha um aspecto mais abrangente por usar a palavra *"market"* com o sufixo *"ing"*, sinalizando que tudo que pudesse ser relacionado ao mercado estaria incluído no marketing. Nesse "tudo" estariam incluídos a pesquisa, o desenvolvimento de novos produtos, a gerência de produtos, a logística de vendas, a precificação, o controle de vendas, a propaganda etc. (Kotler, 2010).

Nos anos 1960, Jerome McCarthy apresentou o conceito dos 4 Ps: *Product* (produto), *Price* (preço), *Place* (lugar ou ponto de venda) e *Promotion* (Promoção), caracterizando o "mix de marketing". Os 4Ps formam a base que compõem toda a estratégia de mercado de uma empresa (Kotler, 2000).

Todas as instituições, sejam elas organizadas com ou sem fins lucrativos, têm embasado nos 4Ps sua interação com o mercado. As adequações de Produto/Serviço, de Preço/Remuneração, dos Pontos de venda/Distribuição e da Promoção/Propaganda às demandas e expectativas do mercado e seus segmentos são preocupações fundamentais de qualquer organização (Kotler, 2000).

Devido às transformações ocorridas no campo sociocultural no mercado, principalmente a partir dos anos 1980, os 4Ps propostos por Kotler (2010) sofreram uma transformação para uma atualização mais abrangente e passaram a ser assim definidos como 8Ps: Produto, Preço, Praça (Distribuição), Promoção, Personalização, Participação, Ponto a Ponto e Parcerias, além dos 4As, Análise, Avaliação, Ativação e Adaptação, propostos por Richers e somando com Lauterborn, que fala sobre os 4Cs, Cliente, Custo, Conveniência e Comunicação.

Ao estudar e analisar os conceitos de marketing, é possível perceber que eles estão em constante mutação, passando por diversas fases, que podem chegar até mesmo a serem antagônicas. A seguir um quadro evolutivo e algumas dessas definições em comparação com a evolução do automóvel e do comportamento do consumidor. Este quadro é uma reprodução parcial do apresentado no livro de Raimar Richers.

Tabela 11.1 Evolução no entendimento da relação mercado-consumidor

Décadas	1950/60	1960/70	1970/80	1980/90	1990/2000	2000/2011
Marketing	A palavra começa a se integrar ao vocabulário	Venda	Propaganda	Produto	Mercado	Cliente
Automóvel	Enxurrada de lançamentos	Símbolo de *status*	Consolidações e fusões	7% da população compram 91% da produção	Abertura das importações	Novos investidores estrangeiros
Consumidor	Despretensioso	Ávido	Judicioso	Aflito	Revoltado	Cauteloso

Adaptado de: Raimar Richers, 2000.

Levando em consideração a definição de que "marketing é uma filosofia de negócios" (Semenik e Bamossy, 1995, p. 8), "toda a estratégia de planejamento e execução dos projetos de marketing da empresa tem como propósito fundamental a satisfação das necessidades de seus clientes". Para incluir a satisfação das organizações, além da dos seus clientes, Churchill e Peter (2000) reproduzem a visão empresarial da American Marketing Association: "marketing é o processo de planejar e executar a concepção de preços, promoção e distribuição de ideias, bens e serviços a fim de criar trocas que satisfaçam metas individuais e organizacionais".

Portanto, para Churchil e Peter (2000) um novo fator deve ser adicionado à definição de Semenik e Bamossy (1995): "a satisfação das metas da organização".

Esse aspecto também é reforçado por Kotler (2010), ao considerar o processo de marketing um processo social e gerencial pelo qual indivíduos e grupos obtêm o que necessitam e desejam por meio da criação, oferta e troca de produtos com outros indivíduos ou grupos para os quais exista um valor mútuo dos produtos que foram trocados.

Será o marketing o fomentador dessas trocas que geram acima de tudo a satisfação de ambos os lados participantes do processo? O autor define esse termo mais recentemente, colocando o lucro como o objetivo final a ser perseguido pelos homens de marketing, ao declarar: estamos mais interessados em fazer com que os consumidores comprem uma grande quantidade de nossos produtos, em vez de torná-lo leal a marca. Falamos da arte de obter clientes fiéis, que durante toda a vida comprem os produtos que vendemos. Não creio que uma empresa possa ficar satisfeita como o que vende, mesmo em um nicho, ou quando sua superioridade sobre o restante for notória. Por isso um dos desafios é, antes de tudo, transformar os homens de marketing em planejadores financeiros, porque fazer marketing não significa planejar valor, mas, sim, lucros, afirma o autor.

Tal concepção não considera que é por meio do valor criado para o cliente que a empresa conquista a sua fidelidade e a sua lucratividade em longo prazo.

Alguns autores vão além. Segundo Light (1998, apud Semenik; Bamossy, 1995, p. 8), "a satisfação deixa de ser o fim da tarefa do marketing, mas passa a ser o começo de uma oportunidade de transformar um comprador satisfeito em um cliente leal à marca". O cerne do *brand equity* é a lealdade à marca por parte dos consumidores. Se os consumidores são indiferentes e compram segundo as características, preço e conveniência, sem se importar com a marca, provavelmente há pouco *brand equity*. Se continuam a comprar a marca mesmo existindo concorrente com características superiores, preço e conveniência, existe valor na própria marca e talvez no símbolo e *slogans* (Aaeker, 1998, p. 35).

Esse autor diz que lealdade à marca é um dos pilares do marketing, que os concorrentes ficam enfraquecidos, mesmo utilizando estratégias de alteração de preço, pois essa lealdade justamente quando aumentada traz lucros futuros para a corporação.

De acordo com Garcia (2004), essa transformação de cliente satisfeito em cliente fiel é o que possibilita à organização a sua lucratividade e continuidade (Light, 1998).

Tal definição está de acordo com a ideia propagada por Mckenna, de que em tempos atuais o marketing passa a suprir as necessidades dos clientes, e não a modificar suas ideias. É de se esperar que o cliente saiba o que está procurando, as ofertas do mercado, saiba que tem um leque de opções a ser escolhido, ou seja, sua escolha está baseada no seu desejo com aquilo que a empresa pode oferecer como melhor (McKenna, 1999).

A revolução que pode estar acontecendo nessa área sugere que se redefinam os conceitos de marketing e posicionamento para produtos e serviços de qualquer empresa. Para que sejam detectadas as necessidades dos clientes, deve ser desenvolvida uma reestruturação interna. Neste caso, o marketing como um todo precisa estar integrado nessa ação.

Desse modo, o desenvolvimento de relacionamentos é a base do sucesso da empresa fundamentada no marketing com visão de futuro, aliado à tecnologia para fidelizar os clientes.

Conforme Kotler, no livro Marketing 3.0, a cada mudança no ambiente macroeconômico, o comportamento do consumidor também se altera, mudando a atuação do marketing. Já faz um tempo que o marketing não foca mais o produto, passando a observar o consumidor.

Atualmente, o consumidor se interessa mais em encontrar soluções para transformar um mundo em um lugar melhor para se viver.

Conforme Garcia (2004), o marketing está constantemente sendo redefinido e incorporando novas responsabilidades. Era considerado "a arte de vender produtos", agora tornou-se "a ciência e a arte de conquistar clientes, mantê-los e aprofundar o relacionamento com eles aumentando sua lucratividade" (Kotler, 2010).

Ainda de acordo com essa concepção de Kotler, o marketing está em toda parte, nas roupas que vestimos, nos sites que visitamos, nos anúncios ou no outdoor que vemos enquanto estamos no trânsito.

Segundo Kotler (2010), em um mundo confuso, eles procuram empresas que prezem pelo valor de justiça social, econômica e ambiental em sua missão, visão e valores. Buscam não apenas satisfação funcional e emocional, mas também satisfação espiritual nos produtos e serviços que escolhem.

Avanços tecnológicos provocaram uma enorme mudança nos consumidores, nos mercados e no marketing ao longo do último século, e um dos fatores que permitiram a nova onda de tecnologia foi a ascensão das mídias sociais.

Ao longo dos anos, houve uma mudança muito grande também no conceito de web. Cada vez mais, fica claro que essa ferramenta será indispensável na vida do ser humano e, hoje, está mais importante e ativa do que nunca. A web atual foi denominada web 2.0. Agora você se pergunta, "Qual é o princípio que caracteriza essa web?". Vou pontuar os dois fatores principais.

Primeiramente, criação de conteúdo composto por funcionalidades integradas, possibilitando intercâmbio entre sites de maneira ágil e fácil; e segundo, pela utilização da web como plataforma, efeitos de rede, tendo os internautas como peça-chave para a criação desse conteúdo.

Com o uso intensivo da internet, juntamente com o surgimento de novos sites de redes sociais, o cenário da comunicação ganhou peculiaridades e mudanças significativas. Essas mudanças vêm se afirmando no comportamento das pessoas por terem acesso a tudo e a todo instante.

Cada vez mais as pessoas dedicarão maior tempo em frente ao computador e até mesmo em seus *smartphones*, para o qual empresas ligadas a essa tecnologia já estão criando softwares e aplicativos que facilitam a navegabilidade, principalmente quando se trata de sites ligados a redes sociais. Não adianta fechar os olhos e tentar enxergar um mundo sem as redes sociais, é como viver em um mundo onde não existem pessoas. Fique fora desse meio e brevemente será excluído da sociedade.

De acordo com Catarino (2011), o sucesso de uma empresa depende do marketing que ela emprega; entretanto, "fazer" marketing em tempos atuais é complicado, pois é necessário conhecimento do assunto para dirigir o marketing, tomando decisões acertadas. Um gestor de marketing deve selecionar as características de um produto novidade no mercado, seu preço ao consumidor, local para venda, investimento em propaganda e o tipo de comunicação a ser adotada.

11.2 A importância do marketing de relacionamento

Um novo período de grande competitividade vem se consolidando no cenário empresarial, no qual as práticas habituais entre as diversas relações de troca já não possuem os mesmos efeitos. O caráter competitivo modifica-se de maneira aleatória, o que, na opinião de Silva (2013), proporciona um ambiente jamais visto pelos agentes do marketing.

Sob o contexto da oferta, esse novo momento é pautado pela diversidade cada vez maior de produtos e serviços, além do expressivo aumento da concorrência global.

O mercado acha-se extremamente carregado e não evolui mais na mesma magnitude observada anteriormente. A aquisição de conhecimento pelos consumidores e o aumento das exigências por parte desses mesmos consumidores faz com que as ações de conquista e fidelização se tornem cada vez mais difíceis e intricadas.

Aliado a esse contexto, há ainda a complexidade da logística dos produtos, que vem obrigando uma ampliação dos diversos canais já existentes, separando ainda mais o produtor de seu público-alvo.

Chegar ao consumidor configura-se outro obstáculo a ser superado pelos profissionais de marketing. Existe a necessidade de uma diferenciação cada vez maior entre a ampla gama dos produtos e os serviços.

As ferramentas de comunicação clássicas já não estão mais aptas a passar suas mensagens de maneira satisfatória, além de ter que enfrentar práticas censuráveis, como a concorrência por meio de promoções e concessões de descontos, o que reduz a lealdade à marca em razão da simples troca de custos em detrimento da qualidade (Silva, 2012), no entanto, do ponto de vista do cliente, é possível observar a crescente exigência por produtos e serviços diferenciados, de certa forma, como resposta à concorrência baseada em preços, que deixam de lado atributos tão, ou mais importantes, como a personalização.

A significativa evolução das tecnologias de informação também contribui para a consolidação desse cenário, já que é perfeitamente possível conhecer, comparar e mesmo adquirir e/ou contratar serviços pela internet.

Assim, o consumidor pode ter suas demandas atendidas quanto à customização, qualidade e bom preço, além de acessar uma enorme variedade de informações em curto espaço de tempo, o que de outro modo não seria possível.

Além dos já mencionados, outros fatores relacionados à demanda também passam a ter muita influência nas estratégias empresariais, como, por exemplo, a participação cada vez maior da mulher no mercado de trabalho e, consequentemente, no mercado de consumo. As consequências são facilmente percebidas através da procura por produtos e serviços compatíveis com o tempo e os recursos disponíveis para sua escolha e aquisição.

No âmbito institucional, a tendência pela obtenção de maior competitividade e satisfação do nível de inovação, bem como a demanda por soluções mais ágeis e eficientes, acaba por induzir os produtores a se aliarem a fornecedores mais adequados aos seus negócios, trazendo mais vantagens ao processo de melhora no desempenho em seu segmento.

Após uma reflexão sobre essas novas condições, há a necessidade de cautela e atenção, pois, em face da imprevisibilidade no mundo dos negócios, aliada à rápida e constante evolução das tecnologias, embora os investimentos necessitem ser volumosos, não existe nenhuma garantia de sucesso e as punições podem ser muito rigorosas.

11.3 Definindo o marketing de relacionamento

Nesse contexto do ambiente, passa a existir a chance para o exercício das estratégias do marketing de relacionamento, proporcionando novos modelos que terão participação significativa no relacionamento mercadológico.

O marketing de relacionamento destaca, sobretudo, a necessidade de relações de longo prazo entre consumidor e mercado, conquistando-o e fidelizando-o, em substituição às práticas comerciais com metas de curto prazo.

Ainda que os conceitos de parcerias de longa duração já sejam exercidos há muito tempo, por meio da celebração de contratos de prestação de serviços, de locações, por exemplo, a expressão marketing de relacionamento foi criada por Berry, em seu livro *Marketing de serviços*, lançado no início da década de 1980. O autor destacava que a fidelização dos clientes é um importante recurso para obtenção de maior competitividade e participação de mercado para as empresas, e de maior satisfação dos consumidores.

Bretzke (2000) conceituou marketing de relacionamento como a captação e a conservação dos clientes feitas pelas organizações, além da melhora na qualidade das relações entre eles.

O autor também afirma que a conquista de novos clientes deve ser considerada somente uma das etapas intermediárias durante todo o procedimento do marketing. Consolidar as relações, fazer com que os clientes indiferentes se tornem leais e atendê-los da melhor forma é o que, de fato, caracteriza o verdadeiro marketing (Silva, 2012).

De acordo com as novas tendências mercadológicas, o marketing de relacionamento vem se tornando essencial para a sobrevivência das organizações, pois não basta apenas captar o cliente (*lead*/oportunidade), hoje se faz necessário conhecer a jornada do consumidor e colocar cada vez mais em protagonismo sua jornada e assim potencializar referências e ganhos.

Segundo o autor, o marketing de relacionamento se caracteriza por um processo no qual as organizações estabelecem relações de longo prazo tanto com seus clientes, com base no princípio de que vendedor e/ou prestador e consumidor atuam em conjunto para a obtenção de objetivos comuns.

Para os autores, o alcance das metas inclui:

- compreensão das necessidades dos consumidores;
- tratamento cordial e maior aproximação com os clientes;

- garantias para a satisfação das necessidades pelos seus colaboradores; e
- atendimento com a máxima qualidade referente às demandas individuais.

Por sua vez, outros estudiosos, como McKenna, chamam a atenção para aspectos surgidos mais recentemente que estão ligados à percepção de aumento de valor para o cliente.

Nesse contexto mais amplo, o marketing de relacionamento deve levar em conta a totalidade dos elementos que podem influenciar na satisfação dos consumidores, a exemplo das relações junto aos fornecedores de bens ou serviços, à concorrência; organizações sem fins lucrativos, governo, unidades de negócios, setores operacionais, colaboradores, intermediários e consumidor final.

Lipkin e Perrymore (2010), de maneira bastante objetiva e abrangente, oferecem outra definição para o Marketing de Relacionamento, como o processo de criação e repartição de valor por meio da colaboração recíproca e da interdependência.

A adaptação das estratégias de marketing de relacionamento em mercados instáveis como recurso para o alcance da fidelidade dos clientes reside no empenho das organizações em aprenderem, constantemente, sobre o que seus clientes esperam desse relacionamento e o que pode ser oferecido a eles de modo a agregar mais valor.

Nesse mesmo sentido, Maróstica (2013) acrescenta que o marketing de relacionamento deve se fundamentar na informação e na experiência, pois exige das organizações conhecimentos relativos aos concorrentes, ao público-alvo, às inovações tecnológicas, às regras de comercialização e tudo o mais que possa modificar o ambiente organizacional e competitivo.

Nesse contexto, as organizações devem se empenhar com seus clientes, monitorar constantemente a concorrência e criar sistemas de inteligência agressivos por meio de análises e medição de resultados para transformar tais dados em amostras do mercado e os concorrentes em parâmetros para novas configurações de produtos e serviços.

O marketing de relacionamento implica, segundo o autor, reciprocidade, vinculação e inovação, para que a satisfação do consumidor efetivamente seja parte das metas estratégicas das organizações em relação à idealização de produtos e serviços de maior valor agregado, de forma eficaz e continuada.

Estratégias de marketing não empenhadas com o monitoramento de mercado estão destacadas da estratégia de marketing de relacionamento. O conhecimento do público-alvo estimula a capacidade dos gestores de se familiarizarem intimamente com o mercado, chegando mesmo a se prevenirem contra reações de modificação do ambiente.

Assim, o marketing de relacionamento se consolida por meio das parcerias constituídas com seus consumidores e, também, todos os demais componentes que participam da sua satisfação. Para tanto, utilizam-se programas de fidelidade, *database marketing*, comunicação direta, entre outros, para alcançar seu público-alvo.

Nesse contexto, as ações estratégicas de marketing de relacionamento devem proporcionar:

- contato com o cliente por meio de recursos de *feedback*, como, por exemplo, análise das amostras e dos padrões de consumo; criação de SACs, realização de pesquisas de opinião e avaliação de produtos e serviços;
- ampliação da base de clientes por meio de programas de fidelidade e afinidade e, assim, aumentar o volume das vendas, estabelecendo vendas cruzadas, por volume ou por frequência;
- segmentar de forma eficaz e com maior lucratividade, utilizando o banco de dados ultrapassando as barreiras do volume e da economia de escala;
- maior domínio do canal de distribuição por meio de informações sobre o consumidor é possível proporcionar melhores ofertas;
- monitoramento mais eficiente e maior controle sobre as variáveis que sejam capazes de influenciar nos resultados.

Segundo Lipkin Nicole e Perrymore April (2010), há três estágios de marketing de relacionamento conforme as ações estratégicas, os quais se relacionam à concessão de benefícios e alcance de fidelidade:

No 1º estágio são proporcionados incentivos financeiros para que o cliente se conserve fiel, normalmente por meio de programas de descontos progressivos para compras frequentes.

No 2º estágio, o relacionamento passa a ter cunho social, o que inibe o rompimento entre as partes, diferenciando a relação, por meio de contatos regulares com reconhecimento e identificação do cliente, exclusividade no atendimento, convites para inaugurações, lançamentos e comemorações.

No 3º estágio, o marketing de relacionamento destaca-se por meio de sólida parceria, ultrapassando a relação comercial para atingir níveis de solução de problemas, como, por exemplo, na obtenção de produtos ou serviços incomuns, ou com preços acima da média, que se justificam pela conservação e estreitamento de laços duradouros entre empresas e clientes.

Existe também o aspecto das redes sociais que não podemos deixar de focar, pois hoje, sem sombra de dúvida, tornaram-se um dos principais pontos que as empresas adotam para estabelecer contato com seus clientes.

Segundo Kotler (2010), classificamos as mídias sociais em duas amplas categorias. Uma é composta pelas mídias sociais expressivas, que incluem blogs e sites de rede social, e a outra categoria é a das mídias colaborativas, que inclui sites de informação como a Wikipedia, por exemplo. Como o intuito do livro é falar sobre marketing nas redes sociais, entraremos a fundo nas redes expressivas.

Redes sociais são a relação entre dois ou mais indivíduos na comunicação mediada por computadores conectados à internet. Geralmente essas pessoas são ligadas por ideais ou algo em comum. As pessoas levam em conta diversos fatores ao escolher conectar-se ou não a alguém em alguma rede social, uma vez que os sites possuem um sistema de privacidade no qual a pessoa pode escolher com quem ela gostaria de se relacionar e manter no círculo de amizade, além de customizar o tipo de liberação limitando a sua visibilidade.

Hoje em dia existem inúmeros sites de redes sociais ao redor do mundo, como Facebook, MySpace, Twitter, Flixster, LinkedIn, Flickr, My Year Book etc. Vamos utilizar como exemplo o Facebook e o Twitter, dois dos maiores sites de redes sociais do mundo, que possuem enorme número de brasileiros como usuários.

O Facebook foi fundado em 4 de fevereiro de 2004 por Mark Zuckerberg, um ex-estudante de Harvard. No início era muito restrito, apenas os estudantes do Harvard College podiam utilizar o serviço, e aos poucos foi se expandindo. Naquela época, eventualmente pessoas que possuíam endereços de e-mail de universidades em outros países eram aceitas para entrar na rede, e em 2006 essa rede foi aberta ao grande público. Um dos grandes diferenciais do Facebook, além de já ser possível navegar nele na língua portuguesa são suas funcionalidades, que vão além de uma simples ferramenta para troca de mensagens.

Já o Twitter surgiu em março de 2006 e foi fundado por Jack Dorsey. Esse microblog permite que você publique pequenos textos de até 140 caracteres.

Como o espaço é limitado, é preciso ser criativo e muito objetivo ao escrever, porém, é possível escrever o que vier à cabeça, desde fazer breves confissões sobre o seu cotidiano, pedir uma sugestão aos seus amigos ou relatar algum acontecimento, até mesmo utilizando fotos e vídeos, pois já existem aplicativos com os quais é possível fazer esse tipo de registro que é enviado diretamente ao Twitter por um link.

Além disso, o Twitter é também uma maneira prática e rápida de divulgar links interessantes e manter seus seguidores informados sobre o que você anda fazendo naquele momento, algum produto que sua empresa tenha lançado, ou comentar sobre algum diferencial que sua empresa possui.

Ambos os sites comentados são gratuitos e não precisam de convite para liberar o seu cadastro. Para se cadastrar é fácil, basta preencher um questionário básico, colocar algumas peculiaridades (campo opcional) e boa sorte!

Atualmente, a maioria das pessoas que utilizam uma dessas ferramentas acaba replicando a mensagem em outros sites de rede social. Por exemplo, se eu escrever uma mensagem no Twitter, consigo facilmente replicar a mesma mensagem no Facebook, obtendo assim uma maior audiência e penetração do conteúdo.

De acordo com o livro *Marketing 3.0*, Philip Kotler (2010) lembra muito bem sobre a penetração desse meio no mundo corporativo. A IBM, por exemplo, estimula seus funcionários a criar blogs específicos em que podem falar livremente sobre a empresa, desde que sigam determinadas diretrizes. Outro exemplo é a General Eletric, que criou o Tweet Squad, um grupo de jovens empregados que treinam empregados mais velhos, ensinando-lhes a usar mídias sociais.

O número de empresas brasileiras que estão usando cada vez mais redes sociais aumentou entre 2010 e 2011. Uma pesquisa realizada pela Regus, publicada por Karla Santana Mamona no site da Infomoney, aponta que, em um ano, o percentual passou de 49% para 59%.

Segundo a pesquisa, 68% das empresas do Brasil usam websites como Twitter e Facebook para interagir com seus clientes. Além disso, 61% dos brasileiros entrevistados disseram que estimulam a participação de seus colaboradores em redes sociais.

A pesquisa indica ainda que 39% das organizações no mundo e 38% no Brasil dedicam até 20% do orçamento de marketing às atividades nas redes sociais corporativas.

Para as empresas, as redes sociais evoluíram tanto que deixaram de ser apenas mais um recurso interessante para se tornarem imprescindíveis. A maioria das companhias no Brasil consultadas (87%) concorda que estratégias de marketing sem atividades em redes sociais têm muito menos chances de serem bem-sucedidas.

No entanto, as empresas brasileiras (57%) e as corporações globais (61%) também enfatizam a necessidade de um equilíbrio entre marketing em mídias sociais e outras formas tradicionais para obter um bom resultado.

Segundo Kotler (2010), à medida que essas mídias se tornarem mais expressivas, os consumidores influenciarão outros consumidores com suas opiniões e experiências sobre empresas e produtos.

Hoje, os profissionais de marketing estão competindo com o poder coletivo dos consumidores. Cada vez mais as empresas precisam colaborar com seus consumidores.

Essa colaboração começa quando gerentes de marketing ouvem a voz do consumidor para entender sua mente e captam *insights* do mercado; aqui vale lembrar que temos dois ouvidos e apenas uma boca, ou seja, aprenda a ouvir mais seus clientes.

Os consumidores não estão mais sozinhos, agora estão conectados uns aos outros. Suas decisões não são mais inconscientes, pelo contrário, são bem fundamentadas em informações, fazendo com que não sejam mais passivos e sim ativos, oferecendo *feedback* útil às empresas.

Hoje, os consumidores acreditam mais uns nos outros do que nas empresas. O famoso e velho "boca a boca" vem com força total, fazendo com que as propagandas das empresas não tenham tanta credibilidade e poder de persuasão.

11.4 Os benefícios do marketing de relacionamento

Não são raras as controvérsias acerca das vantagens proporcionadas às organizações pelo marketing de relacionamento, entre os quais:

- qualidade dos produtos e serviços;
- satisfação e fidelidade dos clientes;
- lucratividade.

O aumento da qualidade nos produtos e serviços é obtido por meio da noção de valor exigido pelo cliente que, devidamente atendido, acarreta em maior satisfação e maior expectativa para a conservação de um relacionamento de longo prazo. A fidelidade, por sua vez, implica naturalmente maior lucratividade.

Os reflexos da lealdade sobre a lucratividade não se limitam apenas à geração de receita por intervalos maiores de tempo, mas ainda pelo fato de que conservar clientes atuais proporciona custos inferiores à tentativa de conquista de novos clientes.

A lealdade dos clientes decorrente de um relacionamento possibilita uma base mais ampla de conhecimento acerca dos mesmos clientes.

Nesse contexto, é possível aumentar a lucratividade em razão da probabilidade de obter maior faturamento com futuras negociações, em transações com custos reduzidos e até mesmo da administração dessas informações.

As receitas obtidas em transações futuras advêm de:

- aumento na quantidade das transações;
- venda de itens adicionais ou complementares;
- prática de preços acima da média;
- promoção de serviços personalizados.

Além disso, a redução de custos com transações futuras implicam:

- melhorias significativas nos programas de comunicação; e
- aprimoramento da logística.

As vantagens obtidas pelos clientes por meio do marketing de relacionamento acarretam:

- alcance sucessivo e periódico de serviços particularmente importantes e adaptados às necessidades individuais;
- redução ou mesmo extinção do risco da aquisição, em razão de prévio conhecimento do fornecedor;
- acréscimo de benefícios sociais pela compra de produtos e/ou serviços personalizados ou exclusivos;
- melhora da qualidade de vida e do bem-estar;
- facilitação da tomada de decisão, sobretudo em relação a produtos ou serviços mais complexos e que exijam altos investimentos.

11.5 Marketing de relacionamento e valor agregado

A tarefa do profissional de marketing é delinear atividades de marketing e montar programas de marketing totalmente integrados para criar, comunicar e entregar valor aos consumidores (Kotler, 2010).

O marketing de relacionamento envolve cultivar o tipo certo de relacionamento com o grupo certo, criando um vínculo da empresa com o cliente.

Para desenvolver relacionamentos fortes, é preciso entender as capacidades e os recursos dos diferentes grupos, assim como suas necessidades, metas e desejos.

No marketing experimental muitas vezes o profissional de marketing, em conjunto com sua empresa, utiliza-se da estratégia de marketing em que a experiência do consumidor é utilizada para testar a aprovação de um novo produto ou serviço ofertado.

Diante da concorrência, escolhe-se a opção de oferecer uma experiência ao consumidor, deixar que ele teste o produto, faça uso e descubra quais são os benefícios que o acompanham durante o período em que o testa.

Com as facilidades criadas por programas (softwares) sofisticados, é possível inserir o consumidor no ambiente desejado, especialmente quando o assunto é um imóvel, em que o uso das ferramentas que possibilitam criar um mundo virtual e tridimensional deixam o consumidor à vontade para passear e conhecer o produto.

Em certos casos, essa estratégia de marketing é usada para que sejam feitas comparações entre produtos, uma empresa coloca em dúvida se a escolha dos produtos concorrentes é melhor para o consumidor, deixando em aberto a oportunidade de experimentar seus produtos.

Cada vez mais é necessário oferecer ao consumidor a comodidade de escolha dos produtos que adquire; o marketing experimental auxilia na escolha do melhor produto ou serviço.

Os profissionais atuais que atuam em mercadologia têm por obrigatoriedade conhecer toda a cadeia que envolve desde o *designer* ao processo de comunicação mercadológica, pois assim terão muito mais assertividade na construção da estratégia e conseguirão com muito mais velocidade perceber adequação entre produto/serviço/brand/mercado.

O produto pela sua natureza tangível tem como papel singular resolver questões de usabilidade e conceitos de usabilidade, adequação, portabilidade, serviços e pós-vendas – são elementos vitais para adequação forma e uso.

Diante do contexto, em cenários cada vez mais disruptivos as empresas terão que se adaptar ao foco do cliente para assim garantir competitividade e *market share*.

Em outras palavras, apenas o comprador ou usuário podem atribuir valor, pois este se limita aos benefícios desejados ou recebidos. Assim sendo, o autor faz a distinção entre os produtos ou os serviços existentes no mercado por meio do reconhecimento de determinadas características que representem um benefício real e de grande valor.

Conforme a concorrência reproduz tais atributos, o produto ou serviço tem sua vantagem de mercado reduzida e, portanto, cabe ao produtor/fornecedor promover o aumento constante do valor e dos benefícios, reintegrando sua qualidade de diferenciação.

Com base nisso, apontamos cinco ações para o estabelecimento de relações reciprocamente produtivas:

- criação de serviços que deem origem a relacionamentos;
- personalização das relações que visem o cliente especial;
- ampliação do serviço principal com inclusão de vantagens adicionais;
- precificação do serviço tendo em vista a fidelidade do cliente;
- estímulo aos colaboradores para darem o melhor de si aos clientes.

Desse modo, o relacionamento pode ser considerado um elemento imprescindível para o êxito na oferta de produtos e serviços diferenciados ao mercado, já que a efetiva oferta de valor só se torna viável por meio do conhecimento adquirido acerca do público-alvo.

Consequentemente, as estratégias resultantes do marketing de relacionamento permitem a oferta crescente e contínua de valor agregado superior, implicando a geração de grandes vantagens, tanto para o vendedor/fornecedor quanto para o cliente/consumidor.

11.6 O processo de compra do consumidor

De acordo com Kotler e Armstrong, para chegar à decisão de compra, o consumidor passa pelas seguintes etapas:

- Reconhecimento da necessidade: o comprador reconhece que têm uma necessidade que pode ser ativada por estímulos internos, a partir das necessidades fisiológicas, ou por estímulos externos, a partir de cheiros, comerciais, carros etc. Os profissionais de marketing, ao pesquisarem, identificarão o que desencadeou determinada necessidade.
- Procura de informações: depois de estimulado, o consumidor poderá procurar informações, ou satisfazer imediatamente à sua necessidade. Na procura de informações poderá passar pelo estágio de atenção amplificada, que presta mais atenção às informações ligadas às suas necessidades, ou buscará informações a respeito do assunto por meio de fontes pessoais, comerciais, públicas e experimentais.
- Avaliação de alternativas: o consumidor organiza as informações até a escolha de uma marca. Existem diversos processos usados pelos consumidores. Em geral, eles procuram primeiramente um produto com

diversos atributos. Em seguida darão diferentes graus de essenciais a cada atributo. Depois se processa em sua cabeça um conjunto de conceitos quanto à posição de cada marca com seu respectivo atributo.

A satisfação plena do produto modifica-se de acordo com os níveis de diferentes produtos e, por último, o consumidor desenvolve atitudes quanto às marcas diversas por meio de uma avaliação:

- Decisão de compra: em geral comprará sua marca preferida, mas essa decisão pode ser influenciada pela atitude dos outros que recomendam uma marca mais barata, e as situações inesperadas, ligadas ao salário, que farão mudar a decisão.
- Comportamento pós-compra: a satisfação do cliente está ligada à perspectiva que tinha do produto e o comportamento desse produto. A satisfação do consumidor é muito importante também do ponto de vista do marketing, pois está relacionado com a manutenção ou perda de clientes e a absorção de novos consumidores.

Segundo Kotler e Armstrong (p. 142): se o produto for novo, o consumidor passa pelas seguintes fases para a sua aquisição: conscientização, pela qual sabe que o produto existe, mas faltam informações; interesse, que o impele a buscar informações; experimentação e adoção, ou seja, após experimentar em pequena escala, adota o produto.

O consumo pode ser visado como dimensão simbólica da cultura. Produtos, comportamentos de consumo, compras, mercados, escolhas, decisões, podem ser vistos como trocas simbólicas realizadas na sociedade atualizada.

A concretização do produto como potencial recurso ao problema de compra do consumidor leva à batalha pela participação no mercado e pela rentabilidade a um nível característico: o da interação do consumidor com o produto, tendo como fundamento decisório os critérios de determinação de compra.

Definido como decisivo econômico no domínio da teoria da utilidade, o consumidor prioriza a otimização entre a satisfação ajustada pelo produto e a perda monetária decorrente do ato da compra.

A referida hipótese torna provável e transitável o conhecimento de todas as alternativas disponíveis no mercado, em suas diversas faixas de preços.

Adiciona-se a suposição sobre a imensa capacidade cognitiva do consumidor, o que constitui como premissa obrigatória um contento racional de maneira econômica ótima quanto à tomada de disposição de compra.

Reconhecendo a teoria da utilidade como uma referência fundamental, mas adotando uma visão conceitualmente contraposta, o núcleo da referida teoria é o conceito de que as variáveis que compõem ambiente da dificuldade de compra são decisivas na tomada de decisão do consumidor.

Destaca-se o fenômeno da oposição à perda como uma atitude determinante para o desenvolvimento de dois comportamentos fundamentados na certeza de ganhos e de perdas:

- a oposição ao risco, quando a apresentação da dificuldade de compra tem como destaque o ganho para o consumidor;
- uma postura que assuma riscos, quando a apresentação do problema de compra tem como destaque a perda para o consumidor.

O processo decisório do consumidor está fundamentado na consideração de ganhos e de perdas com relação a um nível de referência abrangida pelo consumidor em ajuste com a teoria da probabilidade. A apresentação do problema de compra do ponto de vista das perdas leva o consumidor ao comportamento propenso ao risco, o que pode ser esclarecido pela predisposição em diminuir uma perda que é percebida como apropriada.

11.7 Marca de sucesso

Uma marca de sucesso deve atingir características indispensáveis tais como: valor de uso, qualidade, reconhecimento, personalidade, benefícios, diferenciação, competitividade, preço etc.

A equidade de marca, de acordo com Aaker: um conjunto de recursos (e deficiências), inerentes a uma marca registrada e a um símbolo, que se agregam (ou são subtraídos) ao valor proporcionado por um produto ou um serviço, em benefício da empresa ou de seus clientes.

As categorias de recursos fundamentais são:

- conscientização sobre a marca registrada;
- fidelidade em relação à marca;
- qualidade percebida; e
- agregações relativas à marca.

Diversas vezes a repetição, em determinado período estudado, do ato de compra concretizado pela mesma marca é avaliada como confiança na lealdade do consumidor na marca; isso não significa inteiramente a verdade. Muitos fatores podem contribuir para a repetição da compra, alguns fatores de ordem mercadológica, outros mais difíceis de serem avaliados; trata-se de fatores psicológicos e de coerência, os quais nem sempre garantirão que o comportamento de compra do consumidor seja sempre leal à determinada marca. Imprevistos, perturbações de ordem pessoal e familiar ou ocorrências do meio profissional poderão gerar mudanças psicológicas e comportamentais no consumidor, de forma que geram a curiosidade em conhecer outras marcas de produtos cujo uso atende suas necessidades, sendo provável que decida por repetir o ato de compra com outras marcas.

11.8 Componentes, 11 Cs e 30 Rs do marketing de relacionamento

O marketing de relacionamento, conforme Gordon (1998), pode ser orientado por um conjunto de processos e, quando bem conectados, tem por objetivo potencializar o estreitamento entre empresas e seus clientes. O conjunto é formado por:

Conhecimento e percepção: o cliente não se importa até o momento que percebe que a empresa se importa. Organizações que colocam o cliente no centro tendem a ganhar preferências. Obviamente, clientes que tem um *grid* com as empresas passam a optar por aquelas que lhes dão valor e respeitabilidade, ou seja, sentem que não são apenas números, mas indivíduos.

Cultura e valores: a empresa é criada para servir, logo, seu papel é ter uma cultura definida, compartilhar tais valores internamente e, depois, levar seu pensamento de valorização aos clientes externos.

Estratégia: definir de maneira antecipada o que se preconiza, qual a sua função e o impacto; depois, desdobrar em atividades que façam sentido aos colaboradores.

Estrutura: não adianta pensar em encantamento sem pensar antes na qualidade dos recursos ofertados aos clientes internos. É papel de uma organização criar elementos que favoreçam o bom desempenho das tarefas que precisam ser executadas.

Liderança: a liderança deve criar elementos e dar protagonismo aos colaboradores (uma vez empoderados, adotarão uma postura de donos e vão assumir o papel de advogado do cliente).

Pessoal: a principal razão de ser parte de uma empresa é contar com um time de ponta, pois pessoas treinadas e preparadas desempenham melhor seus papéis e, por conseguinte, desempenharão sua função com destreza e com habilidades adquiridas, ou seja, otimizarão suas atividades.

Processos: é vital ter uma linha mestre. Antes de determinar o que fazer, é necessário compreender, fazer o motivador e o processo que será utilizado. Existe uma impressão errada de que tudo pode ser feito de acordo com aquilo que o colaborador quer, porém, não é verdade. Primeiro, cria-se a regra e depois vem a flexibilidade, pois se a flexibilidade vier antes do processo, o processo de qualidade para o futuro das organizações se tornará impossível.

Tecnologia: em um ambiente altamente competitivo, a usabilidade da tecnologia é uma premissa singular para o desempenho das funções que visam encantar os clientes. Conhecer softwares, utilizar os dados para gerar conhecimento, e de posse do conhecimento antecipar-se aos conflitos, é vital para o estreitamento nas relações entre público e empresa.

De acordo com Gummesson (2010), além dos componentes do marketing de relacionamento, existem ainda os 11 Cs:

Tabela 11.2 Os 11 Cs segundo Gummesson (2010)

Cadeia de relacionamentos	A cadeia de serviços é vital para excelência nas relações. De nada adianta um departamento se destacar e os demais não trabalharem em prol do sucesso coletivo. Dentro das configurações mais modernas de gestão já existe um discurso sobre o que é sucesso: deve-se compreender que em uma empresa há pessoas que vendem e as que ajudam a vender. Se todos não compreenderem o verdadeiro sentido dos seus papéis, alguns poderão atrapalhar a sinergia entre empresas e consumidores.
Cálculos sobre o cliente	Gerar indicadores de felicidade, engajamento e sobretudo NPS (*net promoter score*) sobre as percepções dos clientes a respeito da organização estabelecem eixos de aprendizagem permanentes e ofertam possibilidades reais e sustentáveis de como fazer mais e melhor em prol do sucesso dos clientes.
Capacidades	Todos os canais devem ser capacitados e orientados para servir os clientes.
Categorias	Definição de linhas e categorias, quais serão os *key accounts* que vão cuidar, determinará o nível de excelência entre o que foi prometido e o que será entregue.
Cliente	A razão de ser de toda e qualquer empresa. Não existe empresa sem cliente, logo, ele é vital para o sucesso de toda e qualquer organização.
Colaboração e integração	De nada adianta querer gerar encantamento nos relacionamentos se aqueles que devem tomar a decisão (os colaboradores) não são municiados com o que acontece nos outros departamentos da organização. Sinergia é vital na construção de um elo duradouro e vencedor entre empresas e seus clientes.

Comunicação, interação e posicionamento	Saber como se comunicar, estabelecer vínculos e estreitar relações é vital para construção de relações ganhadoras. Empresas orientadas a clientes compreendem que o sucesso nas relações depende da equação da posição assumida internamente pela empresa e o canal utilizado para se transmitir com clareza a mensagem e o propósito da organização.
Controle do contato com os processos monetários	Se por um lado a busca pela felicidade dos clientes deve ser permanente, por outro jamais deve haver relatividade sobre a intenção das empresas, que é ganhar dinheiro. Nenhuma relação pode ser nutritiva se não possibilitar aos seus envolvidos uma relação de ganho. A convergência entre interesses deve também ser avaliada, pois, no final do dia, não é possível melhorar permanentemente as relações de consumo se não existir lucratividade nas relações.
Cuidados com os clientes	Criar momentos mágicos e evitar a todo custo momentos trágicos é a força motriz do processo de encantar e reter clientes.
Custo, lucratividade e valor	Lucro é a consequência de um ótimo valor ofertado. Sempre haverá um cliente disposto a remunerar uma empresa, desde que ele perceba valor nesta relação. Empresas de vanguarda compreendem que o resultado vem depois da confiança.
Customização	Foco do cliente é entender, e não atender o que se pede. Muitas empresas pecam por querer construir uma relação na base cartesiana e se esquecem que ao tratar seus clientes como convidados, assumem a postura da escuta ativa, da resiliência e do protagonismo do cliente.

Gummesson (2010) determina que para corroborar com os 11 Cs é preciso observar a relação dos 30 Rs do marketing de relacionamento. Segundo o autor, as relações entre as corporações e seus stakeholders são a base do sucesso para as organizações. Desta feita, o ponto focal do marketing de relacionamento está na construção entre indivíduos e os grupos de pessoas com os quais mantêm afinidades. Dentro destas relações se criam diretrizes e se compartilham um interesse comum e, por conseguinte, se destinam aos demais stakeholders.

A teoria dos 30 Rs do marketing foi dividida em quatro partes: as relações clássicas de marketing (R1 a R3); as relações especiais de marketing (R4 a R17); as relações externas de marketing – denominadas grandes relações – (R18 a R23); e as relações internas de marketing – chamadas microrrelações – (R24 a R30). Portanto, conforme destaca Stone e Woodcock (1998), o marketing de relacionamento é o desdobramento de uma série de integrações entre os mais variados departamentos de uma empresa (Figura 11.2) que visam gerar diferenciais para os clientes. Logo, é fundamental buscar sinergia entre todas áreas da empresa, pois se partimos da ideia de que a experiência do cliente é essencial, a sinergia é que possibilitará esse alcance, pois de nada adianta ser competente individualmente e incompetente coletivamente.

Inteligência de mercado	Inteligência de mercado	Inteligência digital
Inteligência tecnológica	Inteligência empresarial	Inteligência competitiva
Inteligência de mercadológica	Inteligência antecipativa	Inteligência artificial
Inteligência financeira	Inteligência humana	Inteligência em vendas

Figura 11.2 Inteligência de mercado.
Fonte: Shutterstock.

11.8.1 Considerações finais

O marketing de relacionamento começa ser aplicado de maneira mais intensa no começo da década de 1990 por uma necessidade forçada pelo mercado, pois a partir do aumento da competitividade em entre nações e maior oferta de possibilidades de produtos e serviços, o cliente começa pela primeira vez na história moderna a ser ouvido, visto e valorizado.

Sendo assim, baseado no relacionamento, pode-se chegar a resultados sólidos e relações de longo prazo. Diante desta análise, torna-se imperativo que todos os componentes implicados na cadeia de serviços e todas atividades referentes ao core business da empresa e todas atividades de apoio (*outsourcing*) tenham a consciência que o encantamento dos clientes é um papel de todos. Criar momentos mágicos na hora da verdade do cliente é o fator crítico de sucesso para as organizações no mundo VUCA (volátil, incerto, complexo e ambíguo), pois da era do *fisital* (físico e digital), entender que a ser *omini channel*, nada mais é que dar possibilidades diversas para que os clientes e consumidores acessem a organização de onde quiser, na forma que quiser e no momento que desejarem e quem encontrem do outro lado uma experiência humanizada que dê a eles o direito de ser ouvidos e acolhidos e que ao final tenham o sentimento de que sua demanda foi solucionada e que além de tudo tiveram uma experiência superior. Os clientes sabem que nenhuma empresa é perfeita; eles só esperam que as empresas resolvam suas dores quando algo der errado, pois empresas excepcionais e disruptivas não acreditam em excelência, mas em aprimoramentos contínuos e aprendizagem permanente.

Podemos afirmar que o relacionamento com clientes, se bem orquestrado, regido por pessoas, apoiado em processos e dando protagonismo aos consumidores, pode oferecer muitos benefícios e vantagens, capazes de gerar lealdade, pois o sucesso dos clientes não é uma técnica a ser implantada e sim uma cultura que deve ser cuidada todos os dias.

11.8.2 Estudo de caso

Covid a bordo

Por Eduardo Maróstica

Na virada do ano de 2019, o cenário do mundo começou a mudar. Rumores fortes vindos da China apontavam a chegada de um vírus que estava afetando rapidamente milhares de pessoas naquele país. Naquele instante ninguém imaginava o tamanho do impacto em termos globais, tanto de vidas perdidas, quanto de empresas que se ruíram no intervalo de poucos meses.

Era um final de semana de calor, dia 13 de março de 2020. Estava em meu carro na estrada, rumo a Marilia, para dar aulas. Minha esposa estava indo para Salvador no mesmo horário também para dar aulas. Naquele instante não tínhamos ideia de que seria nossos últimos encontros com atividades presenciais.

Da desconfiança inicial, de que era apenas uma gripezinha, passamos para mais de 5 milhões de casos e mais de 150 mil vidas perdidas apenas no Brasil. Um cena diária surpreendente e que despertou uma mudança comportamental sem precedentes na história moderna. Na esteira de tudo isso, aconteceu uma mudança completa no comportamento de consumo, relacionamentos, empregabilidade e formas de interação. De praias a cidades, tudo começou a fechar e, com isso, uma outra grande preocupação começou a pairar: o que acontecerá com o emprego, com a renda e com a economia como um todo?

Quem podia imaginar nos tão sonhados planos estratégicos, dos mais variados autores consagrados, que uma pandemia colocaria em *check* tudo isso e criaria uma ordem de gerir empresas e abastecer a população?

Em um primeiro momento veio a fase funcional, que era reduzir os riscos, empresas que cuidavam de saúde e proteção rapidamente saltaram na frente e viram ali uma grande oportunidade de capitalizar face ao cenário devastador que se apresentava.

A segunda fase foi a emocional, pessoas apreensivas e que precisavam, de alguma forma, reduzir a ansiedade. Empresas no setor de saúde rapidamente adaptaram a telemedicina e começaram a prestar serviços de maneira remota, pois hospitais estavam focados em atender casos de Covid-19. Chegamos ao estágio do pertencimento, pessoas começaram a sentir isoladas e com isso *lives*, reuniões vias ferramentas digitais, treinamentos e uma série de empresas tiveram que se render ao uso da tecnologia em um curto espaço de tempo.

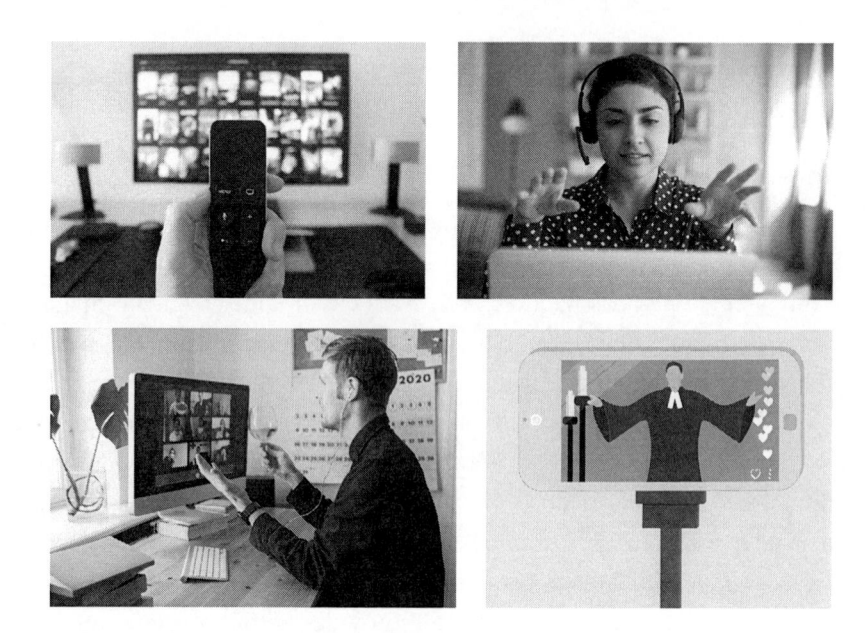

Figura 11.3 A mudança no comportamento: *home office*, transmissão online de missas/eventos/cultos religiosos, *happy hour* virtual e aumento do consumo em aplicativos de *streaming*.

Imagens: Shutterstock.

Com a percepção de valor se modificando, as pessoas começaram a rever suas prioridades. Com uma necessidade obrigatória de não deslocamento, passaram a ter sua casa como empresa, ou seja, mudanças de hábitos vieram em uma velocidade sem precedentes e um mundo VUCA (*volátil, incerto, complexo e ambíguo*) veio com toda força.

Figura 11.4 Quais são as prioridades das pessoas em tempos de pandemia?

Imagens: Shutterstock.

Será que todas as empresas e setores de atividade vão suportar toda esta onda? Ou a maior parte irá quebrar?

Acesse o site <https://www.optimonk.com/infographic-top-100-fastest-growing-declining-categories-in-e-commerce>, analise os infográficos e reflita: os dois infográficos apontam vertentes completamente distintas; se por um lado empresas e setores quebraram, por outro lado empresas e se reinventaram e conseguiram resultados avassaladores.

Figura 11.5 Sabonete líquido para as mãos, luvas descartáveis, comidas prontas embaladas e máquinas de pão são algumas categorias de produtos que mais cresceram durante a pandemia.

Imagens: Shutterstock.

Figura 11.6 — Malas de viagem, câmeras fotográficas, moda social masculina e moda noiva são algumas das categorias de produtos que mais decaíram durante a pandemia.

Imagens: Shutterstock.

A pergunta que fica é: por que alguns vendem máscaras e álcool gel e outros choram e lamentam?

Pelo ponto de vista da gestão, prefiro acreditar que os que saíram mais rápido da dificuldade forma aqueles que tinham uma mente ágil (Ifood, Mercado Livre, Magalu, PetLove, NetFlix), pois já vieram com uma mentalidade disruptiva, com práticas inovadoras, com alta resiliência e, sobretudo, com a visão de resolver a dor dos clientes.

O dinheiro continua circulando, pessoas consumindo, porém, o que mudou foi a forma de se relacionar e conseguir captar o dinheiro. As empresas precisam entender que o futuro que se apresenta será completamente diferente de tudo que já se viu, se concebeu. Quem não entender isso ficará de fora do novo mercado.

Cada vez mais as empresas vão precisar investir em tecnologia e *e-commerce*, pesquisa de mercado, gestão de pessoas, indicadores financeiros e agilidade na tomada de decisão.

Por mais que pareça clichê tudo o que foi narrado aqui, empresas que entenderem que o segredo é o de *errar rápido, aprender rápido e agir rápido* serão aquelas que sairão na frente e, na dúvida, em um ambiente de rápida mutação, é melhor optar pelo feito do que pelo perfeito, pois diferentemente do passado, em que a modelagem era "Rambo", *atirando para todo lado e salvem-se quem puder*, daqui em diante precisaremos de "Sniper", *aquele que vê diferente o que todo mundo viu, porém, ninguém percebeu.*

Considerações finais

Chegamos ao final da segunda edição do livro *Inteligência de mercado*. De 2013, que foi a primeira versão, até 2020, podemos afirmar que o mundo mudou completamente, em especial com a chegada da Covid-19. Tivemos que refletir sobre todas as mudanças acontecidas no mundo neste intervalo de tempo e temos convicção de que este não é o fim, mas um até logo, pois certamente no lançamento de uma nova edição, daqui a um tempo, muita coisa nova terá acontecido. Daqui a uma década lembraremos de 2020 como, talvez, o ano que não "existiu" no que diz respeito a negócios e varejo; lembraremos de marcas que simplesmente desapareceram. Vale destacar que devido à pandemia muitas empresas se redesenharam, modificaram sua forma de atuação. Diversas delas conseguiram crescer, como *marketplaces*, transportadoras e empresas (aplicativos) de entregas de compras e/ou comida que obtiveram crescimentos consideráveis neste período de quarentena.

Muitos vão perguntar: qual o segredo das marcas que se descolaram do caos e conseguiram estabelecer vantagem competitiva neste período?

Podemos afirmar sem medo de errar que a Covid-19 acelerou o processo de transformação digital e tirou projetos engavetados de cinco anos e trouxe para 5 dias. O grande desafio foi na mudança de *mindset*, princípio de *startups*, ou seja, é melhor o feito do que perfeito.

Em um movimento de mudança, nunca foi tão importante ter empatia, propósito, gerar pertencimento; e as empresas que se descolaram da crise e se reinventaram, foram aquelas que, com seus colaboradores, criaram seu oceano azul. Muitas empresas, como bancos, se uniram, buscaram sinergia e se comportaram como aliados, buscando um propósito comum, certamente serão lembradas como quem fez a diferença. Quando nos referimos a propósito, engajamento, mudança de *mindset*, chegamos ao ponto focal para quem vai se descolar da crise e criar oportunidades, pensar em *omnichannel*, ou seja, processos multiplataforma e – independentemente de onde e como a empresa atuar –, colocar o cliente no centro das suas ações, ou seja, *custormercentric*.

A pergunta de um milhão de dólares é uma só: sua empresa está no começo, no meio ou no fim dessa jornada de transformação? A resposta que cada empresa der apontará qual caminho seguirá e como será lembrada no futuro. Preferimos acreditar que, enquanto alguns vão espirrar, outros tantos criarão fábricas de máscaras e álcool gel.

Um até breve e esperamos que até o lançamento deste livro a cura da Covid-19 já tenha acontecido, e que as centenas de milhares de vidas perdidas no mundo não sejam esquecidas.

E resta uma questão: o que você e sua empresa aprenderam com a atual crise? Esperamos que as lições não sejam esquecidas, pois com certeza esta não será a última...

Bibliografia

AAKER, David A. *Criando e administrando marcas de sucesso*. São Paulo: Futura, 1998.
ALBRECHT, K. Um modelo de inteligência organizacional. *HSM Management*, n. 44, maio-jun. 2004.
ANDREASSI, T. *Gestão da inovação tecnológica*. São Paulo: Thomson Learning, 2006.
ANSOFF, H. I. *Administração estratégica*. São Paulo: Atlas, 1983.
_____. *Estratégia empresarial*. São Paulo: McGraw-Hill, 1977.
ANSOFF, H. I.; DECLERCK, R. P.; HAYES, R. L. *Do planejamento estratégico à administração estratégica*. São Paulo: Atlas, 1981.
ANTUNES, D. S. *Desenvolvimento de uma coleção de vestuário feminino para venda através do comércio virtual*. 2012. Icet Curso de Moda. Universidade Feevale: Institutos de Ciências Exatas e Tecnológicas. Novo Hamburgo, 2012.

BARBIERI, C. *Business Intelligence: modelagem e tecnologia*. Rio de Janeiro: Axcel Books, 2001.
BARNEY, J. Firm Resources and Sustained Competitive Advantage. *Journal of Management*, v. 17, n. 1, p. 99-120, 1991.
BARNEY, J.; HESTERLY, W. S. *Administração estratégica e vantagem competitiva*. São Paulo: Pearson Prentice Hall, 2007.
BATISTA, E. O. *Sistemas de informação: o uso consciente da tecnologia para o gerenciamento*. São Paulo: Saraiva, 2006.
BERMAN, K.; KNIGHT, J.; CASE, J. *Inteligência financeira: desmistificando conceitos financeiros*. Rio de Janeiro: Campus, 2007.
BERRY, Leonard L. *Serviços de satisfação máxima: guia prático de ação*. Rio de Janeiro: Campus, 1996.
BRETZKE, Miriam. *Marketing de Relacionamento e Competição em tempo real*. São Paulo: Atlas, 2000.

CAMALIONTE, E.; FONTES, A. *Inteligência de mercado: conceitos, ferramentas e aplicações*. São Paulo: Saint Paul, 2011.
CARON-FASAN, M.; JANISSEK-MUNIZ, R. Análise de informações de inteligência estratégica antecipativa coletiva: proposição de um método, caso aplicado e experiências. *Revista de Administração*, São Paulo, v. 39, n. 3, p. 205-219, jul.-ago.-set. 2004.
CARR, M. M. *Super searchers on competitive intelligence: the online and offline secrets of top CI researchers*. Medford: CyberAge Books, 2003.
CATARINO, Fabrício Quintella. Marketing 3.0 / Fabrício Quintella Catarino. – Lins, 2011. 79p. il. 31cm. Monografia apresentada ao Centro Universitário Católico Salesiano Auxilium – UNISALESIANO, Lins-SP, para Pós-Graduação em MBA em Gestão Empresarial, 2011. Orientadores: Irso Tófoli; Heloisa Helena Rovery da Silva.
CAVALCANTI, M.; GOMES, E.; PEREIRA, A. *Gestão de empresas na sociedade do conhecimento: um roteiro para a ação*. Rio de Janeiro: Campus, 2001.
CHIAVENATO, I.; SAPIRO, A. *Planejamento estratégico: fundamentos e aplicações*. Rio de Janeiro: Campus, 2003.

CHURCHILL JR, G.; PETER, J. P. *Marketing: criando valor para os clientes*. São Paulo: Saraiva, 2000.

COBRA, M.; ZWARG, F. A. *Marketing de serviços – conceitos e estratégias*. São Paulo: McGraw-Hill, 1986.

CONTECSI. JANISSEK-MUNIZ, R.; LESCA, H.; FREITAS, H. *Inteligência Estratégica Antecipativa e Coletiva para Tomada de Decisão*. In: CONGRESSO INTERNACIONAL DE GESTÃO DA TECNOLOGIA E SISTEMAS DE INFORMAÇÃO (CONTECSI), 3º, 2006, São Paulo. *Anais*. São Paulo: FEA/USP, 2006.

DAVENPORT, T. H.; MARCHAND, D. A.; DICKSON, T. *Dominando a gestão da informação*. Porto Alegre: Bookman, 2004.

DAVENPORT, T. H.; PRUSAK, L. *Conhecimento empresarial: como as organizações gerenciam o seu capital intelectual*. 4. ed. Rio de Janeiro: Campus, 1998.

DIAS, S. R. (Coord.). *Gestão de marketing*. São Paulo: Saraiva, 2010.

DRUCKER, P. F. Gerenciando a si mesmo. *Harvard Business Review*, São Paulo, v. 83, n. 1, p. 89-97, jan. 2005.

_____. The new workforce. *Economist.com Library Surveys*, from *The Economist print edition*, p. 13-19, nov. 2001.

EASTERLY, W. *O espetáculo do crescimento*. Rio de Janeiro: Ediouro, 2004.

EXAME. Editora Abril, 14 nov. 2012.

_____. Editora Abril, 7 out. 2013.

GARCIA, Danielle Franco de Magalhães. Marketing de Relacionamento no setor de transporte aéreo de passageiros no Brasil em 2004; o caso TAM. Orientador Luiz Sólon Gonçalves Galloti. 50 p. Monografia (Universidade Federal do Rio de Janeiro) Projeto Experimental. Curso de Comunicação Social. Habilitação em Publicidade e Propaganda.

GARBER, R. *Inteligência competitiva de mercado: como capturar, armazenar, analisar informações de marketing e tomar decisões num mercado competitivo*. São Paulo: Madras, 2001.

GARDNER, H. *Estruturas da mente: a teoria das inteligências múltiplas*. Porto Alegre: Artes Médicas, 1994.

GOLEMAN, D. *Inteligência emocional: a teoria revolucionária que redefine o que é ser inteligente*. Rio de janeiro: Objetiva, 1995.

GOMES, E.; BRAGA, F. *Inteligência competitiva: como transformar informação em um negócio lucrativo*. Rio de Janeiro: Campus, 2001.

GORDON, Ian. Marketing de Relacionamento: estratégias, técnicas e tecnologias para conquistar clientes e mantê-los para sempre. Tradução de Mauro Pinheiro. São Paulo: Futura, 1998.

GUMMESSON, Evert. Marketing de relacionamento total: gerenciamento de marketing, estratégia de relacionamento e abordagens de CRM para a economia de rede. 2. ed. Porto Alegre: Bookman, 2005.

HITT, M. A.; IRELAND, R. D.; HOSKISSON, R. E. *Administração estratégica: competitividade e globalização*. São Paulo: Pioneira Thomson Learning, 2005.

INMON, W. H. *Como construir o data warehouse*. 2. ed. Rio de Janeiro: Campus, 1997.

_____. *Gerenciando data warehouse*. Makron Books: São Paulo, 1999.

JANISSEK-MUNIZ, R.; LESCA, H.; FREITAS, H. M. R. Inteligência estratégica antecipativa e coletiva para tomada de decisão. *Revista Organização em Contexto*, ano 2, n. 4, jul./dez. 2007. p. 92-118.

KAPLAN, R.S.; NORTON, D. *A estratégia em ação: Balanced Scorecard*. Rio de Janeiro: Campus, 1997.

KOBS, J. *Do marketing direto ao Database marketing*. São Paulo: Makron Books, 1993.

KOTLER, P. *Administração de marketing*. 10. ed. São Paulo: Pearson Prentice Hall, 2004.

KOTLER, P. *Administração de marketin*g: *a edição do novo milênio*. 10. ed. São Paulo: Prentice Hall, 2000.

_____. *Marketing para o século XXI:* como criar, conquistar e dominar mercados. São Paulo: Futura, 1999.

KOTLER, P.; ARMSTRONG, G. *Princípios de marketing*. 12. ed. São Paulo: Pearson Prentice Hall, 2007.

KOTLER, P.; KARTWYAYA, H.; SETIAWAN, I. *Marketing 3.0: as forças que estão definindo o novo marketing centrado no ser humano*. 4. ed. Trad. Ana Beatriz Rodrigues. Rio de Janeiro: Elsevier, 2010.

KOTLER, P.; KELLER, K. L. *Administração de marketing*. 12. ed. São Paulo: Pearson Prentice Hall, 2006.

KOTLER, Philip. KELLER, Kevin Lane. *Administração de marketing*. 14. ed. São Paulo: Pearson Education, 2012.

KIM, W. Chan; MUBORGNE, Renée. *A estratégia do oceano azul: como criar novos mercados e tornar a concorrência irrelevante*. Rio de Janeiro: Sextante, 2019.

KIMBALL, R. *Data warehouse toolkit: técnicas para construção de data warehouses dimensionais*. São Paulo: Makron Books, 1998.

LAUDON, K. C.; LAUDON, J. P. *Sistemas de informação gerenciais: administrando a empresa digita l*. São Paulo: Pearson, 2006.

LAUTERBORN, Robert. New marketing litany: 4P's passé- c-words take over, *Advertising Age*, out. 1990.

LESCA, H.; LESCA, E. *Gestion de l'information: qualité de l'information et performances de l'entreprise.* Paris: Litec, 1995.

LESCA, H., FREITAS, H.; CUNHA Jr., M. V. M. Como dar um senso útil às informações dispersas para facilitar as decisões e ações dos dirigentes: o problema crucial da inteligência estratégica através da construção de um "PUZZLE" ("quebra-cabeça"). *Revista READ*, Porto Alegre, RS, v. 3, n. 1, 1996.

LESCA, H.; JANISSEK, R. *Internet, un gisement d'informations terrain pour la Veille Stratégique orientée client?* Vers un guide d'utilisation. 5ème Colloque International de Management des Réseaux d'Entreprises. Mahdia, Tunisie: Actes Colloque. 2001.

LIGHT, Larry. Gerenciando a lealdade. *HSM management*, São Paulo, ano 2, n. 7, p. 8 - 12, mar./abr. 1998.

LIMEIRA, T. M. V. Fundamentos do marketing. In: DIAS, S. R. (Coord.). *Gestão de marketing.* São Paulo: Saraiva, 2010.

LIPKIN, Nicole; PERRYMORE, April. *A geração Y no trabalho*. São Paulo: Campus, 2010.

LOBATO, David Menezes. *Estratégia de Empresas*. Rio de Janeiro: FGV, 2009.

LODI, J. B. *Governança corporativa: o governo da empresa e o conselho de administração*. Rio de Janeiro: Campus, 2000.

LUPETTI, M. *Administração em Publicidade: a verdadeira alma do negócio*. São Paulo: Thomson Learning, 2006.

MAcCARTHY, E. J. *Basic Marketing: a managerial approach*. Homewood, Illinois: Irwin, 1960.

MACHADO, F. N. R. *Tecnologia e projeto de data warehouse: uma visão multidimensional*. 3. ed. São Paulo: Érica, 2007.

MARÓSTICA, Eduardo; MARÓSTICA, Neiva Alessandra Coelho; CASTELO BRANCO, Valdec Romero. *Inteligência de mercado*. São Paulo: Cengage, 2014.

MARÓSTICA, E.; ROSA, J. A. *Modelos de negócios: organizações e gestão*. São Paulo: Cengage Learning, 2013.

MARTINS, J. R. *Grandes marcas, grandes negócios. Como pequenas e médias empresas devem criar e gerenciar uma marca vencedora*. 2. ed. São Paulo: Global Brands, 2005.

MATHEUS, R. F.; PARREIRAS, F. S. Inteligência Empresarial *versus* Business Intelligence: abordagens complementares para o apoio à tomada de decisão no Brasil. In: CONGRESSO ANUAL DA SOCIEDADE BRASILEIRA DE GESTÃO DO CONHECIMENTO, 3, 2004, São Paulo. *Anais*... São Paulo, 2004.

MATTAR, F. N. *Pesquisa de marketing: metodologia, planejamento.* São Paulo: Atlas, 1997.
McGONAGLE, J. J.; VELLA, C. M. *Bottom line competitive intelligence.* Westport: Quorum, 2002.
McKENNA, Régis. Marketing de relacionamento; tudo começa com o consumidor. Rio de Janeiro: Campus, 1999.
McMASTER, M. D. *The intelligence advantage: organizing for complexity.* Newton, MA: Butterworth-Heinemann, 1996.
MENEZES, Estera Muskat. *Inteligência competitiva: uma revisão de literatura.* Revista Digital de Biblioteconomia & Ciência da Informação, n. 2, v. 3, p. 103-130, 2005.
MEZRICH, B. *Bilionários por acaso: criação do Facebook, uma história de sexo, dinheiro, genialidade e traição.* Rio de Janeiro: Intrínseca, 2010.
MICELI, A.; MARÓSTICA, E. Marketing em ambiente digital. São Paulo: FGV Editora, 2019.
MILLER, J. P. *O milênio da inteligência competitiva.* Porto Alegre: Bookman, 2002.

NAISBITT, J. *Megatendências.* São Paulo: Abril Cultural, 1983.
NAISBITT, J.; ABURDENE, P. *Megatrends 2000.* São Paulo: Amana-Key, 1990.
NASCIMENTO. R. Afinal, o que é Big Data?. Disponível em: http://marketingpordados.com/analise--de-dados/o-que-e-big-data-%F0%9F%A4%96/. Acesso em: 27 mar. 2017.
NIC/UnB. *Inteligência Competitiva: estratégias para pequenas empresas.* Brasília: UnB, 1999.
NOSÉ JÚNIOR, Amadeu. Marketing internacional: uma estratégia empresarial. São Paulo: Thomson, 2004.

OSTERWALDER, A.; PIGNEUR, Y. Business Model Generation – Inovação em modelos de negócios. Rio de Janeiro: Alta Books, 2011.

PASSOS, A. *Inteligência competitiva: como fazer IC acontecer na sua empresa.* São Paulo: LCTE, 2005.
_____. *Inteligência competitiva para pequenas e médias empresas: como superar a concorrência e desenvolver um plano de marketing para sua empresa.* São Paulo: LCTE, 2007.
PEPPERS, Don; ROGERS, Martha. Marketing Um a Um: marketing individualizado na era do cliente. Rio de Janeiro: Campus, 1996.
PEPPERS & ROGERS GROUP. CRM Series – *Marketing 1to1®: Um Guia Executivo para Entender e Implantar Estratégias de CustomerRelationship Management.* 1. ed. São Paulo: Peppers and Rogers Group do Brasil, 2000.
PORTER, Michael E. *Competitive advantage: creating and sustaining superior performance.* 2. ed. Nova York: Free Press, 1998.
_____. *Estratégia competitiva: técnicas para análise de indústrias e da concorrência.* Rio de Janeiro: Elsevier, 1986.
_____. *Vantagem competitiva: criando e sustentando um desempenho superior.* Rio de Janeiro: Campus, 1990.
PASSOS, A.; MARTINI, S.; CUNHA, T. *E a concorrência... não levou!: inteligência competitiva para gerar novos negócios empresariais.* São Paulo: LCTE, 2006.
PREDEBON, J. *Criatividade hoje: como se pratica, aprende e ensina.* São Paulo: Atlas, 2003.
PRESCOTT, J. E.; MILLER, S. H. *Inteligência competitiva na prática: técnicas e práticas bem--sucedidas para conquistar mercados.* Rio de Janeiro: Campus, 2002.

REZENDE, D. A. *Sistemas de informações organizacionais: guia prático para projetos em cursos de administração, contabilidade e informática.* 3. ed. São Paulo: Atlas, 2008.
_____. Inteligência organizacional como modelo de gestão em organizações privadas e públicas: guia para projeto de Organizational Business Intelligence – OBI. São Paulo: Atlas, 2015.
RICHERS, R. *O que é marketing.* São Paulo: Brasiliense, 1982.
_____. *As extraordinárias perspectivas do Marketing. About,* ano XII, n. 578, maio 2000.
ROBERTS, K. *Lovemarks: the future beyond brands.* 1. ed. Nova York: Power House Books, 2004.

SANDMAN, M. A. Técnicas e modelos analíticos. In: MILLER, J. P. *O milênio da inteligência competitiva*. Porto Alegre: Bookmam, 2002.
SEMENIK & BAMOSSY. *Princípios de Marketing: uma perspectiva global*. São Paulo: Makron Books, 1995.
SENGE, P. *A quinta disciplina: arte e prática da organização que aprende*. 4. ed. São Paulo: Best Seller, 1999.
SEVERINO, A. J. *Metodologia do trabalho científico*. São Paulo: Cortez, 2000.
SHEPARD, D. *Database marketing*. São Paulo: Makron Books, 1993.
SILVA, Mikeli Aparecida da; TINCANI, Daniela Pereira. Características e componentes do marketing de experiências: análise das ações realizadas pelo Itaú Unibanco no rock in rio 2011. *Revista Científica Eletrônica UNISEB*, Ribeirão Preto, v. 1, n. 2, p. 147-161, ago./dez. 2013.
SING, H. *Data Warehouse*. São Paulo: Makron Books, 2001.
STAUFFER, D. Bem-vindo ao mundo da inteligência competitiva. *HSM Management Update*, São Paulo, n. 10, p. 5-7, jan.-fev. 2004.
STONE, M.; WOODCOCK, N. Marketing de relacionamento. São Paulo: Littera Mundi, 1998.

TARAPANOFF, K. (Org.). *Inteligência organizacional e competitiva*. Brasília: Editora Universidade de Brasília, 2001.
TEIXEIRA, D. R. Rede de valor para inteligência empresarial. *Revista da ESPM*, v. 16, n. 1, p. 80-90, jan.-fev. 2009.
TEIXEIRA FILHO, J. *Gerenciando conhecimento: como a empresa pode usar a memória organizacional e a inteligência competitiva no desenvolvimento de negócios*. Rio de Janeiro: Senac, 2000.
TORRES, C. *A bíblia do marketing digital: tudo o que você queria saber sobre marketing e publicidade na internet e não tinha a quem perguntar*. São Paulo: Novatec, 2009.
TURBAN, E.; RAINER, R. K.; POTTER, R. E. *Administração de tecnologia da informação*. Rio de Janeiro: Campus, 2005.
TYBOUT, A. M.; CALKINS, T. Branding: *Fundamentos, estratégias e alavancagem de marcas: implementação, modelagem, checklists e experiências de líderes de mercado*. São Paulo: Atlas, 2006.
TYSON, K. W. M. *Business intelligence: putting it all together*. [s.l.]: LEP, 1988.
_____. *The complete guide to competitive intelligence*. Chicago: Leading Edge Publications, 2002.

VAITSMAN, H. S. *Inteligência empresarial: atacando e defendendo*. Rio de Janeiro: Interciência, 2001.
VAVRA, Terry G. Marketing de Relacionamento: aftermarketing. São Paulo: Atlas, 1993.
VAZ, C. A. *Os 8 Ps do marketing digital: o seu guia estratégico de marketing digital*. São Paulo: Novatec, 2012.
VERONEZZI, J. C. *Mídia de A a Z, os termos de mídia, seus conceitos, culturas e fórmulas explicadas e mostradas graficamente como são utilizadas na mídia*. São Paulo: Flight Editora, 2002.
YANAZE, M. A.; FREIRE, O.; SENISE, D. *Retorno de investimentos em comunicação: avaliação e mensuração*. São Caetano do Sul, SP: Difusão Editora, 2010.

Sites

ABRAIC. 2003. Disponível em: <http://www.oocities.org/es/pedrobonillo/oyc/t1/OYC111.htm>. Acesso em: 13 fev. 2014.
AMERICAN MARKETING ASSOCIATION (AMA). *Dictionary of marketing terms, 2007*. Disponível em: <http://www.marketingpower.com/Pages/default.aspx>. Acesso em: 24. fev. 2014.
ARTIGOS WEB. Disponível em: <http://www.webartigos.com/artigos/os-4-a-039-s-do-marketing/11701/#ixzz2A55ZRvSk>. Acesso em: 20 out. 2012.
AYRES, M. Mercado de comunicação digital. Slideshare, 11 abr. 2011. Disponível em: <http://www.slideshare.net/ayres86/mercado-de-comunicao-digital-7581861>. Acesso em: 22 out. 2012.

BALLOU, R. H. Gerenciamento da cadeia de suprimentos/logística empresarial. 5. ed. Porto Alegre: Bookman. 2006. Disponível em: <http://logisticaintegrada.wikispaces.com/file/view/Logistica_02.pdf>. Acesso em: 19 jan. 2014.

BOTEON, M. Sistema de organização das informações agropecuárias. Cepea/Esalq. Disponível em: <www.economia.esalq.usp.br/intranet/uploadfiles/2168.ppt>. Acesso em: 29 ago. 2012.

CONAR. Conselho Nacional de Autorregulamentação Publicitária. Disponível em: <http://www.conar.org.br>. Acesso em: 25 out. 2012.

CONTENT Marketing Institute. Disponível em: https://contentmarketinginstitute.com/what-is-content-marketing/ Acesso em: 26 jun. 2018.

CUNHA, L. Com inteligência, Iveco cresce 131%, 26 jun. 2008. Disponível em: <http://www.metaanalise.com.br/inteligenciademercado/index.php?option=com_content&view=article&id=456:com-inteligencia-iveco-cresce-131&catid=4:melhores-praticas&Itemid=355>. Acesso em: nov. 2008.

DATA INTERCHANGE DI2S Software Solutions. Disponível em:< http://www.di2s.com/business-intelligence.htm#>. Acesso em: 15 mar. 2013.

DIGITAL AROUND THE WORLD IN 2020. Disponível em: <https://wearesocial-net.s3.amazonaws.com/uk/wp-content/uploads/sites/2/2020/01/01-Global-Overview---DataReportal-Digital-2020-Global-Digital-Overview-Slide-8.png>. Acesso em: 26 maio 2020.

FABRICIO M. M.; MELHADO, S. B. Por um processo de projeto simultâneo. 1999. Disponível em: <http://www.eesc.usp.br/sap/projetar/files/A036.pdf>. Acesso em: 23 jan. 2014.

FELIPINI, D. E-commerce: aplicação máxima na internet. 2003. Disponível em: <http://www.e--commerce.org.br/artigos/ecommerce_maxima.php>. Acesso em: 12 jun. 2012.

GOL. Disponível em: <www.voegol.com.br>. Acesso em: 11 mar. 2014

GREENBERG, P. CRM na velocidade da luz. H S M Management – Book Summary. Disponível em: <http://usuarios.upf.br/~ricardo/CRM.pdf>. Acesso em: 10 set. 2012.

HADDAD, M. Business Model Canvas. Slideshare. Webgoal, 21 set. 2013. Disponível em: <http://pt.slideshare.net/webgoal/business-model-canvas-26418425>. Acesso em: 16 jan. 2014.

HIPÓLITO, A. Inteligência financeira para gestores de escritório de advocacia. 2010 Disponível em: <http://www.estrategianaadvocacia.com.br/artigos2.asp?id=444#.UtgFWdJdUpt>. Acesso em: 14 jan. 2014.

IBGE. Instituto Brasileiro de Geografia e Estatística. Disponível em: <http://www.ibge.gov.br>. Acesso em: 25 out. 2012.

IBOPE. Instituto Brasileiro de Opinião Pública e Estatística. Disponível em: <http://www.ibope.com.br>. Acesso em: 25 out. 2012.

INTERBRAND. Disponível em: <http://www.interbrand.com>. Acesso em: 2 nov. 2012.

INDICADORES DE CIRCULAÇÃO – CRITÉRIO ANJ. Disponível em: <www.anj.org.br/Arquivos/calculo%20de%20indicadores.xls>. Acesso em: 19 jan. 2014.

LA ROCQUE, F. Business Model Canvas – Development & Implementation. Slideshare, 27 out. 2012. Disponível em: <http://pt.slideshare.net/fredlar/business-model-development-implementation>. Acesso em: 16 jan. 2014.

LESCA, H.; JANISSEK-MUNIZ, R.; FREITAS, H. M. R. Inteligência estratégica antecipativa: uma ação empresarial coletiva e pró-ativa. 2003. Disponível em: <http://janissek.chez-alice.fr/lesca-janissek-freitas-2003.pdf>. Acesso em: 23 jan. 2014.

LUNELLI, R. L. Análise de investimentos. Disponível em: <http://www.portaldecontabilidade.com.br/tematicas/analiseinvestimentos.htm>. Acesso em: 19 ago. 2020.

LUNELLI, R. L. EBITDA: como calcular? Disponível em: <http://www.portaldecontabilidade.com.br/tematicas/calculodoebitda.htm>. Acesso em: 15 set. 2013b.

MAGOWEB. Os 8 Ps do marketing digital. A metodologia 8 Ps. Disponível em: <http://www.magoweb.com/blogs/leandrodemello/marketing-digital/os-8ps-do-marketing-digital/>. Acesso em: 21 jan. 2014.

MARKETING DIGITAL. Disponível em: <http://www.marketingdigital.com.br/>. Acesso em: 23 out. 2012.

MARÓSTICA, E. Palestra Inteligência de Mercado FNC Semana da Administração. FGV. Slideshare, 11 set. 2012a. Disponível em: <http://www.slideshare.net/EduardoMarostica/palestra-inteligencia-de-mercado-fnc>. Acesso em: 1º out. 2012.

MELLO, Leandro de Mello. Os 8 P´s do marketing Digital. Disponível em: <http://www.magoweb.com/blogs/leandrodemello/marketing-digital/os-8ps-do-marketing-digital/>. Acesso em: 24 fev. 2014

_____. Palestra Inteligência de Mercado Semana da Administração FNC e FG. FGV. Slideshare, 10 set. 2012b. Disponível em: <http://pt.slideshare.net/EduardoMarostica/palestra-inteligencia-de-mercado-semana-da-administracao-fnc-e-fg>. Acesso em: 14 jan. 2014.

_____. E-commerce no Brasil. FGV. Slideshare n. 6, 22 ago. 2013. Disponível em: <http://pt.slideshare.net/EduardoMarostica/e-commerce-no-brasil-primeiro-semestre-2013-eduardo-marostica>. Acesso em: 22 jan. 2014.

META-ANÁLISE. Inteligência de mercado para os melhores negócios. IC permite a recuperação de R$ 5 milhões em market share na Roche. Por Luciana Robles, 23 jun. 2009. Disponível em: <http://www.metaanalise.com.br/inteligenciademercado/index.php?option=com_content&view=article&id=2106&catid=11&Itemid=360>. Acesso em: 12 fev. 2013.

MOURA, L. Apostila de marketing. Faculdade Novo Milênio. Disponível em: <http://lucianamoura.files.wordpress.com/2009/08/apostila_mkt_nova.doc>. Acesso em: 14 jan. 2014.

MUNDO DAS MARCAS. Disponível em: <http://www.mundodasmarcas.blogspot.com.br>. Acesso em: 22 set. 2012.

OLIVEIRA, João Lúcio de. Sistema de Business Intelligence: Sistema de apoio a gestão para tomadas de decisões inteligentes. Disponível em: <http://www.slideshare.net/joaoluciooliveira/monografia-business-intelligence>. Acesso em: 15 mar. 2013.

PORTAL FALA. A notícia gira. História da internet no Brasil. Estatísticas, dados e projeções atuais sobre a internet no Brasil. 2012. Disponível em: <http://www.portalfala.org/2013/06/historia-da-internet-no-brasil.html>. Acesso em: 21 jan. 2014.

PRODUÇÃO. Corretora. Disponível em: <http://www.corretoraproducao.com.br/noticias/24/08/2012/e-commerce-registra-crescimento-de-21>. Acesso em: 20 set. 2012.

PROXXIMA. Disponível em: <http://www.proxxima.com.br/proxxima/negocios/noticia/2012/08/22/Ecommerce-brasileiro-cresce-21-por-cento>. Acesso em: 19 out. 2012.

ROBLES, L. Disponível em: <http://www.metaanalise.com.br/inteligenciademercado/index.php?option=com_content&view=article&id=2106&catid=11&Itemid=360>. Acesso em: 15 maio 2014.

SAMPAIO, M. PMBOK. Curso de gestão de projetos / Melhores práticas. Disponível em: <http://www.curso-pmi.com.br/artigos/o-que-e-pmbok>. Acesso em: 10 nov. 2013.

SANTOS, I. Fluxo de caixa financeiro. Ferramentas úteis para melhorar o desempenho e agilizar processos. Disponível em: <http://www.ivansantos.com.br/fluxo.htm>. Acesso em: 12 ago. 2013.

SARBANES-OXLEY ACT. Aspectos da nova Lei contra fraude corporativa norte-americana, de 23 de janeiro de 2002, e do regime jurídico do mercado de capitais brasileiro. Disponível em: <http://xa.yimg.com/kq/groups/20662617/1221246301/name/Lei+Sarbanes-Oxley.doc>. Acesso em: 16 jan. 2014.

SDR. Disponível em: <http://www.sdr.com.br/Pesquisas/555.htm>. Acesso em: 19 jan. 2014.

_____. Cross selling: deseja batatas com o seu hambúrguer? Disponível em: <http://www.sdr.com.br/Ideias003/225.htm>. Acesso em: 23 jan. 2014.

SERRANO, D. P. Os 4 Ps do marketing, 9 dez. 2006. Disponível em: <http://www.portaldomarketing.com.br/Artigos/4_Ps_do_Marketing.htm>. Acesso em: 5 maio 2012.

SOARES, I. Introdução Businnes Inteligence. Bluesoft. Slideshare n. 5, 8 out. 2009. Disponível em: <http://pt.slideshare.net/bluesoftbr/introducao-business-inteligence>. Acesso em: 19 jan. 2014.

SOCIAL DRIVE. Disponível em: <http://socialdrive.fiat.com.br/>. Acesso em: 23 out. 2012.

SOFT EXPERT. PMBOK. Disponível em: <http://www.softexpert.com.br/norma-pmbok.php>. Acesso em: 16 jan. 2014.

TEIXEIRA, D. R. As faces da inteligência: como direcionar a sua organização e definir o perfil profissional. 2007. Disponível em: <http://www.kmbusiness.net/images/dteixeira_04_2007.pdf>. Acesso em: set. 2008.

TEIXEIRA, R. C. F. da S.; TEIXEIRA, I. S.; VIEIRA, R. O Município de Belém do Pará e os seus produtos turísticos. XIII SIMPEP. Bauru, São Paulo, 6 a 8 nov. 2006. Disponível em: <http://www.simpep.feb.unesp.br/anais/anais_13/artigos/796.pdf>. Acesso em: 23 jan. 2014.

TERRA. Acesso móvel ao Facebook cresce 23% no 2º trimestre, 1º ago. 2012. Disponível em: <http://tecnologia.terra.com.br/noticias/0,,OI6040227-EI12884,00-Acesso+movel+ao+Facebook+cresce+no+trimestre.html>. Acesso em: 10 set. 2013.

TO BE GUARANY. Estatísticas, dados e projeções atuais sobre a internet no Brasil. Disponível em: <http://tobeguarany.com/*internet*_no_brasil.php>. Acesso em: 24 fev. 2014.

TOLEDO, Marcelo. Startups: Lifetime Value (LTV) e tamanho médio de contas. Disponível em: <https://administradores.com.br/artigos/startups-lifetime-value-ltv-e-tamanho-medio-de-contas>. Acesso em: 19 ago. 2020.

TUDO SOBRE TV. Disponível em: <http://www.tudosobretv.com.br/histortv/histormundi.htm>. Acesso em: 22 out. 2012.

UOL. Internet: 93% dos internautas brasileiros já realizaram compras online. Economia. Disponível em: <http://economia.uol.com.br/ultimas-noticias/infomoney/2012/05/15/internet-93-dos-internautas-brasileiros-ja-realizaram-compras-online.jhtm>. Acesso em: 10 jun. 2012.

VEJA. Disponível em: <http://veja.abril.com.br/blog/temporadas/tag/comerciais-de-tv/>. Acesso em: 25 out. 2012.

WEBSHOPPERS. Disponível em: <http://img.ebit.com.br/webshoppers/pdf/WebShoppersBrasil_TodasEdicoes.pdf>. Acesso em: 11 mar. 2014.

YOUTUBE. Disponível em: <http://www.youtube.com/watch?v=Z5wFtRPCRKQ>. Acesso em: 25 out. 2012.